Sv.Hieronyma

Sv.Hieronyma

Bearbeitet von: Hannelore Kopp
Fotos: burda Fotostudio
Titelgestaltung: Hans-Dieter Müller
Druck: Burda GmbH, 7600 Offenburg
© 1980 Verlag Aenne Burda
D-7600 Offenburg
ISBN 3-920 158-48-2

burda
Häkel-Lehrbuch

Die schönsten Häkelvorschläge aus

Abgeschlossene
Häkel-Lehrgänge mit vielen Modell-
und Mustervorschlägen

Schnitte, Häkelschriften und
Zählmuster finden Sie bei den
ausführlichen Anleitungen im Buch
und auf den Arbeitsbogen

Allgemeines

Am Anfang einer Reihe oder Runde wird die 1. Masche immer
durch Lm. ersetzt: 1 f. M. durch 1 oder 2 Lm., 1 h. Stb. durch 2 Lm.,
1 Stb. durch 3 Lm., 1 Dstb. durch 4 Lm., usw.

Wird in Runden gehäkelt, schließt sie mit 1 Km. in die Anfangs-Lm.
bzw. Anfangs-Masche. Wird die Runde anders geschlossen, ist
dies der Beschreibung oder der Häkelschrift zu entnehmen.

Laufen Zeichen oben zu einer Spitze zusammen, so werden
sie zusammen abgemascht, d. h. alle Maschen (f. M., Stb. usw.)
bis auf die letzte Schlinge abmaschen und mit einem
weiteren Umschlag alle Schlingen zusammen abmaschen.

Laufen Zeichen unten zu einer Spitze zusammen,
so werden sie in die gleiche Einstichstelle gearbeitet.

Pfeile in den Häkelschriften geben die Häkelrichtung an.

Wenn Pfeile Rapporte begrenzen, wird dies in der Anleitung erwähnt.

Alle weiteren abgewandelten Zeichen werden jeweils bei
den Anleitungen bzw. Häkelschriften erklärt.

Die häufigsten Abkürzungen

Lm.	=	Luftmasche
Km.	=	Kettmasche
f. M.	=	feste Masche
h. Stb.	=	halbes Stäbchen
Stb.	=	Stäbchen
Dstb.	=	Doppelstäbchen
R.	=	Reihe
Rd.	=	Runde
Rg.	=	Ring
zus.	=	zusammen
wdh.	=	wiederholen
folg.	=	folgende
abschl.	=	abschließen
Abb.	=	Abbildung
Art.	=	Artikel
bzw.	=	beziehungsweise
lt.	=	laut
s.	=	siehe
usw.	=	und so weiter
Strg.	=	Strang
M.	=	Masche
Bg.	=	Bogen
evtl.	=	eventuell
d. h.	=	das heißt

Die wichtigsten Häkelschriftzeichen

·· = 1 Luftmasche

⌒ = 1 Kettmasche

I = 1 feste Masche

▲ = 1 Pikot (= eine bestimmte Anzahl Lm., 1 Km. oder f. M. in die 1. Lm. arbeiten)

I = 1 halbes Stäbchen

† = 1 Stäbchen

‡ = 1 Stäbchen mit Fußschlinge siehe Lehrgang Seite 11

‡ = 1 Doppelstäbchen

‡ = 1 dreifaches Stäbchen

bei Filethäkelei:

☐ = 1 „leeres" Kästchen setzt sich zusammen aus Stb. (bzw. Dstb.) und der angegebenen Anzahl Lm.

☒ = 1 „gefülltes" Kästchen wird aus Stb. (bzw. Dstb.) gebildet. Die angegebene Anzahl Lm. wird durch die gleiche Anzahl Stb. (bzw. Dstb.) ersetzt. Diese Stb. (bzw. Dstb.) werden jeweils um die Lm. oder in die Stb. (bzw. Dstb.) der Vorreihe gearbeitet.

LEHRGANG
Häkeln

Das Häkeln ist leichter zu erlernen als das Stricken. Man arbeitet nur mit 1 Nadel, jede Masche ist in sich abgeschlossen. Mit Ausnahme der Luftmasche wird eine Häkelmasche in eine bereits vorhandene Masche oder in einen Stoffrand gearbeitet. Ist ein Fehler unterlaufen, wird die Arbeit bis zur fehlerhaften Stelle aufgelöst. Maschen können hierbei nicht „fallen" – wie das z. B. beim Stricken sehr leicht möglich ist.

Nicht so beim Häkeln in der Runde! Man kann (muß aber nicht) alle folgenden Runden häkeln, ohne beim Übergang von der einen zur nächsten die Arbeit zu wenden.
Da sich das Maschenbild auf Ober- und Unterseite nicht gleicht, sehen auch ein und dieselben Maschen beim Häkeln in Reihen anders aus als beim Häkeln in der Runde (vergleiche die Abb. 10, 11 mit den Abb. 13 bis 18 auf den Seiten 6 und 7).

Anfangsschlinge, Luftmasche und Luftmaschenanschlag

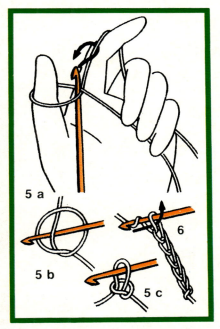

Jede Häkelei beginnt mit einer Fadenschlinge, Abb. 5a bis c. Bei wiederholtem Durchholen des Fadens mit der Häkelnadel durch die auf der Nadel liegende Schlinge entstehen Luftmaschen, Abb. 6. Luftmaschen ähneln den Gliedern einer Kette – daher bezeichnet man eine Reihe von Luftmaschen auch als eine „Luftmaschenkette".

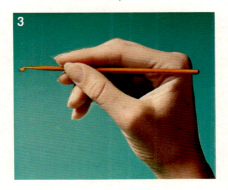

Man häkelt grundsätzlich von rechts nach links. Dabei führt die linke Hand den vom Knäuel kommenden Faden (Abb. 1), und sie hält die Anfangsschlinge, den Luftmaschenanschlag und später das bereits gehäkelte Stück (Abb. 2). Die rechte Hand betätigt die Häkelnadel. Ob man sie dabei wie einen Bleistift (Abb. 3) oder wie eine Stricknadel (Abb. 4) in die Hand nimmt, ändert nichts am Resultat. Man sollte sich jene Haltung aneignen, die einem als die einfachere, die „leichtere" erscheint.
Einzelne nebeneinandergehäkelte Maschen bilden eine Reihe. Am Ende derselben muß „gewendet" werden; was bisher die Oberseite war, ist nun die Unterseite – und umgekehrt.

Die Kettmasche

Niedrigste Häkelmasche ist die Kettmasche; Abb. 7 erklärt die Ausführung: Die Nadel durch die betreffende Masche führen, den vom Knäuel kommenden Faden in Pfeilrichtung durchholen und in einem Zug durch die Masche und die auf der Nadel liegende Schlinge ziehen. Mit Kettmaschen überhäkelt man Übergänge an Reihen- oder Rundenanfang. In der Abb. 8 sind rechts feste Maschen mit Kettmaschen übergangen und anschließend feste Maschen gehäkelt. Kettmaschen kann man auch „aufhäkeln" (Abb. 8a).

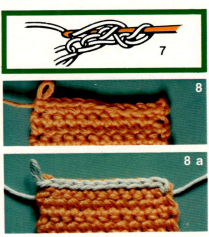

Die feste Masche

Die nächsthöhere Masche neben der Kettmasche ist die feste Masche. Sie füllt annähernd ein kleines Quadrat. Die Abbildungen 9 a bis d erläutern die Ausführung; a – in die Masche des Anschlages oder der vorhergehenden Reihe (Runde) einstechen; b – Faden durchholen; c – den vom Knäuel kommenden Faden in Pfeilrichtung in einem Zug durch beide auf der Nadel liegenden Schlingen ziehen, d. h. „mit 1 Umschlag abmaschen". d – die fertige feste Masche.

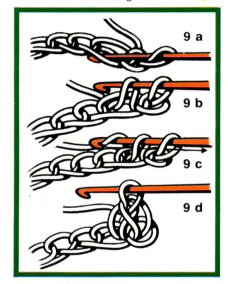

Das Maschenglied, das durch das Abmaschen entsteht und parallel zu denen der Vorreihe verläuft, wird als „Abmaschglied" bezeichnet.

Feste Maschen in Reihen

Beim Häkeln in Reihen muß die Höhe der 1. Masche durch 1 oder 2 Luftmaschen ersetzt werden; 1 Luftmasche genügt, wenn damit lediglich ein Übergang geschaffen werden soll. Folgt auf den Luftmaschenanschlag 1 Reihe feste Maschen, ist die 1. Masche in die 2. Luftmasche ab Nadel zu häkeln. In allen folgenden Reihen ist in **jede** feste Masche der Vorreihe 1 feste Masche zu häkeln (Abb. 10). Häkelt man jedoch 2 Luftmaschen (in einer Anleitung heißt es dann „mit 2 Luftmaschen wenden"), muß die 1. Masche in die 3. Luftmasche des Anschlages folgen. In den nächsten Reihen wird die 1. Masche der Vorreihe übergangen und die letzte in die oberste, in die 2. der beiden „Wende-Luftmaschen", gehäkelt, Abb. 11.

Deutlicher kann das mit der „burda-Häkelschrift" ausgedrückt werden:

• = 1 Luftmasche
❙ = 1 feste Masche

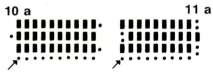

Beide Häkelschriften, Abb. 10 a und 11 a, zeigen über einem Anschlag aus 11 Luftmaschen 3 Reihen feste Maschen. Der Pfeil deutet auf die 1. Luftmasche des Anschlages. Beim Wenden mit 1 Luftmasche, Abb. 10 und 10 a, fallen die Ränder nicht ganz so glatt aus wie beim Wenden mit 2 Luftmaschen, dazu Abb. 11 und 11a.

Veränderung des Maschenbildes durch unterschiedliches Einstechen

Je nachdem, ob die Häkelnadel das vollständige „Abmaschglied" der Vorreihe auffaßt oder nur den vorn oder rückwärts liegenden „Maschendraht", entstehen unterschiedliche Effekte. Abb. 13 zeigt feste Maschen

in Hin- und Rückreihe, wobei in den Hinreihen nur der rückwärts liegende, in den Rückreihen nur der vorn liegende Draht der Vorreihe erfaßt worden ist. In der Abb. 12 wird nur in allen Hinreihen der rückwärtige Maschendraht aufgenommen, in den Rückreihen dagegen das vollständige Abmaschglied erfaßt.

Verwandt mit der festen Masche ist die „Kreuzmasche"

Sie wird im Grund genauso gehäkelt wie eine feste Masche, lediglich mit dem Unterschied, daß der Faden zur Schlinge lt. Abb. 14 – also von oben – durchzuholen ist.

Eine andere Variante ist die „Doppelmasche"

Für jede Doppelmasche (= Dm.) sind 2 Schlingen durchzuholen, die 1. stets aus der vorhergehenden Einstichstelle, und mit 1 Umschlag in einem Zug abzumaschen. In der 1. Reihe holt man die Schlingen durch die 3. und 4. Luftmasche der Anschlagkette. Am Ende der Reihe ist 1 feste Masche zu häkeln, und es wird mit 2 Luftmaschen gewendet. Am Reihenanfang die 1. Schlinge aus der festen Masche, die 2. aus der folgenden Dm. holen, wie die 1. Reihe mit 1 festen Masche enden. Der Luftmaschenanschlag muß für ein Muster aus Dm. besonders locker sein oder mit einer um 2 Nummern stärkeren Nadel ausgeführt werden. Die Abb. 15 zeigt die Dm. vor dem Abmaschen.

Feste Maschen in Runden gehäkelt

Den Ausgangspunkt bildet entweder eine Fadenschlinge lt. Abb. 16 a, b und c oder ein Ring aus Luftmaschen – dafür eine vorbestimmte Anzahl an Luftmaschen mit 1 Kettmasche „zum Ring schließen". Auch jede folgende Runde ist mit 1 Kettmasche zu beenden – „zu schließen". Ist beim Übergang von einer zur folgenden Runde nur 1 Luftmasche gehäkelt worden, trifft die Kettmasche in die 1. Masche dieser Runde. Sind jedoch 2 Luftmaschen am Rundenanfang ausgeführt, ist mit 1 Kettmasche in die 2. dieser „Übergangs-Luftmaschen", die die 1. Masche ersetzen, zu schließen.

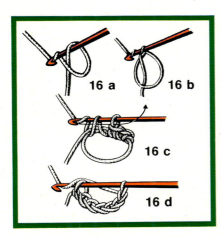

Formen aus festen Maschen häkeln

Verschiedene Formen können in hin- und hergehenden Reihen und auch in Runden entstehen. Beim Häkeln in Reihen wird die Veränderung durch

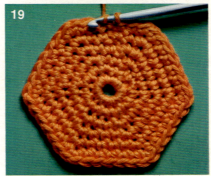

Zu- oder Abnehmen von Maschen an den Rändern erzielt. Beim Häkeln in der Runde erreicht man die gewünschte Form, indem in regelmäßiger Folge an bestimmten Stellen innerhalb der Runden zugenommen wird (oder abgenommen – falls man am Außenrand beginnt und zur Mitte zu häkelt). Jede Runde ist mit 1 Kettmasche zu schließen.

Das Viereck lt. Abb. 18 beginnt mit 1 Fadenring, in welchen in 1. Runde 4mal wechselnd 1 feste Masche, 1 Luftmasche zu häkeln sind. In der 2. und in allen folgenden Runden muß in den Ecken zugenommen werden, und zwar je 1 feste Masche, 2 Luftmaschen und 1 feste Masche um die Luftmaschen der Vorrunde.

Abb. 17 zeigt ein **Viereck** in Reihen gehäkelt. In einen Ring aus 4 Luftmaschen sind in 1. Reihe 2 feste, 2 Luftmaschen und 2 feste Maschen ausgeführt. In allen folgenden Reihen ist in jede feste Masche wieder 1 feste Masche und um die Luftmaschen in der Ecke 1 feste Masche, 2 Luftmaschen und 1 feste Masche zu häkeln.

Das Sechseck, Abb. 19, beginnt mit 6 festen Maschen in einen Fadenring. In der 2. Runde in jede Masche 2, in 3. Runde nur in jede 2. folgende und in 4. Runde in jede 3. folgende M. der Vorrunde 2 Maschen häkeln. In dieser Art wird auch in allen folgenden Runden zugenommen.

Für ein Achteck ist genauso zuzunehmen, man beginnt natürlich mit 8 festen Maschen, die entweder in einen Ring aus 4 Luftmaschen oder in einen Fadenring zu häkeln sind. Darauf achten, daß immer über der Zunehmestelle der Vorrunde zugenommen wird (Abb. 20).

Der Kreis kann bis zur 3. Runde wie ein Achteck gehäkelt werden. Ab 4. Rd. ist jedoch darauf zu achten, daß nicht wieder über den zugenommenen Maschen zugenommen wird, sondern immer versetzt zur vorhergehenden Runde. Zur Kontrolle sollte die Arbeit ab und zu flach aufgelegt werden. Stellt sich der Rand hoch, muß öfter zugenommen werden, legt er sich in Wellen, ist das Gegenteil der Fall (Abb. 21).

Der Kreis, lt. Abb. 22, ist in Spiralrunden, also ohne erkennbaren Übergang (ohne jede Runde mit 1 Kettmasche zu schließen) gehäkelt. Hierbei ist auch stets nur der rückwärts liegende Maschendraht erfaßt.

Häkeln mit Plastikringen

Eine Häkelarbeit, die sicher allen größeren Mädchen viel Spaß macht! Es geht spielend leicht, und man kann obendrein hübsche, nützliche Gegenstände arbeiten. Die Arbeit geht allerdings nur dann rasch voran, wenn nicht jeder Ring einzeln, sondern immer eine zusammenhängende Kette in der vorgesehenen Länge umhäkelt wird. Als Material eignen sich am besten mittelfeine bis dicke Synthetikgarne wegen ihrer pflegeleichten Vorzüge. Wie beim Häkeln im allgemeinen muß die Nadelstärke mit dem Garn harmonieren.

Abb. 1: Auf der Nadel ist die Anfangsschlinge lt. Abb. 5, Seite 5. Die Schlinge für die 1. feste Masche und alle folgenden Maschen wird jeweils durch den Ring geholt. Nun wie üblich mit 1 Umschlag die 2 auf der Nadel liegenden Schlingen abmaschen.

Ehe man die Häkelei „am laufenden Band" betreibt, muß 1 Ring zur Probe vollständig umhäkelt werden – quasi als Maschenprobe –, um feststellen zu können, wieviel Maschen insge-

samt erforderlich sind. Je dicker das Garn, um so weniger, je dünner, um so mehr Maschen. Es sollte immer eine gerade Maschenzahl sein und die Hälfte davon eine ungerade (z. B. 22 Maschen : 2 = 11 Maschen oder 26 Maschen : 2 = 13 Maschen).

Abb. 2: Ist der 1. Ring zur Hälfte mit festen Maschen überhäkelt, folgt 1 Luftmasche, dann bereits die 1. feste Masche um den nächsten Ring.

Abb. 3: Der letzte Ring einer Reihe wird vollständig mit Maschen umhäkelt, und in der Rückreihe sind die übrigen Ringe mit festen Maschen zu vervollständigen. Zwischen den Ringen ist um die Verbindungsluftmasche 1 feste Masche zu häkeln. Nach der letzten Masche den Faden durchziehen und vernähen.

Abb. 4: Die 2. Ringreihe kann nun ebenfalls zur Hälfte umhäkelt werden und in der anschließenden Rückreihe mit den Ringen des vorhergehenden Streifens verbunden werden. Man kann auch nach Abb. 4 verfahren und bereits beim Umhäkeln der 1. Hälfte den fertigen Streifen anfügen, indem auf die Mittelmasche eine Kettmasche in die Mittelmasche des fertigen Streifens folgt. Wie bei der Motivhäkelei, könnte jeder Streifen auch einzeln gehäkelt und zuletzt mit einigen Stichen zusammengenäht werden.

Abb. 5: Am Außenrand kann man die Bogen mit Pikots ausschmücken, hier sind nach je 3 festen M. welche eingefügt (stets 3 Luftmaschen, 1 feste M. zurück in die letzte feste M.).

Große Einkaufstasche L 8/1, Bg. A.
Größe ca. 41 x 39 cm, Tiefe 10 cm
Man braucht 4 Packungen FALAG-Weichplastikringe (aus den restlichen 70 Ringen kann 1 Set gehäkelt werden) und 200 g dickes Synthetikgarn (z. B. Schoeller „euro cablé"), 1 INOX-Wollhäkelnadel Nr. 3½, zum Abfüttern 50 cm Effektgewebe – 140 cm breit (z. B. Zweigart-Art. „Ariosa" 3711), zum Verstärken des Bodens 10 x 41 cm Pappe oder Teppichstramin.
So wird gehäkelt: Die Ringe sind in Hin- und Rückreihe mit je 9 festen Maschen, insgesamt also achtzehn Maschen, zu umhäkeln. Die Seitenteile sind 3 Ringe breit. Für den Boden werden 20 Luftmaschen mit 19 festen Maschen überhäkelt, man arbeitet 2 Teile, je 10 x 41 cm groß. Das Taschenfutter lt. Schnittschema zuschneiden, für den doppelten Boden ein zweites Teil aufsteppen (im Schema schraffiert), seitlich offenlassen, damit Pappe oder Stramin eingeschoben werden kann.
Für die Henkel zwei Streifen je 35 x 8 cm fadengerade zuschneiden, als

Set und rundes Deckchen
Set 39 x 29 cm, Deckchen 15 cm Ø

Man benötigt 1 Packung FALAG-Weichplastikringe (ca. 100 Stück), je 4 Str. grünen und roten Glockenbast (FALAG-Art. 4000 glanz), 1 INOX-Wollhäkelnadel Nr. 3½.

Für das Set umhäkelt man je 11 Ringe mit 18 festen Maschen, abwechselnd 1 Streifen rot, 1 Streifen grün, und verbindet sie wie vorher beschrieben. Die Mitte des runden Deckchens bildet ein grün umhäkelter Ring, diesen mit 27 roten Stäbchen umhäkeln. Nun sind 9 Ringe mit Grün zu umhäkeln und an jedem 3. roten Stäbchen anzuschlingen. Den Abschluß bildet eine Rd. rote Stäbchen, über jeden Ring 8 Stäbchen und um jede Verbindungsstelle ein Stäbchen häkeln.

Bezugsquellen für Plastikringe: Falag-Bastelkontor, 87 Würzburg. JMRA Handarbeitshilfe, 599 Altena

Schlauch steppen (Nahtrand 12 mm), wenden, bügeln und einige Male absteppen, dann mit einigen Maschinennähten am oberen, 1,5 cm breit gesäumten Futterrand mit ca. 12 cm Abstand feststeppen. Nun kann das Futter auf der Innenseite des Taschenrandes gegengesäumt werden, seitlich evtl. die Kanten mit einigen Stichen durchnähen.

Das halbe Stäbchen

Stäbchen sind die allervielseitigsten Häkelmaschen, und das halbe, auch „kurze" Stäbchen ist die niedrigste Stäbchensorte, nur wenig höher als die feste Masche.

4a / **5a**

• = Luftmasche   I = halbes Stäbchen

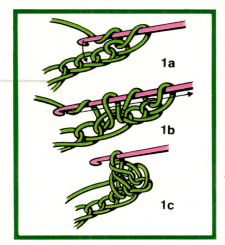

1a
1b
1c

Die Abb. 1a bis c erläutern die einzelnen Phasen: Vor dem Einstechen wird 1 Umschlag auf die Nadel genommen, Abb. 1a. Nachdem die Schlinge durchgeholt ist, Abb. 1b, liegen 3 Schlingen auf der Nadel, und diese sind in einem Zug mit 1 Umschlag abzumaschen, siehe Pfeil in der Abb. 1b. Das fertige halbe Stäbchen zeigt Abb. 1c, es ist das 1. halbe Stäbchen über einem Anschlag aus Luftmaschen.

Halbe Stäbchen in Reihen

Abb. 2 zeigt eine Reihe halber Stäbchen, Abb. 3 die 1. Reihe nach dem Wenden. Die Höhe des halben Stäbchens wird beim Übergang von einer zur folgenden Reihe oder Runde durch 2 Luftmaschen ausgeglichen.

2

3

Über dem Luftmaschenanschlag ist deshalb das 1. halbe Stäbchen in die 3. Luftmasche – ab Nadel gezählt – zu häkeln, Abb. 1a, b. In den folgenden Reihen ist das 1. halbe Stäbchen in die 2. (Abb. 3 und 4) oder die 1. Masche (Abb. 5) der Vorreihe zu häkeln.

Am Ende der Reihe bleiben lt. Abb. 5 die „Wende-Luftmaschen" unbehäkelt, lt. Abb. 4 ist das letzte halbe Stäbchen der Reihe in die 2. Wendeluftmasche zu häkeln. Bei eingehender Betrachtung ist zu erkennen, daß

der Rand glatter ausfällt, wenn man nach Abb. 4 und 4a arbeitet. Auch hier wieder zum Vergleich die burda-Häkelschriften, die den Unterschied deutlicher zeigen als die Häkelproben – siehe Abb. 4a und 5a.

Veränderungen des Maschenbildes durch unterschiedliches Einstechen in die Abmaschglieder

Die Eigenart des halben Stäbchens liegt in der Anordnung der „Maschendrähte". Dadurch, daß drei Schlingen auf einmal abgemascht werden (Abb. 1b), legt sich der Umschlag, der vor dem Einstechen aufzunehmen ist, fast parallel unter den rückwärtsliegenden Maschendraht des Abmaschgliedes; vergleichen Sie Abb. 2, Vorder-, und 3, Rückseite. In Abb. 6 sind 6 Reihen gehäkelt, es wurde das volle Abmaschglied der Vorreihe erfaßt. In der Abb. 7 ist dagegen nur in den vornliegenden Maschendraht, und in der Häkelprobe lt. Abb. 8 nur in den rückwärts liegenden Maschendraht eingestochen. Abb. 9: Noch ein Beispiel dafür, wie sich das Maschenbild verändert, wenn nur in den Maschendraht eingestochen wird, der unter dem Abmaschglied liegt. Die Zeichnung 9a zeigt dies deutlicher als Abb. 9.

6

7

8

9

9a

Das einfache Stäbchen

Manche nennen es auch das „ganze" Stäbchen. Es ist knapp doppelt so hoch wie breit: 2 Reihen aus je 5 Stäbchen füllen annähernd die Fläche eines Quadrates. Nebeneinandergehäkelte Stäbchen bilden eine Reihe schlanker Säulen.

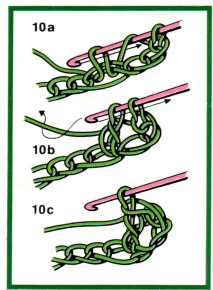

10a

10b

10c

Abb. 10a: Ehe über dem Luftmaschenanschlag in die 4. Luftmasche, ab Nadel gezählt, einzustechen ist, muß ein Umschlag ausgeführt werden. Ist die Schlinge durchgeholt, wird der Faden erneut als Umschlag auf die Nadel genommen und in Pfeilrichtung durch nur 2 auf der Nadel liegende Schlingen gezogen. In der Fachsprache heißt dies „Schlingen paarweise abmaschen". Danach liegen wieder 2 Schlingen auf der Nadel, Abb. 10b. Diese sind wiederum mit 1 Umschlag abzumaschen. Die Abb. 10c zeigt das fertiggehäkelte Stäbchen einer Reihe über dem Anschlag aus Luftmaschen.

Das Wenden von einer zur folgenden Stäbchenreihe und der Rundenübergang

Die Höhe des einfachen Stäbchens ist mit 3 Luftmaschen auszugleichen. Beim Wenden zur nächsten Reihe – oder beim Übergang zur folgenden Stäbchenrunde – sind 3 Luftmaschen zu häkeln, Abb. 11. In dieser Häkelprobe sind über einem Anschlag aus 12 Luftmaschen 9 Stäbchen ausgeführt; die 3 Luftmaschen am Anfang der Reihe zählen als ein Stäbchen. Abb. 12: Das 1. Stäbchen der 2. Reihe

ist in die 2. Masche der Vorreihe zu häkeln und das letzte in die 3. „Wende-Luftmasche", Abb. 13. Ein Vergleich mit Abb. 14 (die 2. Reihe nach dem Wenden) macht den Unterschied des Maschenbildes auf Ober- und Rückseite bzw. in Hin- und Rückreihe deutlich.

11

12

13

14

Veränderung des Maschenbildes durch unterschiedliches Erfassen der Maschen in der Vorreihe

Abb. 15: In der Hinreihe ist nur der rückwärts-, in der Rückreihe nur der vornliegende Maschendraht des Abmaschgliedes erfaßt. Lt. Abb. 16 wird stets wechselnd in den vorn-, dann in den rückwärtsliegenden Maschendraht eingestochen.

Abb. 17: Das Muster wird in der Rückreihe gebildet, es wird in das Abmaschglied ein- und im folgenden von rückwärts nach vorn ausgestochen. Beim folgenden Stäbchen wie-

der in der letzten Ausstichstelle ein-, im folgenden Maschenglied ausstechen. In der Hinreihe (Abb. 18) werden Stäbchen wie allgemein üblich gehäkelt.

Abb. 19: Es wird nicht in, sondern zwischen Stäbchen der Vorreihe eingestochen, das 1. Stäbchen zwischen die 1. und 2. Masche, das letzte Stäbchen der Reihe zwischen letztes Stäbchen und Wende-Luftmaschen. Dazu eine Abwandlung, Abb. 20: Das 1. Stäbchen zwischen die 2. und 3. Masche, das 2. Stäbchen zurück zwischen die 1. und 2. Masche häkeln. Dadurch entsteht der Effekt eines Stäbchen-Flechtmusters.

15

16

17

18

19

20

Stäbchen mit „Fußschlinge"

Wie beim Stäbchen üblich, wird der Faden einmal um die Nadel geschlungen, ehe in die Masche des Anschlages oder der Vorreihe einzustechen und die Schlinge durchzuholen ist. Diese Schlinge wird mit 1 Umschlag für sich abgemascht, die „Fußschlinge" ist damit gebildet, Abb. 21. Anschließend — wie beim Stäbchen üblich — 2mal je 2 Schlingen mit je einem Umschlag abmaschen. In der Abb. 22 ist das 1. Abmaschen nach der Fußschlinge bereits ausgeführt. In beiden Abbildungen sind auch in der 1. Reihe Stäbchen mit Fußschlingen gehäkelt.

Eineinhalbfaches Stäbchen

Soll ein Stäbchen etwas höher, aber doch wieder nicht doppelt so hoch wie ein einfaches Stäbchen ausfallen, häkelt man ein eineinhalbfaches.

Der Faden wird nicht einmal, sondern zweimal um die Nadel gelegt (also 2 Umschläge ausführen), ehe man in die Masche des Anschlages oder der Vorreihe (Vorrunde) einsticht. Nun mit 1 Umschlag zunächst 2 Schlingen (in Abb. 23 ausgeführt), dann mit 1 Umschlag die restlichen 3 Schlingen abmaschen. In der Abb. 23 zeigt auch die 1. Reihe 1½fache Stäbchen.

Das Doppelstäbchen

Gleich im Anschluß lernen Sie das Doppelstäbchen, auch als „zweifaches" Stäbchen bekannt. Wie beim

eineinhalbfachen, so werden auch hier 2 Umschläge ausgeführt, ehe man in die Masche einsticht und den vom Knäuel kommenden Faden durchholt. Nun sind 4 Schlingen auf der Nadel, die mit je 1 Umschlag 3mal zu zweit abzumaschen sind. Der einfache Pfeil in der Abb. 24 deutet das 1. Abmaschen an. Zusammen mit der sich dabei bildenden Schlinge wird jeweils die folgende Schlinge lt. doppeltem und dann lt. dreifachem Pfeil abgemascht. Kurz gesagt: „3mal mit je 1 Umschlag paarweise abmaschen". Vier nebeneinandergehäkelte Doppelstäbchen füllen annähernd ein Quadrat.

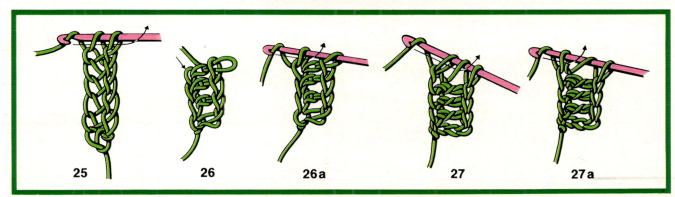

Anschlag aus Kettmaschen, festen Maschen, halben und einfachen Stäbchen

Beginnt eine Arbeit mit einer Reihe aus Kettmaschen, festen Maschen oder Stäbchen, kann der Luftmaschenanschlag wegfallen. Alle diese Maschen werden mit „Fußschlinge" gehäkelt, durch diese links außen liegenden Schlingen wird jeweils wieder die Fußschlinge für die nächste Häkelmasche durchgeholt. Maschenanschläge dieser Art sind wesentlich elastischer als eine einfache Luftmaschenkette.
Für den Kettmaschenanschlag mit 2 Luftmaschen beginnen, durch die 1. Masche die Fußschlinge holen, jetzt mit 1 Umschlag beide Schlingen abmaschen, siehe Pfeil in der Abb. 25.

Abb. 26: Für den Feste-Maschen-Anschlag mit 2 Luftmaschen beginnen, die durchgeholte Schlinge jedoch für sich abmaschen, Abb. 26a, dann mit 1 Umschlag die 2 Schlingen in einem Zug abmaschen. Der Pfeil in Abb. 26 deutet auf die Fußschlinge, durch die die folgende zu holen ist.
Abb. 27: Für den Stäbchenanschlag die Fußschlinge aus der 1. von 4 Luftmaschen durchholen, mit 1 Umschlag abmaschen (Pfeil in Abb. 27a), dann wie beim Stäbchen üblich 2mal je 2 Schlingen abmaschen (1. Abmaschen siehe Abb. 27).
In der Abb. 28 ist zwischen dem Feste-Maschen- und dem Stäbchen-Anschlag derjenige aus halben Stäbchen abgebildet; dafür mit 3 Luftmaschen beginnen und statt Stäbchen nur halbe Stäbchen häkeln.

11

Motivhäkelei

Wie der Name ausdrückt, besteht eine Motivhäkelei nicht aus nebeneinander oder rundum aufgereihten Maschen, sondern aus Motiven, die jede beliebige Form haben können. Drei-, Vier-, Fünf- und Sechsecke sind lückenlos aneinanderzufügen. Bei Achtecken und Kreisen entstehen kleine Lücken, die evtl. mit entsprechend großen Motiven oder einfach durch „Spinnen" geschlossen werden können.

Wichtig ist in jedem Falle, daß von vornherein überlegt wird, ob die Motive zuletzt zusammengenäht oder aber innerhalb der letzten Motivrunde schon mit dem angrenzenden Motiv verbunden werden sollen. Diese „vorschriftsmäßige" Arbeitsweise wird hier an einem einfachen Viereckmotiv erläutert (Abkürzungen: Lm. = Luftmasche, Km. = Kett-

masche, f. M. = feste Masche, Stb. = Stäbchen, R. = Reihe, Rd. = Runde): Das Motiv beginnt mit 4 Lm., die mit 1 Km. zum Ring geschlossen werden. In der 1. Rd. 4mal wechselnd 1 Gruppe aus 3 Stb., 3 Lm. häkeln. In der 1. Rd. auch den Fadenanfang mit überhäkeln! Das 1. Stb. der Rd. durch 3 Lm. ersetzen und die Rd. – auch in 2. und 3. Rd. – mit 1 Km. in die 3. dieser Lm. schließen. Über das 1. und 3. Stb. jeder Gruppe wieder 1 Stb., dazwischen 1 Lm. ausführen, um die 3 Lm. (= Ecke) 2 Stb., 3 Lm. und 2 Stb. häkeln. Die 3. Rd. genauso häkeln. Fadenende vernähen, siehe Abb. 1.

Das 2. und alle folgenden Motive innerhalb der letzten Runde mit dem angrenzenden Motiv bzw. den Motiven zusammenhäkeln!

Ab 2. Motiv ist anstelle der Mittelmasche in der 3. Ecke (hier die 2. Lm.) 1 f. M. in die betreffende Masche (hier die 2. Lm.) im angrenzenden Motiv zu häkeln, Abb. 2. Bei der nächsten Verbindungsstelle wird hier statt der Lm. 1 f. M. um die betreffende Lm. im angrenzenden Motiv ausgeführt, Abb. 3.

Ab 2. Motivreihe müssen die Motive auch an die vorhergehende Motivreihe angeschlossen werden. Die 1. Verbindung muß bereits an der 2. Ecke erfolgen. Aus der Abb. 4 ist zu ersehen, daß an solch einem „Treffpunkt" die f. M. in die letzte Verbindungsmasche (nicht in die Lm. der Ecke) zu häkeln ist, siehe Abb. 5.

Grundsätzlich liegen beim Verbinden die Motive „linke auf linker Seite". Darauf ist immer zu achten, sonst kann es passieren, daß die rechte, mal die linke Seite obenaufliegt. Die fertige Arbeit sollte immer korrekt gespannt werden, Abb. 6.

Diese Technik heißt auch Afghan-, Strick- oder Viktoriahäkelei. Das Charakteristische an dieser Häkelart ist, daß jede Reihe in 2 Arbeitsgängen zu bilden ist und daß, im Unterschied zu allen anderen Häkelarten, nicht nur eine, sondern viele Schlingen auf der Nadel liegen, die im 1. Arbeitsgang von rechts nach links nach und nach aufgefaßt und im 2. Arbeitsgang von links nach rechts abgemascht werden.

Tunesische Häkelei

Das Aussehen des Maschenbildes auf Ober- und Rückseite unterscheidet sich deutlich. Tunesische Maschen lassen sich kaum dehnen. Die Reihenhöhe entspricht ungefähr der bei festen Maschen, der Wollverbrauch ist etwa um 20% geringer (die feste Masche wird aus 3, die tunesische nur aus 2 senkrechten Maschendrähten gebildet).

Die Häkelnadel muß für Arbeiten, die breiter als 8 bis 10 cm vorgesehen sind, lang und der „Schaft" gleichmäßig dick sein. Solche Häkelnadeln werden aus Aluminium 30 cm und 35 cm lang in den Stärken 2 bis 6 (um je ½ mm dicker) und 7 angeboten. Galalithnadeln gibt's nur 30 cm lang, dafür aber auch in den Stärken 8 und 9. Für Arbeiten mit vielen Maschen sind die stabileren Aluminiumnadeln den biegsamen Galalithnadeln vorzuziehen. Beim tunesischen Häkeln wird die Nadel wie eine Stricknadel gehalten, siehe Abb. 1.

Man kann mit Wolle genauso häkeln wie mit Synthetik-Handstrickgarnen. Da die Masche annähernd die Fläche eines kleinen Quadrates ausfüllt, kann man tunesische Maschen auch mit Kreuzstichmustern besticken.

Einfacher tunesischer Häkelstich

Die Basis bildet eine Luftmaschenkette, die nicht zu fest gehäkelt werden darf. Wie im 1. Arbeitsgang der 1. R. die Schl. aufzufassen sind, erklärt Abb. 2. Man beginnt immer am rechten Rand der Arbeit.

Erklärung der Abkürzungen:
M. = Masche, R. = Reihe, Schl. = Schlinge, Km. = Kettmasche, Lm. = Luftmasche, abm. = abmaschen, abk. = abketten, U. = Umschlag.

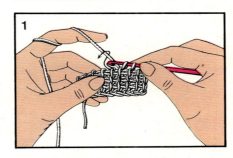

Abb. 3: Im 2. Arbeitsgang ist zunächst die Schl. am linken Rand mit 1 U. abzumaschen; danach werden je 2 Schl. abgemascht, siehe Pfeil in der Abb. 3. Sind auch die letzten beiden Schl. abgemascht, ist die 1. R. fertig. Auch andere Muster in tunesischer Häkelei entstehen immer in 2 Arbeitsgängen!

Abb. 4: Für jede folgende R. die Schl. aus den senkrecht liegenden Maschendrähten auffassen, siehe Pfeil in dieser Abbildung! Das Abmaschen erfolgt lt. Abb. 3.

Häkelproben der Abb. 4 a und 4 b zeigen den einfachen tunesischen Häkelstich, Vorder- und Rückseite. Ist eine Arbeit beendet, müssen die Schl. der letzten R. abgekettet werden, das geschieht, indem man in jede M. bzw. in den senkrechten M.-Draht 1 Km. häkelt, siehe Abb. 5.

Das Abketten ist bei jedem tunesischen Muster erforderlich!

Abnehmen und zunehmen innerhalb der Reihe

Abb. 6: Müssen innerhalb einer R. M. abgenommen werden, sind im 1. Arbeitsgang 2 Schl. der Vor-R. aufzufassen, um 1 M. abzunehmen. Sollen an einem Punkt 2 M. abgenommen werden, sind 3 Schl. der Vor-R. zusammen zu erfassen. Beim Zunehmen innerhalb der Reihe wird nach Abb. 7 verfahren: Um 1 M. zuzunehmen, wird zwischen 2 senkrechten Maschendrähten der Vor-R. in einen waagrechten Maschendraht des 2. Arbeitsganges eingestochen und in Pfeilrichtung 1 Schl. durchgeholt.

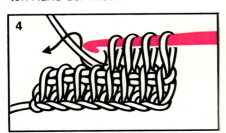

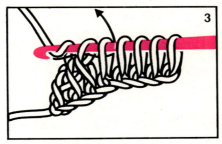

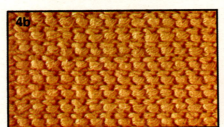

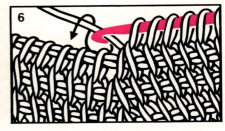

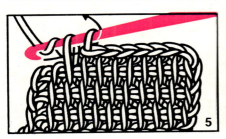

Zunehmen am Rand

Abb. 8: Soll am rechten Rand 1 M. zugenommen werden, ist auch aus der Rand-M. 1 Schl. durchzuholen. Fürs Zunehmen am linken Rand wird durch den waagrecht liegenden Maschendraht 1 Schl. lt. Abb. 9 durchgeholt. Erst dann die Rand-Schl. ausführen. Sollen ab Anfang einer Arbeit am Rand mehrere M. zugenommen werden, verfährt man nach Abb. 10 und 11. Der Lm.-Anschlag muß für die M. der 1. R. und die M. ausreichen, die am linken Rand zuzunehmen sind, siehe Abb. 10. Am rechten Rand sind vor Beginn des 1. Arbeitsganges der folg. R. entsprechend viel Lm. anzuschl., siehe Abb. 11 (das 3. Mal 3 M. zunehmen).

Abnehmen am Rand

Soll am rechten Rand 1 M. abgenommen werden, sind beim letzten Abmaschen nicht 2, sondern 3 Schl. in einem Zug zu erfassen, siehe Abb. 12. Am Ende einer R. wird 1 M. abgenommen, indem lt. Abb. 13 die letzten 2 Schl. auf einmal erfaßt oder lt. Abb. 14 zu Beginn des 2. Arbeitsganges 2 Schl. statt 1 Schl. abgemascht werden, siehe Pfeil.

Knopflöcher einhäkeln

Wenn Knopflöcher parallel zum Reihenverlauf einzuhäkeln sind, geschieht dies lt. Abb. 15 bis 17. Im 1. Arbeitsgang für jede M., die zu übergehen ist, 1 U. aufnehmen (lt. Abb. 15 sind es 4 M.); der Pfeil in der Abb. 15 zeigt, wie die 1. M. nach dem Knopfloch aufzufassen ist. Im 2. Arbeitsgang werden wie üblich je 2 Schl. bzw. Schl. und U. mit je 1 U. abgemascht, siehe Abb. 16. Wie die Schl. im 1. Arbeitsgang der folgenden R. über dem Knopfloch aufzunehmen sind, geht aus Abb. 17 hervor. Soll ein Knopfloch senkrecht eingehäkelt werden, muß man die Arbeit in Knopflochgröße teilen. Lt. Häkelprobe der Abb. 18 sind die M. ab Knopfloch bis Rand mit 4 R. überhäkelt. Abb. 19: Mit neuem Faden auch über die restlichen M. 4 R. häkeln. Danach wieder über alle M. weiterhäkeln, siehe Häkelprobe, Abbildung 20.

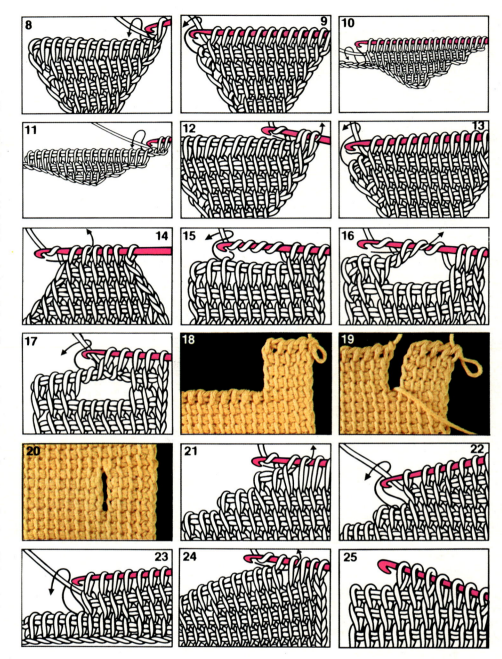

Verkürzte Reihen

Sind für eine Arbeit unterschiedlich lange Ränder erwünscht, wie z. B. bei seitlichen Abnähern, werden verkürzte R. eingefügt. Das kann auf verschiedene Art geschehen.

Soll z. B. der linke Rand kürzer ausfallen als der rechte, bleiben lt. Abb. 21 am linken Rand so viel M. unbehäkelt, wie die Anleitung vorschreibt (lt. Abb. 21 sind es 2mal je 3 M.). Jede folg. verkürzte R. zählt also weniger M. als die vorhergehende verkürzte R. Nach der letzten verkürzten R. sind wieder aus allen M. im 1. Arbeitsgang Schl. aufzufassen. Abb. 22 zeigt das Schl.-Auffassen an einer Übergangsstelle. Zur Kontrolle sollten nach Abschluß dieser R. die M. gezählt und mit der M.-Zahl der vorhergehenden durchgehenden R. verglichen werden. Man kann aber auch mit der kürzesten R. beginnen. Sollen z. B. 4 R. um je 3 M. gekürzt werden, bleiben am linken Rand 12 M. unbehäkelt, in der folg. R. nur 9 M., dann 6 und schließlich nur 3 M. häkeln. Die vorhergehende verkürzte R. ist jeweils lt. Abb. 23 zu überhäkeln. Alle verkürzten R. im 2. Arbeitsgang wie üblich abm., siehe Abb. 24.

Soll der rechte Rand kürzer werden als der linke, ist lt. Abb. 25 zu verfahren: Im 2. Arbeitsgang bleiben am rechten Rand entsprechend viele Schl. auf der Nadel, es folgt die nächste verkürzte R., und nach der letzten kurzen R. sind die Schl. bis zum rechten Rand im 2. Arbeitsgang wie üblich abzumaschen.

Verschiedene Häkelmuster

Musterbildungen sind bei der tunesischen Häkelei auf vielerlei Art möglich: Durch den Wechsel der Farben, durchs Auffassen der Schlingen und auch im 2. Arbeitsgang, beim Abmaschen der Schlingen, kann gemustert werden. Schließlich entstehen durch das Übergehen von Maschen und Einfügungen von Umschlägen und Luftmaschen hübsche Effekte.

Zweifarbige Muster

Beim Häkeln mit 2 (und mehr) Farben bleibt der 2. Faden auf der Rückseite hängen. Im 1. Arbeitsgang sind die Schl. in der vorgesehenen Farbfolge durchzuholen, und im 2. Arbeitsgang muß die letzte Schl. der 1. Farbe mit der 1. Schlinge der 2. Farbe mit dem Faden der 2. Farbe abgemascht werden, s. Abb. 26b. Ein einfaches Karomuster erklären die Abb. 26a und b: Die Farben wechseln nach je 3 M.; nach je 2 R. die Farben lt. Abb. 26c versetzen. Den 2. Faden am rechten Rand weiterführen.

Fürs Schrägstreifenmuster lt. Abb. 27 wechseln die Farben ebenfalls nach je 3 M. In jeder folgenden R. sind die Farben um je 1 M. nach links zu versetzen. Im Streifenmuster, Abb. 28, folgt auf 2 helle 1 dunkle M. Fürs Muster der Abb. 29 ist wechselnd 1 einfarbige und 1 zweifarbige R. zu häkeln; wie die Abb. zeigt, sind die Farben in den 2farbigen R. zu versetzen. Nicht 2farbig gehäkelt, sondern mit einer Kontrastfarbe bestickt ist das Muster der Abb. 30. Über jede M. im einfachen tunesischen Stich ist ein Kreuzstich aufgestickt. Stets darauf achten, daß Grund- und Deckstiche ein und dieselbe Richtung haben.

Muster, die im 1. Arbeitsgang zu bilden sind

Fürs Muster mit „verkreuzten" M. der Abb. 31b werden die Schl. lt. Abb. 31a durchgeholt, also je 1 Schl. aus der 2. folg. und dann aus der folg. bzw. der übergangenen M. der Vor-R. Der Pfeil deutet an, wie aus der übergangenen M. die Schl. durchzuholen ist. Im 2. Arbeitsgang die Schl. wie üblich abm. In der Häkelprobe der Abb. 31b werden in jeder folg. R. stets dieselben M. übergangen wie im 1. Arbeitsgang der Vor-R. Versetzt man das Muster, entsteht ebenfalls ein sehr dekoratives Maschenbild.

Den „Strickstich" erklärt Abb. 32a. Die Schl. im 1. Arbeitsgang nicht aus dem obenaufliegenden senkrechten Maschendraht, sondern **durch** die M. der Vorreihe auffassen. Der 2. Arbeitsgang ist wie allgemein üblich auszuführen, siehe Abb. 32b. Es entsteht ein besonders dichter Maschengrund, der dem Rechtsmaschenbild sehr ähnlich ist, Abb. 32c.

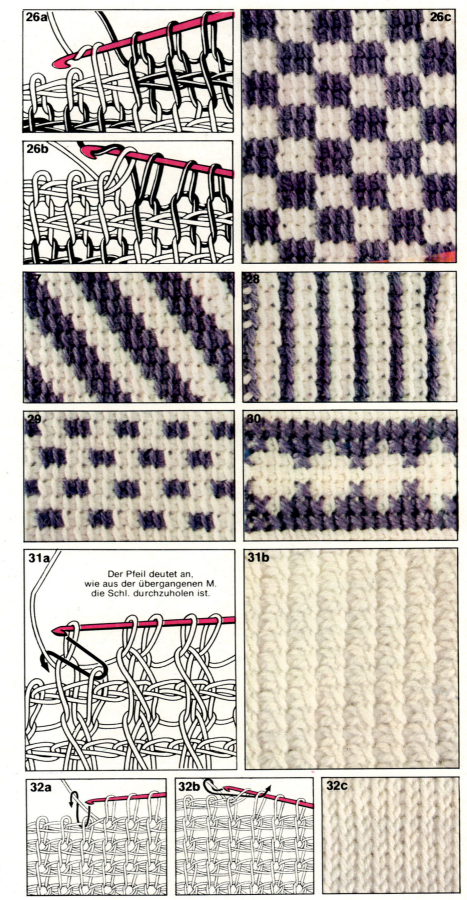

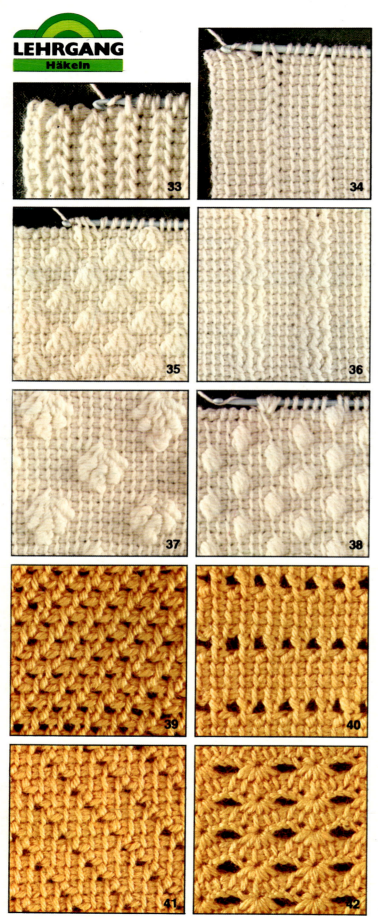

In den Mustern der Abb. 33 bis 41 ist die 1. R. lt. Abb. 2 und 3 zu häkeln, und im 2. Arbeitsgang aller R. werden die Schl. lt. Abb. 3 abgemascht. Schl. „normal" auffassen heißt lt. Abb. 4 häkeln.

Abb. 33: In 2. R. im 1. Arbeitsgang ✳ 1 Schl. normal auffassen, zwischen dieser und der folg. M. 1 Schl. durchholen; aus der folg. M. 1 Schl. normal auffassen, zwischen dieser und der folg. M. die 4. Schl. durchholen ✳. Über 2 M. der 1. R. werden also insgesamt 4 Schl. gebildet. Von ✳ bis ✳ fortl. wdh. 3. und alle folg. R.: Im 1. Arbeitsgang aus der 1. M. 1 Schl. normal auffassen, zwischen dieser und der 2. M. 1 Schl. durchholen, aus der 3. M. 1 Schl. normal auffassen, zwischen der 4. und der folg. M. 1 Schl. durchholen. Ab Anfang wdh.

Abb. 34: Lm.-Anschlag teilbar durch 6 + 1 M. 2. und alle folg. R.: Aus der 1. und 2. M. je 1 Schl. normal auffassen, zwischen der 2. und 3., 3. und 4. M. je 1 Schl. durchholen, ✳ aus den 4 folg. M. je 1 Schl. normal auffassen, vor und nach den 2 folg. M. je 1 Schl. durchholen. Ab ✳ wdh.

Reliefmaschen, Noppen

Abb. 35: Die Relief-M. bestehen aus 3 zus. abgemaschten Stäbchen, die in die M. der vorletzten R. wie folgt zu häkeln sind: ✳ In die M., die unter der zuletzt gehäkelten liegt, und in die folgenden 2 M. der vorletzten R. je 1 Stb. häkeln; jedes Stb. nur bis auf die letzte Schl. abm., dann mit 1 U. die auf der Nadel liegenden Schl. abm., siehe Pfeil. Abb. 35. Dafür 1 M. der Vor-R. übergehen ✳. Zwischen den Relief-M. liegen 5 M. normal. Auf jede Muster-R. 1 R. lt. Abb. 2 und 3. Die Relief-M. von ✳ bis ✳ in den Muster-R. versetzen.

Abb. 36: Ab 2. R. in jeder 2. folg. R. nach 4 M. normal 3 Relief-M. lt. Abb. 35 häkeln, jedoch für jedes Stb. 1 M. der Vor-R. übergehen und diese Schl. erst im 2. Arbeitsgang abm.

Abb. 37: Für die Relief-Gruppen 1 Stb. in die 2. letzte M. der 2. letzten R., 1 Dstb. in die letzte M. der 3. letzten R., 1 dreifaches Stb. in die übergangene M. der 4. letzten R., 1 Dstb. in die M. der 3. letzten R., 1 Stb. in die 2. folg. M. der 2. letzten R. häkeln. Alle Stb. bis auf 1 Schl. abm., dann alle Schl. mit 1 U. abm. Zwischen den Gruppen liegen 9 M. normal, die Gruppen werden in jeder 6. R. versetzt wdh.

Abb. 38: M.-Zahl teilbar durch 6 + 5 M. extra. In der 3. R. und dann in jeder 4. folg. R. in jede 6. M. 1 Noppe häkeln: 3mal mit je 1 U. 1 Schl. durchholen, dann mit 1 U. alle auf der Nadel liegenden Schl. abmaschen. Die Noppen versetzen.

Muster mit Ajoureffekten

Abb. 39: Mit ungerader Maschenzahl häkeln. 2. R.: ✳ 1 Schl. normal auffassen, 1 U., 1 M. der Vor-R. übergehen, ab ✳ stets wdh. Im 2. Arbeitsgang die U. wie die Schl. abm. In jeder folg. R. im 1. Arbeitsgang das Muster versetzen.

Abb. 40: Jede 4. folg. R. im 1. Arbeitsgang wie fürs Muster lt. Abb. 39 häkeln. Ähnlich ist auch das Muster der Abb. 41 zu häkeln: Nach je 4 M. 1 M. der Vor-R. mit 1 U. übergehen. In jeder folg. R. den U. um 1 M. nach links versetzen.

Abb. 42: Maschenzahl teilbar durch 5 + 2 M. extra. Dieses Muster wird im Unterschied zu allen übrigen im 2. Arbeitsgang gebildet: In der 2. R. und in jeder 2. folg. R. nach dem Abm. der Rand-M. 2 Lm., ✳ dann 5 Schl. auf einmal abm., 4 Lm., ab ✳ stets wdh. Am rechten Rand wieder nur 2 Lm. vor der Rand-M. einfügen. In der folg. R. auch aus jeder Lm. 1 Schl. lt. Abb. 2 durchholen.

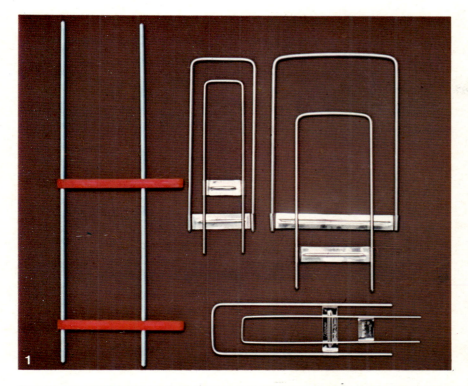

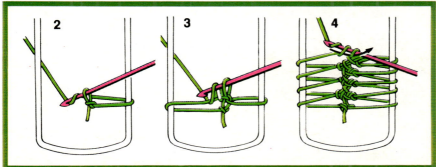

Gabelhäkelei

Die Gabelhäkelei hat ihren Namen von dem gabelförmigen Werkzeug, das man außer einer zum Garn, zur Wolle passenden Häkelnadel benötigt. In manchen Gegenden spricht man bei dieser Häkeltechnik auch von „Gimpenhäkelei".

Je nach Verwendungszweck kann man Gabelhäkelei mit feinstem Glanzhäkelgarn ebenso wie mit dikker Wolle, mit Mohair- und Effektgarn, Häkelkunstseide und anderem Material ausführen.

Gabeln gibt es in Breiten von 20 bis 100 mm. Neu ist eine Universal-Netzgabel, die von 20 bis 100 mm mit Differenzen von je 10 mm verstellt werden kann, siehe Abb. 1. Jede Gabel ist mit einer aufsteckbaren Spange ausgestattet, die verhindert, daß sich der Abstand zwischen den Stäben während des Häkelns vermindert.

Haltung der Gabel

Das geschlossene Ende der Gabel kann nach unten – siehe Abb. 2 bis 4 – oder auch nach oben zeigen, Abb. 5 bis 7. Probieren Sie aus, welche Handhabung Ihnen als die einfachere erscheint. Beim Wenden der Gabel wird lt. Abb. 2 bis 4 die Nadel über den rechten Stab gehoben. Lt. Abb. 5 bis 7 muß die Häkelnadel aus der Schlinge genommen und von rückwärts wieder in die losgelassene Schlinge geführt werden, siehe Abb. 6 (erst dann wenden).

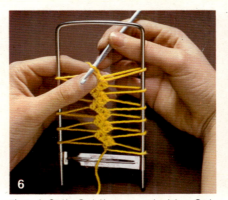

Ausführung der Gabelborten

Wie beim Häkeln üblich, wird zunächst die Anfangsschlinge ausgeführt (Lehrgang Seite 5). In der Regel soll die Rippe exakt in der Mitte verlaufen. Dies gelingt leichter, wenn der Fadenanfang mit Tesafilm über der unteren Querverbindung – oder bei der Haltung nach Abb. 5 bis 7 über der Spange – genau in der Mitte festgeklebt wird. Ist allerdings beabsich-

tigt, daß die Schlingen zu beiden Seiten der Rippe unterschiedlich lang ausfallen, muß man von Anfang an dementsprechend häkeln, siehe Abbildung 7.

Beim Häkeln hält die linke Hand nicht nur die Gabel, sondern mit Daumen und Zeigefinger auch die Anfangsschlinge. Den Faden um den rechten Stab der Gabel legen und eine Luftmasche häkeln, Abb. 2. Nun dreht

man die Gabel von rechts nach links, dabei legt sich der Faden um den 2. Stab, und über den vorn liegenden Faden der Schlinge wird 1 feste Masche ausgeführt, siehe Abb. 3. Nach jeder festen Masche die Gabel wieder drehen und lt. Abb. 4 die feste Masche um die Schlinge häkeln. In der Borte der Abb. 5 sind statt 1 festen Masche je 3 feste Maschen ausgeführt, in Abb. 7 nur je 1 feste Masche.

LEHRGANG
Häkeln

Die Breite der Borte richtet sich immer nach der Breite der Gabel. Die Abstände zwischen den Schlingen sind von der Maschenhöhe in der Rippe abhängig. Am dichtesten folgen die Schlingen aufeinander, wenn die Rippe aus je 1 festen Masche gehäkelt wird. Geringfügig größer sind die Abstände, wenn statt einer zwei feste Maschen ausgeführt werden, noch höher natürlich bei halben Stäbchen oder gar bei Stäbchen, Abb. 8 (nachdem das 1. Stäbchen gehäkelt ist) und Abb. 9 (das 2. Stäbchen das 2. Mal abmaschen).

Ist die Gabel mit Schlingen gefüllt, streift man sie ab und wickelt sie entweder über eine Kartoneinlage (darauf achten, daß die Rippe nicht verdreht wird). Praktischer ist es, die Schlingen beiderseits auf einen dicken Faden zu fassen und zusammenzubinden. Dabei kann man die Schlingen jeweils zählen, so daß man bei besonders langen Borten stets überblicken kann, wieviel noch zu häkeln ist. In der Abb. 10 sind bereits einmal Schlingen zusammengebündelt, und die auf der Gabel liegenden Schlingen sind am rechten Rand „aufgefädelt". Fünf bis sieben Schlingen bleiben auf der Gabel, um dann die Arbeit wieder fortzusetzen.

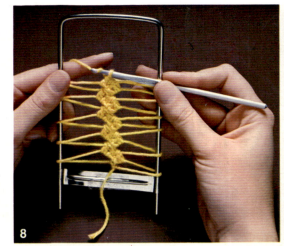

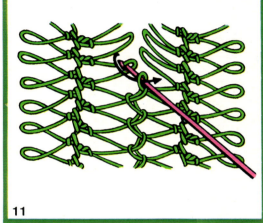
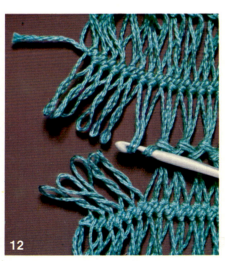
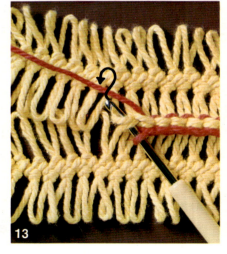
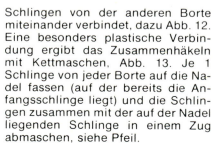

Verbinden der Borten

Am einfachsten ist die direkte Verbindung, d. h., die Schlingen zweier nebeneinanderliegender Borten werden mit der Häkelnadel ineinander verschlungen. Dabei entsteht ein ganz schmaler Zopf, am schmalsten, wenn nur je 1 Schlinge erfaßt wird (Abb. 11), etwas breiter und plastischer, wenn man wechselnd 2 Schlingen von der einen und 2

Schlingen von der anderen Borte miteinander verbindet, dazu Abb. 12. Eine besonders plastische Verbindung ergibt das Zusammenhäkeln mit Kettmaschen, Abb. 13. Je 1 Schlinge von jeder Borte auf die Nadel fassen (auf der bereits die Anfangsschlinge liegt) und die Schlingen zusammen mit der auf der Nadel liegenden Schlinge in einem Zug abmaschen, siehe Pfeil.

Abb. 14 zeigt eine andere Variation: Mit einer Nadel für tunesische Häkelei werden abwechselnd je 2 Schlingen von zwei nebeneinanderliegenden Borten aufgefaßt. Mit neuem Faden (er kann andersfarbig sein) ist die Anfangsschlinge zu häkeln, * dann 1 Luftmasche, die Nadel durch 2 Schlingen ziehen und ab * stets wiederholen. Die Abbildung zeigt die Arbeit vor dem Häkeln der Luftmasche.

Umhäkeln der Borten

Man kann die Borten vor dem Verbinden auch umhäkeln. Faßt man die Schlingen einzeln von vorn lt. Abb. 15 auf die Nadel und häkelt 1 feste Masche, entsteht ein klares „Schlingenbild". Erfaßt man die Schlingen jedoch von rückwärts – bzw. von rechts nach links, siehe Abb. 16 – dreht sich jede Schlinge. Beim Umhäkeln können auch 2 und mehr Schlingen mit einer oder mehreren Maschen zusammengefaßt werden, siehe die Muster der Abbildungen 17 bis 21.

Abb. 17: Die Borten für dieses Muster sind auf einer 80 mm breiten Gabel gehäkelt, feste Maschen in der Rippe. Beim Umhäkeln werden je 5 Schlingen lt. Abb. 16 aufgefaßt, um jede dieser Schlingenbündel 3 feste Maschen, 5 Luftmaschen und 3 feste Maschen häkeln; als Verbindung zur nächsten Gruppe 3 Luftmaschen ausführen. Die Borten untereinander wie folgt verbinden: In den Bogen aus 5 Luftmaschen statt der 3. Luftmasche 1 feste Masche in den Bogen der angrenzenden Borte häkeln und zwischen den Schlingengruppen statt der 2. Luftmasche 1 Doppelstäbchen um die 3 Luftmaschen der angrenzenden Borte ausführen.

Abb. 18: Eine 70 mm breite Gabelborte mit einer Rippe aus festen Maschen ist beiderseits mit festen Maschen umhäkelt, und zwar sind je 2 Schlingen lt. Abb. 16 in 1 feste Masche zusammengefaßt, zwischen den festen Maschen je 1 Luftmasche. Beiderseits der Rippe wird das Mu-

15

16

ster mit Schlingknotenstichen eingestickt, es werden je 4 Fäden, das sind 2 Schlingen, gebündelt. Ab 2. Stich sind jeweils der 3. und 4. Faden des vorhergehenden Bündels mit den folgenden 2 Fäden (= 1 Schlinge) zusammenzufassen. Den Fadenanfang mit 2 Rückstichen in der Rippe verwahren, dann die ersten 4 Fäden rechts der Rippe mit 1 Schlingknotenstich (das ist ein Kettenstich, bei welchem außerhalb der Fadenschlinge eingestochen wird, siehe Abb. 18) auffassen, Faden jeweils straff anziehen. Mit dem 2. Stich den 3. und 4. Faden und die folgenden 2 Fäden erfassen, in dieser Weise die Arbeit fortsetzen.

Abb. 19: Die Schlingen einer 70 mm breiten Borte sind für diese 8 cm breite Spitze an einer Seite 3 cm, an der anderen 4 cm lang (siehe Abb. 7, Seite 9). Die kurzen Schlingen einzeln lt. Abb. 16 mit festen Maschen umhäkeln, dazwischen stets 1 Luftmasche einfügen. Die langen Schlingen zu zweit in 1 feste Masche fassen und dazwischen große Pikots wie folgt häkeln: 3 Luftmaschen, zurück in die 2. Luftmasche 1 feste Masche, in die 3. Luftmasche (ab Nadel) 1 halbes Stäbchen und in die feste Masche, die die Schlingen zusammenfaßt, 1 Stäbchen. Ab Anfang fortlaufend wiederholen.

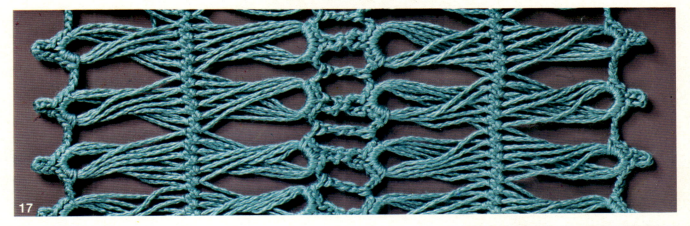

17

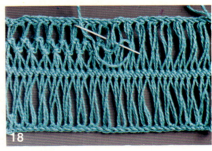

18

Wie jede andere Häkelarbeit, so bekommt auch „Gegabeltes" seinen letzten Schliff durch sorgfältiges Spannen. Gabelhäkelei aus Wolle und Synthetikgarn gleichmäßig anfeuchten, erst nach dem Trocknen aus der Spannung lösen. Arbeiten aus Baumwollgarn kann man mit Sprühstärke leicht präparieren.

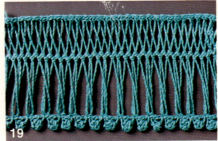

19

Abb. 20: Diese Spitze ist 9,5 cm breit, die Borte über eine 70 mm breite Gabel gehäkelt, in der Rippe feste Maschen. An einer Seite die Schlingen lt. Abb. 15 mit festen Maschen umhäkeln, getrennt durch je 1 Luftmasche. An der zweiten Seite je 4 Schlingen lt. Abb. 16, Seite 19, mit 1 festen Masche erfassen, dazwischen 8 Luftmaschen häkeln. Zur 2. Reihe mit 6 Luftmaschen wenden, ✱ in die 4. und 5. Luftmasche des Bogens je 1 Stäbchen, 9 Luftmaschen, 1 feste Masche zurück in die 7. Lm. ab Nadel, 2 Luftmaschen; ab ✱ stets wiederholen.

Abb. 21: Für diese Borten in Wellenform ist eine 90 mm breite Gabel verwendet worden. Die Rippe aus festen Maschen verläuft genau in Bortenmitte. Beim Umhäkeln faßt man 6mal je 3 Schlingen, dann 1mal 18 Schlingen mit 1 festen Masche zusammen (immer lt. Abb. 16, Seite 19), getrennt durch je 5 Lm., an der 2. Seite versetzt, siehe Abbildung. Beim Zusammenhäkeln 2 Borten so übereinanderlegen, daß sich die Schlingengruppen exakt „decken". Es werden um die Luftmaschenbogen je 2 zusammen abgemaschte feste Maschen, halbe Stäbchen, Stäbchen und Doppelstäbchen gehäkelt, dazwischen je 4 Luftmaschen einfügen.

Zwischen der 3. und 4. Schlingengruppe in Bogenhöhe je ✱ 1 feste Masche, um die folgenden Luftmaschen-Bogen je 1 halbes Stäbchen, 1 Stäbchen, 1 Doppelstäbchen vor und 1 Doppelstäbchen nach den 18 Schlingen, dann 1 Stäbchen und 1 halbes Stäbchen, ab ✱ fortlaufend wiederholen. Beim Zusammenabmaschen für die festen Maschen je 1 Schlinge durchholen, dann die 3 Schlingen mit 1 Umschlag abmaschen, bei halben Stäbchen vor dem Durchholen der Schlinge je 1 Umschlag aufnehmen und 5 Schlingen zusammen abmaschen; bei den 2 Stäbchen zunächst nur 1mal 2 Schlingen, bei den Doppelstäbchen 2mal 2 Schlingen abmaschen, ehe mit einem Umschlag zuletzt alle auf der Nadel liegenden Schlingen abgemascht werden.

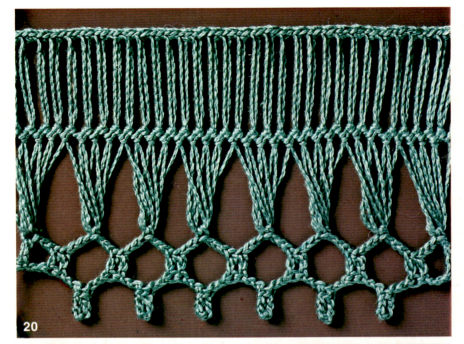

Bezugsquelle für Netzgabeln und die Universal-Netzgabeln: Fa. Johann Moritz Rump, 5990 Altena/Westfalen, Postfach 117.

Schlingenhäkelei

Ebenso wie bei der Gabelhäkelei wird auch für die Schlingenhäkelei außer einer zur Fadenstärke passenden Häkelnadel ein Hilfsgerät gebraucht, und zwar ein einfacher, möglichst glatter Stab. Es kann auch ein kurzes Lineal, eine Holzleiste, ein Streifen aus steifem Karton, zur Not auch ein Bleistift sein. Wir verwendeten Filethäkelstäbe aus Galalith in verschiedenen Breiten (lt. Abb. 1 in 14, 20 und 30 mm Breite). JMRA-Filethäkelstäbe sind 6, 8, 10, 12, 14, 20 und 30 mm breit erhältlich (Bezugsquellen durch JMRA-Handarbeitshilfe, Postfach 117, 5990 Altena/Westfalen). Unsere Schweizer Leserinnen können Bezugsquellen für ein 30 mm breites Stäbchen über die Fa. Stroppel AG, CH-Turgi/Aargau, erfragen.

In den folgenden Texten kürzen wir:

Schl. = Schlinge	abm. = abmaschen
Lm. = Luftmasche	fortl. = fortlaufend
wdh. = wiederholen	U. = Umschlag

Haltung der Hände

Beim Häkeln wird – wie allgemein üblich – der Faden über den Zeigefinger der linken Hand geleitet. Daumen

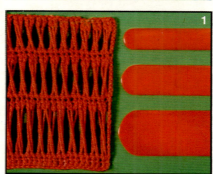

und Mittelfinger der linken Hand halten auch den Stab, wobei Ring- und kleiner Finger den Mittelfinger unterstützen, Abb. 2. Damit die Häkelnadel immer mühelos durch die Lm. gleiten kann, dürfen diese nicht zu straff angezogen werden.

Schlingen aus Luftmaschen bilden

Man beginnt mit 2 oder 3 Lm. und legt die Schl. auf den Stab, Abb. 3a. * Lt. Abb. 3b in die vorletzte Lm. einstechen und den Faden in Pfeilrichtung durchholen, 2 Lm. häkeln, die Schl. auf den Stab legen und die Arbeit lt. Abb. 3c in dieser Weise fortsetzen, d. h. ab * wdh. Abb. 3d zeigt, daß aus einer Lm. auch mehrere Schl. gehäkelt werden können: ● Faden durchholen, abm., die Schl. auf die Nadel legen. Ab ● so oft wdh., wie das Muster Schl. vorschreibt.

Lt. Abb. 3e folgen auf eine Gruppe aus 4 Schl. 10 Lm. Die 2. bis 4. Schl. für die nächste Gruppe aus der 9. Lm. häkeln, siehe Pfeil in der Abb. 3e.

Ist der Stab mit Schl. gefüllt, werden sie abgestreift, Abb. 4, und die letzten 2, 3 Schl. wieder aufgefaßt, um die Arbeit fortsetzen zu können.

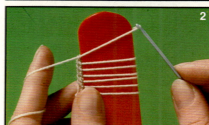

Schlingenbildung durch Umwickeln des Stabes

Man kann über einer Lm.-Kette beginnen, aber auch – wie in den Häkelproben der Abb. 5a bis 5e – zunächst eine Reihe Stäbchen häkeln (natürlich können es auch mehrere Reihen und andere Maschen sein). Den Faden immer von vorn nach rückwärts um den Stab legen. Lt. Abb. 5a am Reihenanfang den um den Stab gelegten Faden durch die auf der Nadel liegende Schl. holen. Faden wieder um den Stab legen,

Nadel durch die 1. Masche stechen und den Faden durch Masche und auf der Nadel liegende Schl. ziehen, Abb. 5b. * Lt. Abb. 5c die Nadel durch die folgende Masche stechen, den Faden um den Stab legen und durch Masche und Schl. holen. Faden erneut um den Stab legen und durch die auf der Nadel liegende Schl. ziehen, also abm., Abb. 5d. Ab * fortl. wdh. Über jeder Masche entstehen auf diese Weise 2 Schl. Abb. 5e zeigt das Ende der Reihe. Die letzte Schl. wird an die vorletzte Schlinge herangeschoben.

Man kann auch lt. Abb. 6a bis d häkeln, indem man eine Lm.-Kette oder die Anfangsreihe vor den Stab legt (er wird mit der linken Hand gehalten, siehe Abb. 6a). ∗ Die Häkelnadel sticht in die 1. Masche der Basisreihe, der Faden wird 2mal von vorn nach rückwärts um den Stab gewickelt, Abb. 6b, also auch über die Nadel, die über dem Stab zu liegen hat. Dann den Faden, der hinter dem Stab liegt, durch die Umwicklungen **und** die aufgefaßte Masche holen, siehe Abb. 6c (über einer Stäbchenreihe). Mit 1 U. die beiden auf der Nadel liegenden Schl. abm., Abb. 6d. Es sind 2 Schl. entstanden. Ab ∗ fortl. wdh., jeweils die folgende Masche auffassen. Abb. 6e: Die Arbeit liegt vor dem Stab.

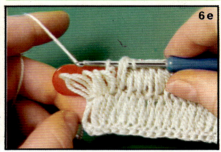

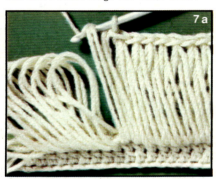

Werden die Schl. von rechts nach links aufgenommen, legen sie sich in Achterform, siehe linke Hälfte der Abb. 7c. Faßt man sie dagegen von links nach rechts auf die Nadel, liegen die Schl. ohne Drehung zwischen M.-Reihe und Abkettreihe.

> **Wichtig:** Das Abmaschen der Schlingen ist stets auf der Oberseite einer Arbeit auszuführen; demzufolge sind die Schlingen stets in einer Rückreihe zu bilden.

Zur Musterbildung kann man auch mehrere Schl. zusammenfassen – entweder beim Abmaschen oder beim Überhäkeln, und dazwischen Lm. einfügen bzw. Maschen der Vorreihe überhäkeln, z. B. Abb. 15, 16.

Abmaschen der Schlingen

Nach der letzten Schl. einer Reihe alle Schl. vom Stab streifen. Die Breite der Schl. bzw. des Stabes mit Lm. überbrücken, siehe Pfeil in der Abb. 8a. Je nachdem, wieviel Schl. aus 1 Masche gehäkelt worden sind, soviel Schl. sind auch beim Abmaschen zu erfassen, lt. Abb. 7a und b sind es je 2 Schlingen.

Die zweite und alle folgenden Schlingenreihen

Wurden die Schl. mit Kettmaschen abgemascht, wird die 2. Reihe wie die 1. Reihe gehäkelt, entweder lt. Abb. 3a bis 3c, 5a bis 5d oder 6a bis 6e. Man kann aber auch Schl. direkt über Schl. häkeln, siehe Abb. 8a, in welcher die Schl. lt. Abb. 3a bis 3c zu bilden sind. Mehrere Schl.-Reihen übereinandergehäkelt zeigt Abb. 8b.

Schlingen in der Runde häkeln

Ein Ring aus Lm. bildet den Anfang. Nachdem die Lm. mit 1 Kettmasche zur Runde geschlossen sind, folgt 1 Lm., die Schl. auf den Stab legen. ∗ Mit der Häkelnadel in den Lm.-Ring einstechen, den Faden durchholen, Abb. 9a, mit 1 U. abm., die Schl. auf

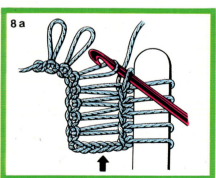

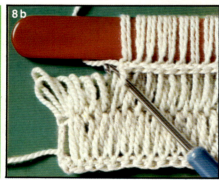

Man kann die Schlingen in der ersten Runde auch in die Luftmaschen häkeln

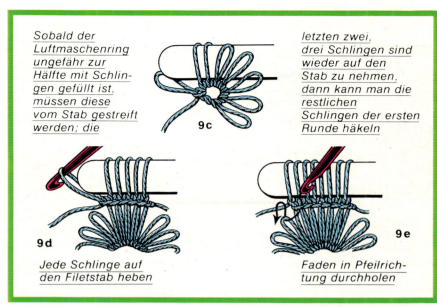

Sobald der Luftmaschenring ungefähr zur Hälfte mit Schlingen gefüllt ist, müssen diese vom Stab gestreift werden; die

letzten zwei, drei Schlingen sind wieder auf den Stab zu nehmen, dann kann man die restlichen Schlingen der ersten Runde häkeln

9c

9d

Jede Schlinge auf den Filetstab heben

9e

Faden in Pfeilrichtung durchholen

9f

Tip: Mit derselben Schlingenbildung kann auch in der Reihe über einem Luftmaschenanschlag, siehe Abb. 9 f, natürlich auch über festen Maschen oder Stäbchen begonnen werden: durch jede Masche eine Schlinge holen, abmaschen und die Schlinge auf den Stab legen.

den Stab legen, Abb. 9b (siehe auch Abb. 3a bis 3c), ab * stets wdh. Ist der Ring etwa zur Hälfte mit Schl. überhäkelt, werden sie vom Stab gestreift und die letzten 2, 3 Schl. wieder aufgefaßt, Abb. 9c, um die Arbeit bis zum Ende der Runde fortsetzen zu können. Dann den Faden abschneiden und vernähen.

Falls eine 2. Schl.-Runde folgt, diese lt. Abb. 9d mit neuem Faden beginnen. In einer Schl. mit 1 Kettmasche anschlingen, 1 Lm. häkeln und die Schl. auf den Stab legen usw.

Für eine Kreisform muß zugenommen werden, indem man in regelmäßigen Abständen mehr als 1 Schl. in die Schl. der vorhergehenden Runde häkelt, siehe Abb. 9d und 9e. Am Ende der Runde den Faden abschneiden, am Fuß der Runde durch die Anfangs-Schl. ziehen, vernähen.

10a

10b

Ab- und zunehmen

Wie bei jeder normalen Häkelei kann auch in der Schlingenhäkelei an den Rändern und innerhalb einer Reihe oder Runde ab- und zugenommen werden. Natürlich kann man die Maschenzahl auch in einer Zwischenreihe oder -runde ebenso verändern. Lt. Abb. 10a ist am linken Rand abgenommen, statt einer Schl. wurden 3 Schl. auf einmal abgemascht. In der Häkelprobe der Abb. 10b sind über ein 3 mm breites Stäbchen je 2 Schl. gehäkelt und am Reihenende 4 Schl. abgemascht; es wird also 1 Masche (= 2 Schl.) abgenommen.

Die Häkelprobe lt. Abb. 11a zeigt ein Muster, in welchem über jeder Masche 2 Schl. gebildet wurden, siehe Abb. 5 und 6. Um zuzunehmen, sind am linken Rand statt 2 immer 4 Schl. gehäkelt. Dadurch wird jede Schl.-Reihe um 2 M. bzw. 4 Schl. breiter. Auf dieselbe Weise kann auch inner-

halb einer Reihe ab- und zugenommen werden. Aus der Häkelprobe 11b ist zu erkennen, daß innerhalb einer Reihe aus 2 nebeneinanderliegenden Stäbchen je 4 Schl. gehäkelt sind, wodurch beim normalen Abmaschen von je 2 Schl. für die folg. Schl.-Reihe 2 Maschen mehr vorhanden sind als in der vorherigen.

Abschrägen einer Schlingenreihe

Bei einem Muster mit breiten Schl. kann für flache Schrägungen (z. B. für Armausschnitt- und Halsausschnittränder) mitunter die im Schnitt festliegende Schrägung oder Rundung durchs Abnehmen allein nicht geformt werden. Man behilft sich dann mit einem abgeschrägten Stab aus starker Pappe. Darüber die Schl. lt. Abb. 12a häkeln. Abb. 12b: abgemaschte Schrägung.

12a

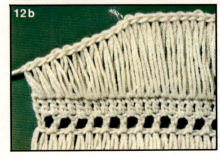

12b

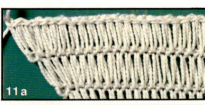

11a

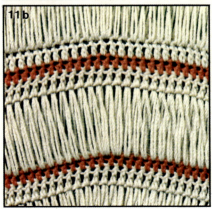

11b

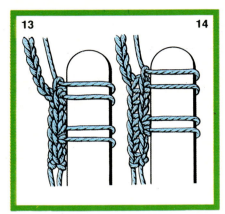

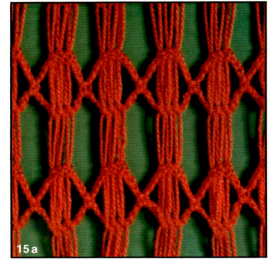

15 a

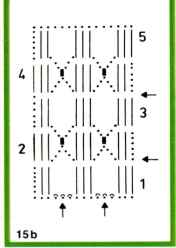

15 b

Muster nach Häkelschrift

Wie jedes Muster, das in Reihen oder Runden zu häkeln ist, kann auch Stabhäkelei in eine Häkelschrift übersetzt werden. Nachfolgend die Erklärung der Zeichen:

| = 1 Schl., die nach Abb. 3a bis c zu bilden ist. Man kann auch über einen Lm.-Anschlag lt. Abb. 9f, Seite 23, häkeln

= 2 Schl., die entweder lt. Abb. 3d oder lt. Abb. 5 bzw. 6 zu häkeln sind

· = 1 Lm.   ∩ = 1 Kettmasche
▪ = 1 f. M.   † = 1 Stäbchen

| = 1 Schl. der Vorreihe, jedoch vor dem Abmaschen bzw. Überhäkeln einige Male dre-

hen; wie oft, schreibt die Anleitung vor, fürs Muster lt. Abb. 16 dreimal

⋀ = 4 zus. abgemaschte Stäbchen

⋀ = 4 zus. abgemaschte Stäbchen, davon je 2 in 1 Einstichpunkt

Breite und Höhe eines Mustersatzes sind durch Pfeile begrenzt, die Zahlen stehen jeweils am Reihenanfang.

Verschiedene Muster

Die Abb. 13 und 14 zeigen eine Anfangsreihe mit der Schl.-Bildung lt. Abb. 9f. Zwischen den Schl.-Gruppen werden Lm. des Anschlages in Abb. 13 mit Kettmaschen, in Abb. 14 mit festen Maschen übergangen. Auf diese Weise ist die Anfangsreihe des Musters lt. Abb. 15a auszuführen. Nach 3 Schl. werden 3 Lm. mit

Kettmaschen übergangen, ehe die nächste Gruppe aus 3 Schl. folgt. Die Schl. sind über einen 14 mm breiten Stab gehäkelt. Die Häkelschrift 15b erklärt die Ausführung dieses Musters. Bei Verwendung eines breiteren Stabes ist die Anzahl der Lm. entsprechend zu ändern. Fürs Muster lt. Abb. 16a werden die Schl. ebenfalls lt. Abb. 3 über den 14 mm breiten Stab ausgeführt. Häkelt man die Schl. der Anfangsreihe lt. Abb. 3a bis c, so folgen auf die 9. Schl. ∗ 5 Lm., in die vorletzte Lm. 5 Schl. lt. Abb. 3d, dann 3 Lm. und wieder 9 Schl.; ab ∗ stets wdh. Die schrägliegenden Gruppen aus je 2 Schl. sind lt. Häkelschrift mit der davorliegenden oder folgenden Schl. zu erfassen, in der 3. bzw. 6. Musterreihe werden 5 Schl. erfaßt (die 3. Schl. dreimal drehen).

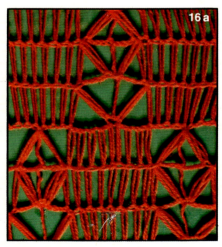

16 a

Musterung in den Zwischenreihen

Im Muster der Abb. 17 sind die Schl. lt. Abb. 5 bzw. 6 zu bilden. Die Stb. der Gruppen werden ab 2. Reihe je zur Hälfte **um** die Lm. vor und nach der letzten Gruppe in der Vorreihe ausgeführt (1. und 3. R. = Rückreihen).

16 b

Die Reihen werden wechselnd von rechts nach links und von links nach rechts abgelesen!

17 a

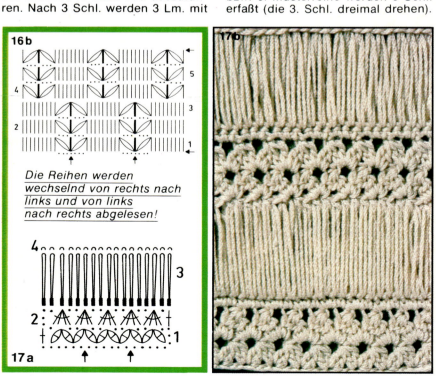

17 b

Mehr Spielerei als ernsthafte Beschäftigung – trotzdem kann man die hübschen Wickelmotive in Verbindung mit Häkelmaschen in nützliche Gegenstände verwandeln.

Häkeln in Verbindung mit Wickelmotiven

Diese einfache Technik verlangt keine besondere Fertigkeit, schon die ersten Versuche gelingen, klein und groß kann sich damit beschäftigen. Besonders motivreiche Arbeiten, wie z. B. eine Tagesdecke fürs Doppelbett – siehe Seite 154, entstehen am besten im Team, denn einer allein müßte über die Maßen viel Geduld aufbringen, um die unzähligen Details für so ein Blütenmeer zu wickeln.

Ein weiterer Vorzug dieser Technik: Schon wenige Meter reichen für eine Blüte, also ideal, um Reste aufzuarbeiten. Auch aufgetrennte Wolle kann Verwendung finden – man sollte sie jedoch vorher durch Waschen wieder glätten (entweder zum Trocknen über einem Küchenbrett straff aufwickeln oder in Stränge abbinden und mit einem Gewicht beschwert trocknen lassen).

Werkzeug, Material

Man braucht ein „Loom-Gerät" für runde oder eckige Formen, zu kaufen in Handarbeitsfachgeschäften, in Kaufhäusern und Bastelzubehörläden (Bezugsquellennachweis durch INOX-Handarbeitshilfe, Postfach 1 17, 5990 Altena/Westfalen).

Was ist ein Loom-Gerät? Eine runde Plastikscheibe, mit den Lochrunden A bis D ausgestattet, ⌀ 4 cm, 5,5 cm, 7 cm und 10 cm, hat pro Runde 12 Löcher und ist am Außenrand von 1 bis 12 numeriert. Dazu gehören kurze Plastikstäbchen, die in die Lochungen passen.
Das Viereckgerät besteht aus einem größeren, ca. 11 x 11 cm, und einem kleinen

(5,5 x 5,5 cm) herausnehmbaren Rahmen; die Wickelstäbe sind stabil verankert. Zum Abnähen der Wickelschlingen wird eine stumpfe Stopfnadel gebraucht, und fürs Umhäkeln muß natürlich eine Wollhäkelnadel zur Hand sein, die der Fadenstärke entspricht.

Für die Wickelmotive eignet sich jedes Handstrickgarn, natürlich dickes für große, dünnes für kleine Motive. Für welche Qualität man sich entscheidet, sollte sich nach dem fertigen Gegenstand richten: Für warme Decken, Stolen, Dreiecktücher und dgl. ist weiche Wolle zu empfehlen (je voluminöser der Faden, um so hübscher fallen die Blüten aus). Wir verwendeten für die Blütenproben „Gomitolo" und „Sport-4fach" (von Wollservice) sowie „Bébé", „Luana", „Mon Amour" und „Hit" (von Schaffhauser). Verarbeitet man Reste, sollte fürs Um- und Zusammenhäkeln nach Möglichkeit ein und dieselbe Qualität genommen werden.

Allgemeines

Bei runden <u>und</u> bei viereckigen Motiven ist folgendes zu beachten: Je elastischer der Faden, desto größer die Differenz zwischen Lochrunde bzw. Rahmen und abgelöstem Motiv. Da der Faden beim Umwickeln straff gehalten werden muß, dehnt er sich (lose gedrehte flauschige Wolle z. B. ist dehnfähiger als ein glatter, scharf gezwirnter Synthetikfaden); wird das Motiv aus der Spannung gelöst, geht auch die Spannung des Fadens zurück.

Der Fadenanfang ist zwischen der gelben Rundscheibe und der blauen Unterlage festzuklemmen; beim Viereckgerät wird er am besten mit Tesafilm auf der Rahmenrückseite festgehalten.

Überdies ein idealer Freizeitspaß, denn solange man mit dem Wickeln beschäftigt ist, verlangt das „Loomen" weder einen festen Arbeitsplatz noch sonderlich viel Aufmerksamkeit!

In der Regel ist der Fadenanfang vom Rand zwischen 2 Stäbchen über die Mitte hinweg zum gegenüberliegenden Rand zu leiten und dort um einen oder mehrere Stäbe zu legen. Fadenanfang und -ende zuletzt zur Mitte führen, in die Stopfnadel einfädeln, auf die Rückseite durchstechen und entweder vernähen oder damit die Schlingenbündel abnähen. In der Regel geschieht das mit Rückstichen über je 1 Fadenbündel oder mit 2 Vorstichrunden, wobei stets 1 Bündel aufzufassen und 1 Bündel zu übergehen ist, in 2. Rd. versetzt zur vorhergehenden.

Erklärung der Abkürzungen:

Lm. = Luftmasche	f. M. = feste Masche
F. = Faden, Fäden	Rd. = Runde
Stb. = Stab, Stäbe	Schl. = Schlinge

Blüten über dem runden Gerät zu wickeln

Abb. 1 bis 3: Stb. über der Loch-Rd. B aufstecken. F. links von Stb. 1 um Stb. 8 und 7, zurück um Stb. 1 und 12 leiten, dann um Stb. 7 und 6, an der Gegenseite um Stb. 12 und 11 wickeln usw. Je nach Fadenstärke 3 bis 5 Rd. wickeln, siehe Abb. 2. Lt. Abb. 2 ist die Mitte mit doppeltem gelbem F. mit über Kreuz liegenden Überfangstichen abgenäht, stets zwischen den F.-Bündeln einstechen. Motiv ablösen, Abb. 3.

Abb. 4 bis 7: F. lt. Abb. 4 in Achterrichtung um die Stb., die über der Loch-Rd. B aufgesteckt sind, wickeln. Danach die Schl.-Bündel mit 2 Vorstich-Rd. abnähen, Abb. 5. Lt. Abb. 6 ist am Rand jedes Bündel mit 1 f. M. erfaßt, zwischen den f. M. je 3 Lm. häkeln. Lt. Abb. 7 die Blütenmitte mit gelbem Plattstich übersticken.

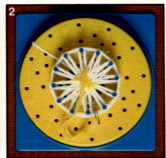

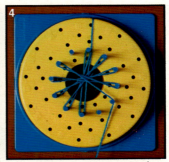

Tip: Für Dinge des täglichen Gebrauchs wird man, wenn's auch mehr Arbeit macht, lieber kleine Motive wickeln, denn allzulange Fadenschlingen wären von Nachteil. Für eine Stola, einen Lampenschirm, einen Kissenbezug u. dgl. muß man diese praktischen Überlegungen nicht anstellen.

LEHRGANG
Häkeln

Abb. 8 bis 10: Für die sechsteilige Blüte sind in Lochrunde A und versetzt dazu in Lochrunde C je 6 Stb. aufzustecken. Der F. ist wechselnd um 2 gegenüberliegende Stb. der Rd. C, dann um die folg. Stb. der Rd. A zu wickeln, siehe Abb. 8. Danach lt. Abb. 9 das F.-Ende 2mal am Rand um die Stb. legen (nur der Deutlichkeit halber mit abstechender Farbe) und die Schl.-Bündel mit je 2 Knopflochstichen zus.-fassen. Mitte abnähen, dann die Blüte ablösen.

Abb. 11 und 12: Genauso kann man auch eine runde Blüte einfassen: Um Lochrunde C den F. in 4 Rd. sternförmig lt. Abb. 11 wickeln, danach auch noch 2mal um den Außenrand legen und zwischen den Stb. mit je 2 Knopflochstichen zus.-fassen. Danach ist die Mitte mit doppeltem Faden lt. Abb. 12 abzunähen, Ausstichstelle ist immer der Mittelpunkt – Blüte ablösen.

Doppelmotive

Mit dem runden Gerät kann man auch eckige Motive und auch ein kleineres über ein größeres wickeln. Letztere wird man immer nur als Schmuckelemente in eine größere Arbeit einbeziehen.

Abb. 13 bis 18: Wie die Stb. für den Rand zu stecken sind, zeigt Abb. 13, für die kleine Blüte stecken die Stb. in der Lochrunde A. Fürs Viereck ist der F. lt. Abb. 14 um die äußeren Stb. zu führen, und zwar in 4 Rd. Danach wird die kleine Blüte, ebenfalls in 4 Rd., lt. Abb. 14 gewickelt. Dann ist die Mitte lt. Abb. 14 abzunähen. Abb. 15 zeigt das fertige Motiv. Für die Blüten lt. Abb. 16 bis 18 ist die untere Blüte über die Loch-Rd. C in 4 Rd. gewickelt, die Mitte einmal lt. Abb. 3 und zweimal lt. Abb. 5 abgenäht. In der Blüte der Abb. 18 sind die Schl. der kleinen Blüte aufgeschnitten.

Tip: Läßt es sich, bedingt durch unterschiedliche Wollreste, nicht vermeiden, daß die Motive ein bißchen ungleich ausfallen, kann man Differenzen evtl. beim Umhäkeln wieder ausgleichen, indem man z. B. statt festen M. Stäbchen häkelt.

Motive mit dem Viereckgerät

Im Prinzip ist die Arbeitsweise dieselbe wie fürs runde Loomgerät beschrieben – man kann den F. lt. Abb. 19 und 20 sowie 22 und 23 um jeden Stb. oder lt. Abb. 26 nur um jeden 2. Stb. legen. Lt. Abb. 20 wird die Mitte mit Rückstichen abgenäht. Lt. Abb. 21 sind die Schl.-Bündel am Rand mit f. M. erfaßt, getrennt durch je 3 Lm.; über den Ecken werden je 3 f. M. um 1 Bündel gehäkelt. Weniger dick fällt die Mitte aus, wenn lt. Abb. 23 abgenäht wird, die Mitte bleibt frei, und beim Zusammenfassen der F. erweitert sich diese Öffnung. Abb. 24 zeigt ein Motiv, dessen Mitte auf diese Weise abgenäht worden ist.

Abb. 25 bis 27: Zunächst den dunklen F. um jeden 2. Stb. des Außenrahmens, dann den hellen F. um jeden Stb. des Innenrahmens wickeln, siehe Abb. 25, 26. Mit dunklem F. die Mitte lt. Abb. 20 abnähen. Das abgelöste Motiv mit wechselnd 1 f. M. und 7 Lm. umhäkeln, und zwar mit hellem F. bzw. in der Farbe des kleinen Motivs.

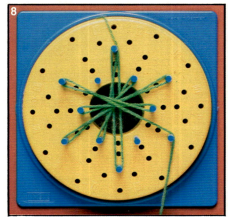

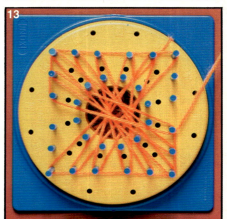

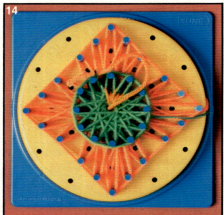

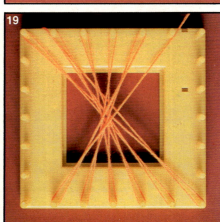

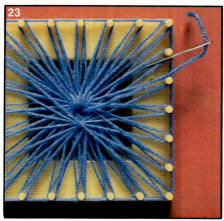

Abb. 28 bis 31: Übers Viereckgerät kann auch ein Gitter gewickelt werden: Den F. je 4mal um 2 gegenüberliegende Stb. leiten. Gerät um 90 Grad drehen, das Umwickeln fortsetzen, beim Drehen den F. über Eck mit dem rechten Zeigefinger festhalten, siehe Abb. 28 und 29. In dieser Weise das Umwickeln lt. Abb. 30 fortsetzen, bis alle Stb. gefüllt sind.
Danach die F.-Bündel über den Kreuzungen mit 2 Kreuzstichen zusammenfassen, natürlich auch die losen F., die sich beim Richtungswechsel übers Gitter legten, in die Stiche einbeziehen, Abb. 31. Den Außenrand mit f. M., die jedes F.-Bündel erfassen, und Lm. umhäkeln.

Verbinden der Motive

Abb. 32: Die Blüten sind in versetzter Folge mit einigen Stichen zusammengefaßt, wobei F.-Anfang und -Ende auf der Rückseite verknotet werden.

Abb. 33: Blüten, lt. Abb. 11 und 12 ausgeführt, werden ebenfalls mit einigen Stichen verbunden. Die Lücken sind mit kleinen Blüten (um Loch-Rd. A lt. Abb. 11) zu schließen; über der Außenrunde wird das kleine Motiv mit je 1 Knopfloch- oder

Schlingstich mit den angrenzenden großen zusammengenäht, dazwischen auch die Schl.-Bündel der „Füllung" erfassen.

Abb. 34, 35: Margeritenblüten, siehe Abb. 4 bis 7 (um die Schl.-Bündel jedoch je 2 f. M. ausführen) wie folgt umhäkeln: In jede f. M. je 1 f. M. und um die Lm. 1 Lm., 1 h. Stb., 1 Lm., 1 Stb. (= Mitte), 1 Lm., 1 h. Stb. und 1 Lm. häkeln. Das 2. und jedes folgende Motiv mit 1 Km. ans angrenzende Motiv anschlingen, indem nach dem Stb. 1 Km. ins Stb. des angrenzenden Motivs gehäkelt wird, siehe Abb. 34.

Die Lücken zwischen je 4 Motiven wie folgt schließen: In 1 Stb. 1 Km. häkeln, es folgen ✱ 12 Lm., 1 Km. ins Stb. des folgenden Motivs, ab ✱ 2mal wdh. Im 4. Bogen zwischen der 6. und 7. Lm. die übrigen 3 Lm.-Bogen mit je 1 Schl. zus.-fassen. Nach der letzten Lm. das F.-Ende durch die 1. Km. ziehen, F. vernähen.

Abb. 36, 37: Die Gittermotive sind lt. Abb. 36 in 1. und 3. Rd. mit wechselnd 1 f. M. und 5 Lm., lt. Abb. 37 mit je 2 h. Stb. und 5 Lm. umhäkelt. Über den Ecken lt. Abb. 36 zwischen 2 f. M. 8 Lm. einfügen und lt. Abb. 37 zwischen 2mal je 5 Lm. 3 h. Stb., getrennt durch je 3 Lm., häkeln. Das 2. und jedes folgende Motiv in der 2. Rd. ans angrenzende anschlingen, indem anstelle der 3. Lm. 1 f. M. um den Lm.-Bogen im angrenzenden Motiv ausgeführt wird (lt. Abb. 37 über Eck die f. M. statt der 2. Lm.).

Begradigen des Randes

Die Blüten lt. Abb. 38 sind in versetzter Folge in Abb. 32 zusammengenäht. Die Lücken, die dadurch an 2 gegenüberliegenden Seiten entstehen, werden durch 3 Stb., getrennt durch je 2 Lm., ausgeglichen: Vor dem 1. Stb. ins angrenzende Motiv in die 1. f. M. 1 Km., 2 Lm. häkeln, das 3. der Stb. zusammen mit 1 Stb. abmaschen, das in die f. M. des folg. Motives zu häkeln ist; F. vernähen.
Wird dann der Rand mit f. M. und Lm. umhäkelt, sind über den Lücken statt der f. M. Stb. oder gar Dstb. auszuführen, lt. Abb. 2 Lm., 1 Gabelstb., 2mal 2 Lm., 1 Stb., 2 Lm., 1 Gabelstb. und 2 Lm., dann wieder f. M. und Lm. häkeln. Über Eck 1 h. Stb., 2 Lm., 1 Stb., 3mal 1 Lm., 1 Dstb. und wieder 1 Lm., 1 Stb., 2 Lm., 1 h. Stb. häkeln. Danach wieder nur Lm. und f. M. ausführen, über den Verbindungsstellen Gabelstb. (siehe Seite 41) einfügen.

In der 2. Rd. sind lt. Abb. nur h. Stb. gehäkelt, über den tiefer liegenden Motiven jedoch 3 Stb., 2 Dstb. und 3 Stb. eingefügt — erst damit sind die Lücken vollständig ausgeglichen, und der Rand kann dann mit Rd. aus f. M., h. Stb. (lt. Abb.) oder Stb. verbreitert werden. Über den Ecken jeweils 3 f. M. oder 5 Stb. bzw. 7 Dstb. in einen Einstichpunkt häkeln. Am besten, man macht zunächst eine Probe über 2 oder 3 Motive; der Rand darf weder spannen noch Falten bilden.

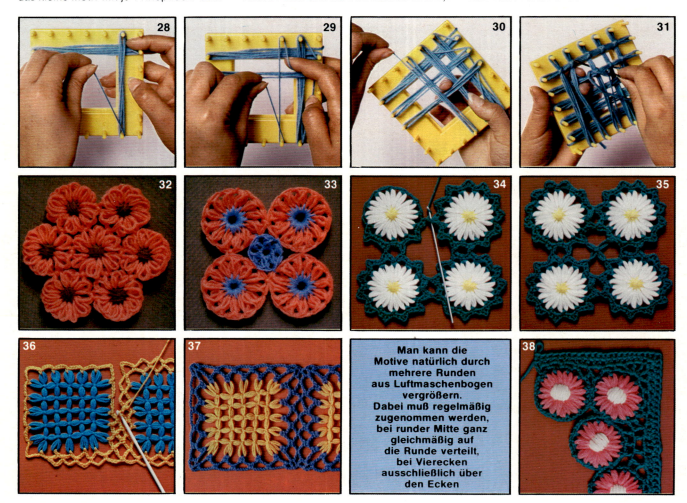

Man kann die Motive natürlich durch mehrere Runden aus Luftmaschenbogen vergrößern. Dabei muß regelmäßig zugenommen werden, bei runder Mitte ganz gleichmäßig auf die Runde verteilt, bei Vierecken ausschließlich über den Ecken

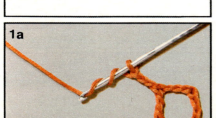

Filethäkelei

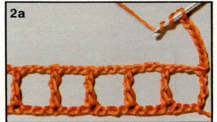

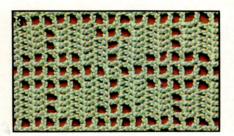

Mit dieser Technik wird das ge-knüpfte Netz nachgebildet. Am be-sten gelingt es mit feinem Garn. Aber auch mittelfeines Baumwollgarn und Wolle ergeben in der Filethäkelei hübsche Effekte. Man häkelt in der Regel nach einem Zählmuster. Jede Vorlage für einfarbigen Kreuzstich kann in ein Filethäkelmuster über-setzt werden, Abb. A. In der Regel wird in hin- und hergehenden R. ge-häkelt, aber auch in der Rd. kann man arbeiten. Wechselt innerhalb eines Modelles die Arbeitsweise, muß beim Rundhäkeln nach jeder Rd. gewen-det werden, um dadurch das gleiche Maschenbild wie beim Häkeln in Rei-hen zu erhalten.

Der „offene" Gittergrund

Man kann dafür wechselnd 1 oder 2 Lm. und 1 Stb. (Häkelschriften B und C) oder 3 Lm. und 1 Dstb. (Häkel-

schrift D) für 1 Kästchen des Gitters häkeln. Da Zählmustern ein Linien-netz mit Quadraten zugrunde liegt, sollten auch die Karos annähernd quadratisch ausfallen. Das gelingt am besten mit wechselnd 2 Lm. und 1 Stb. oder 3 Lm. und 1 Dstb.

• = 1 Lm.   ┼ = 1 Stb.   ‡ = 1 Dstb.

Der „gefüllte" Gittergrund

Der Wechsel zwischen offenen und gefüllten Kästchen bildet die Muste-rung. Man häkelt für 1 gefülltes Käst-chen anstelle der Lm. Stb. oder Dstb., die entweder in die Stb. oder um die Lm. der Vor-Reihe oder -Runde aus-zuführen sind, siehe Abb. B.
In den folg. Erläuterungen zeigen die gezeichneten Häkelproben den Git-tergrund aus 2 Lm. und 1 Stb., die fo-tografierten dagegen den großen Git-

tergrund aus wechselnd 3 Lm. und 1 Dstb. In den Klammern stehen die Angaben für den großen Gittergrund.

Berechnung des Anschlages, 1. Reihe, wenden zur folg. Reihe

Für 1 Kästchen des Gitters 3 (4) Lm. anschlagen; dazu kommen 3 (4) Lm. als Ersatz fürs 1. Stb. (Dstb.) der 1. R. Das 1. Stb. (Dstb.) ist in 1. R. beim of-fenen Gittergrund in die 8. (11.) Lm. ab Nadel zu häkeln, jedes folg. Stb. (Dstb.) in die 3.- (4.-) folg. Lm. des An-schlages, Abb. 1 (1a), getrennt durch je 2 (3) Lm. Für 1 gefülltes Kästchen am R.-Anfang trifft das 1. Stb. (Dstb.) in die 4. (5.) Lm. ab Nadel.
Bei geradem Rand zur 2. und allen folg. R. mit 3 + 2 (4 + 3) Lm. für offene Kästchen, Abb. 2 (2a). Mit 3 (4) Lm. für gefüllte Kästchen wenden, die ledig-lich das 1. Stb. (Dstb.) der R. ersetzen, dann Stb. (Dstb.) häkeln.

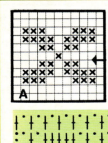

Zählmuster für Filethäkelei sind in ein karier-tes Liniennetz gezeichnet. Vergleichen Sie den Häkelausschnitt rechts oben mit dem neben-stehenden Zählmuster. Es zeigt einen schma-len Einsatz, der in hin- und hergehenden Reihen zu häkeln ist. Die drei Häkelschriften erklären drei verschiedene Ausführungen; Pfeil = Mitte.

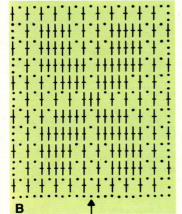

B

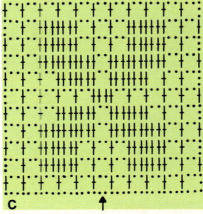

C

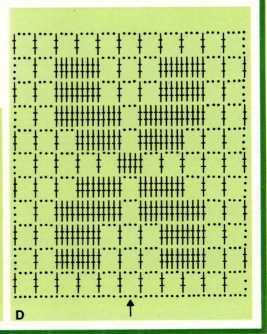

D

Zunehmen an Anfang und Ende einer Reihe

Für offene Kästchen, die am Anfang der R. zuzunehmen sind, werden Lm. angeschlagen; M.-Anzahl siehe Berechnung des Anschlages – für 2 Kästchen z. B. 10 (14) Lm., Abb. 4.

Am Ende der R. ist nach je 2 (3) Lm. 1 drei- (fünf)faches Stb. auszuführen, für das 1. Kästchen in die Einstichstelle des letzten Stb. (Dstb.) für jedes folg. Kästchen in das 2. (3.) Abmaschglied des vorhergehenden Stb. (Dstb.), Abb. 5 (5a).

In der Häkelprobe 5b wechseln offene mit gefüllten Kästchen in versetzter Folge. Beidseitig ist je 1 offenes Kästchen zugenommen. Das letzte Dstb. vor dem Zunehmen ist in die 4. folg. Lm. der Vor-R. zu häkeln.

Bei gefülltem Gittergrund sind am R.-Anfang entsprechend viele Lm. anzuschlagen und rückgehend mit Stb. (Dstb.) zu überhäkeln, Abb. 6 (6a). Am R.-Ende werden für jedes Kästchen 3 Stb. (4 Dstb.) mit „Fußschlinge" angehäkelt; 1 (2) U. für das Stb. (Dstb.) aufnehmen, die Fußschlinge aus der letzten Einstichstelle durchholen, Abb. 7 (7a), abm., siehe Pfeil in Abb. 7. Dann die U. des Stb. wie üblich abm. Jede folg. Fußschlinge aus der vorhergehenden durchholen (siehe auch Lehrgang **Stäbchen mit Fußschlinge** – Seite 11). Beachten Sie, daß die Angaben in den Klammern für den großen Filetgrund mit 3 Lm. und DStb. gelten.

Abnehmen an Reihenanfang und -ende

Am R.-Anfang kann die lt. Muster vorgeschriebene Anzahl an Kästchen mit Km. übergangen werden, Abb. 8 (8a), und am R.-Ende bleiben sie einfach unbehäkelt stehen. In der Häkelprobe 8b ist zu Beginn der R. 1 gefülltes Kästchen mit Km. überhäkelt.

Man kann die Verdickung, die sich durchs Überhäkeln mit Km. zwangsläufig ergibt, vermeiden, indem schon in der vorhergehenden R. darauf geachtet wird, daß dasjenige Stb. (Dstb.) zuletzt abgemascht wird, über welchem die folgende „verkürzte" R. zu beginnen hat. Dazu einige Beispiele: Ist am Anfang der folg. R. nur 1 Kästchen abzunehmen, wird bereits das vorletzte Stb. (Dstb.) nur bis auf die letzten 2 Schl. abgemascht, und es folgt 1 drei- (fünf-)faches Stb. in die letzte Einstichstelle der R. Die auf der Nadel liegenden Schl. zunächst paarweise, Abb. 9 (9a), zuletzt 3 Schl. mit je 1 U. abm.

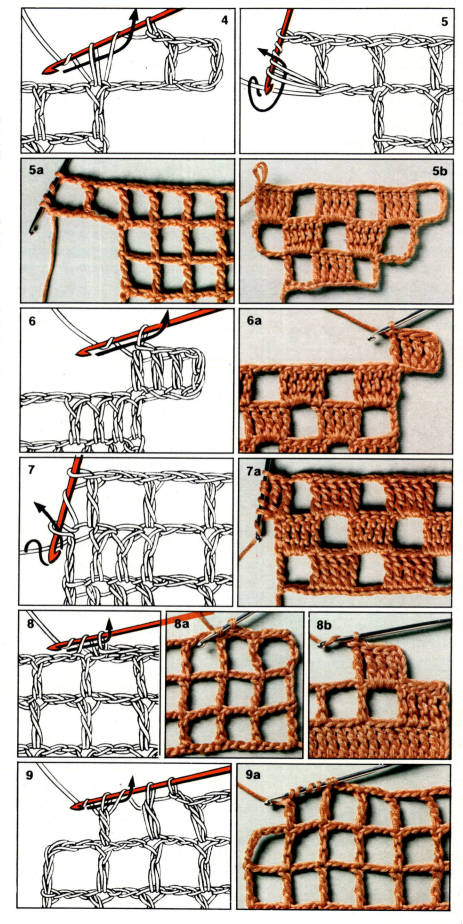

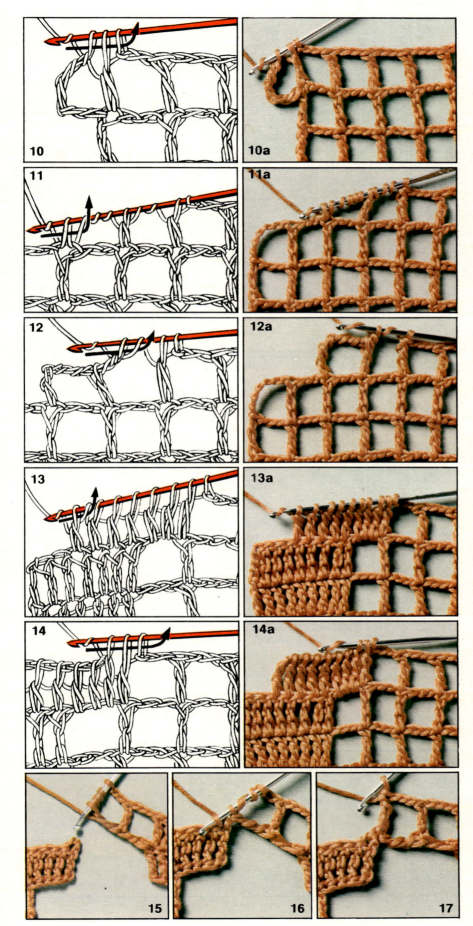

10 10a

11 11a

12 12a

13 13a

14 14a

15 16 17

Ist dagegen nach einem Stufenrand abzunehmen, wird im Vergleich zur Abb. 9 (9a) statt des 3- (5-)fachen Stb. 1 fünf- (acht-)faches Stb. in die letzte Einstichstelle gehäkelt, auch dabei zuletzt 3 Schl. auf einmal abm., siehe Pfeil, Abb. 10 (10a).

Ist die folg. R. am Anfang um 2 Kästchen zu kürzen, wird nach Abb. 11 und 12 (11a und 12a) gehäkelt: Das letzte Stb. (Dstb.) bis auf die letzten 2 Schl. abm., für jede Lm. 1 U. aufnehmen, für 1 Stb. 1 (für 1 Dstb. 2) U., jeweils einstechen, wie üblich 1 Schl. durchholen, jedoch nur 1 (2)mal 2 Schl. abm., die U. für die folg. Lm. aufnehmen, das folg. Stb. (Dstb.) ausführen, Abb. 11 (11a). Danach alle Schl. paarweise mit je 1 U. abm., Abb. 12 (12a). Die Schl. des letzten Stb. (Dstb.) mit 1 Umschl. zu dritt abmaschen, siehe Abb. 10.

Die Abb. 13 und 14 (13a und 14a) erklären das Verkürzen der R. bei gefüllten Kästchen: Jedes Stb. (Dstb.) nur 1 (2)mal abm. Schließlich alle Schl. paarweise abm., Abb. 13 (13a), und zuletzt 3 Schl. mit 1 U. zus.-fassen, d. h. abm., Abb. 14 (14a).

Dieses Zusammen-Abmaschen mehrerer Stäbchen bzw. Doppelstäbchen in einer Reihe kann auch allgemein beim Abnehmen angewendet werden. Es ist immer dann richtig, wenn man das Überhäkeln mit Kettmaschen vermeiden will.

Verbinden zweier Teile

Oft schließen Muster mit einem Bogen- oder Zackenrand ab. In diesem Falle muß jeder Bogen, jede Zacke zunächst für sich gehäkelt werden, und zwar bis an die 1. durchgehende R. heranreichend. Fäden jeweils abschneiden und sorgfältig vernähen.

Die 1. durchgehende R. mit neuem Faden beginnen und an der Verbindungsstelle, je nach Anzahl der Kästchen, die das Muster vorschreibt, lt. Abb. 5 oder 7 (5a oder 7a) häkeln. Beim Abmaschen, nachdem für 2 Lm. 2, für 3 Lm. 3mal 2 Schl. abgemascht wurden, Abb. 15, die Schlinge durch die letzte M. des angrenzenden Teiles durchholen, Abb. 16. Dann die auf der Nadel liegenden Schl. wie üblich abm. Abb. 17 zeigt die fertige Verbindungsstelle.

Schreibt das Muster an der Verbindungsstelle nicht den offenen, sondern den gefüllten Gittergrund vor, sind Stäbchen bzw. Doppelstäbchen mit Fußschlinge in entsprechender Anzahl auszuführen, siehe Abb. 7 bzw. Abb. 7a. Über dem anzuschlingenden Teil dann lt. Abb. 15 und 16 weiterhäkeln.

Das Verkürzen der Reihen für „eingehäkelte" Abnäher

In den Häkelproben 18 bis 23 ist der Filetgrund aus wechselnd 1 Lm. und 1 Stb. gehäkelt, wie er vorwiegend für modische Modelle vorgeschrieben ist. Das 1. Stb. der 1. R. ist in diesem Fall in die 6. Luftmasche ab Nadel zu häkeln.

Abb. 18: Ist eine Reihe um 6 Kästchen zu kürzen, so bleibt die Hälfte, also 3 Kästchen, am Ende der R. unbehäkelt stehen. Die übrigen 3 Kästchen häkelt man nicht mit Stb., sondern – um einen verlaufenden Übergang zur folgenden R. zu schaffen – anstelle der Stb. Km., f. M. und h. Stb. Da auch die folg. R. um 6 Kästchen zu kürzen ist, müssen die ersten 3 Kästchen unbehäkelt bleiben, d. h. die Nadel muß zu Beginn der folg. R. über dem Stb. nach dem 3. Kästchen liegen, siehe Pfeil. Die Stb. werden daher nicht voll abgemascht, und anstelle der Lm. sind U. auszuführen – das Abmaschen erklärten die Abb. 9, 11 und 12. Die Abb. 19 zeigt die Arbeit nach dem Abmaschen des 3. Stb., über dem also die folg. R. beginnt, siehe Abb. 20 (nach dem Wenden lt. Abb. 19).

Abb. 21: Es wird mit 2 Lm. gewendet und statt der folg. 2 Stb. als Übergang 1 f. M. und 1 h. Stb., dann erst wieder Stb. häkeln.

Abb. 22: Zu erkennen sind 3 verkürzte R., und der Anfang der 4. verkürzten R. ist in Arbeit. Es wird das 1. Stb. der R. zum 2. Mal abgemascht.

Abb. 23: Die verkürzten R. werden dann wieder mustergemäß, also mit wechselnd 1 Lm. und 1 Stb., überhäkelt. Besonders in der 1. „durchgehenden" R. ist an den Übergangsstellen darauf zu achten, daß die Anzahl der Stb. die gleiche ist wie vor der 1. verkürzten R.

Abnehmen am Rand

Sollten für ein modisches Filethäkelmodell am Rand Maschen ab- und zugenommen werden, vermeidet man abgestufte Ränder, die bei der dekorativen Filethäkelei Absicht sind. Auch die Häkelproben 24 und 25 sind im „kleinen" Filetgrund aus wechselnd 1 Lm. und 1 Stb. gehäkelt.

Abb. 24: Es ist zu beiden Seiten abgenommen, indem zu Beginn der R. nach den 3 Wende-Lm. sofort das nächste Stb. ausgeführt ist und am Reihenende die Lm. im letzten Kästchen weggelassen wurde. Schon in der folg. R. ist der Rand beidseitig um je 1 Kästchen schmaler.

Zunehmen am Rand

Beim Zunehmen wird genau entgegengesetzt verfahren: Am Reihenanfang folgt nach den 3 Wende-Lm. 1 Stb. in das 1. Stb. der R., dann erst nach 1 Lm. das Stb. in das folg. Stb. Am Reihenende sind in die 3. Wende-Lm. 2 Stb. zu häkeln.

In der nächsten R. nach den Wende-Lm. 1 Lm. und 1 Stb. ins 2. Stb. häkeln. Die R. schließt mit 1 Stb. ins letzte Stb., 1 Lm. und 1 Stb. in die 3. Wende-Lm. Der Rand ist zu beiden Seiten um ein Kästchen breiter geworden, Abb. 25.

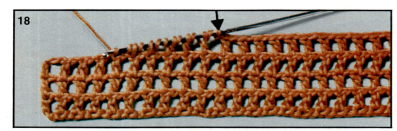

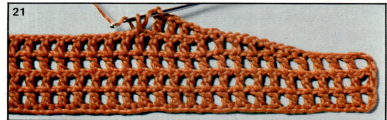

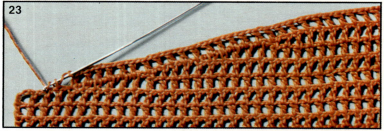

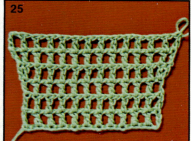

Bei einer Filethäkelei in Quadrat-
form, d. h. mit gleicher Kästchenzahl
in Breite und Höhe, sollte
man in Runden häkeln. Dann ist

LEHRGANG
Häkeln

die Gewähr gegeben, daß
alle 4 Seiten gleich lang geraten, auch
beim Verbinden der Motive
ergeben sich wesentliche Vorteile.

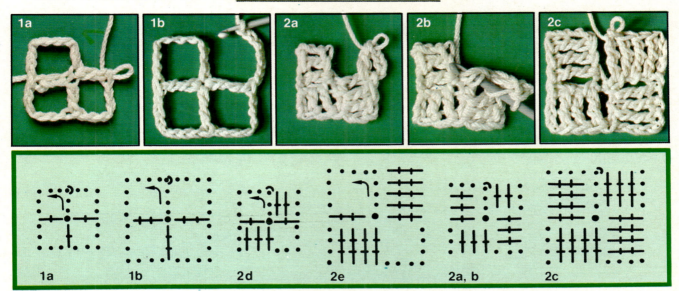

1a 1b 2a 2b 2c

1a 1b 2d 2e 2a, b 2c

Filethäkelei in Runden

Im nachfolgenden Text gelten die Angaben in Klammern für die Ausführung des
„großen" Filetmusters, für das wechselnd
3 Luftmaschen und 1 Doppelstäbchen
bzw. fürs Muster Doppelstäbchen statt
Luftmaschen zu häkeln sind. Im Text wird
wie folgt gekürzt:

M. = Masche   R. = Reihe
Rd. = Runde   abm. = abmaschen
• = 1 Luftmasche/Lm.
❘ = 1 feste Masche/f. M.
┼ = 1 Stäbchen/Stb. ‡ = 1 Doppel-
⌒ = 1 Kettmasche/Km.   stäbchen/Dstb.
‡ = 1 Stb. mit „Fußschlinge": 1 Umschlag, wie üblich 1 Schlinge durchholen,
diese einzeln abm., dann wie beim Stb. üblich 2mal je 2 Schl. abm.

Wie beim Häkeln in Reihen (siehe Filethäkelei, Seite 29) wird auch in Runden der
„offene" Filet- bzw. Gittergrund aus wechselnd 2 (3) Lm. und 1 Stb. (Dstb.) gebildet.
Voraussetzung fürs „rund" häkeln ist gleiche Kästchenanzahl in Breite und Höhe, es
muß jedoch nicht unbedingt symmetrisch
„gemustert" werden.

Anfang bei gerader Kästchenanzahl

Abb. 1a (b) erklärt den Anfang bei gerader
Kästchenanzahl. Man beginnt für „offenen" Gittergrund im Mittelpunkt mit 9 (12)
Lm. und häkelt in die 1. Lm. – siehe dicker
Punkt – 1 Stb. (Dstb.); es folgen 2mal
wechselnd 5 (7) Lm., 1 Stb. (Dstb.) in dieselbe Einstichstelle. Die Rd. mit 5 (7) Lm.
beenden und mit 1 Km. zur Rd. schließen,
siehe Häkelschrift. In allen folg. Rd. wird
das 1. Stb. (Dstb.) durch 3 (4) Lm. ersetzt,
und jede Rd. ist mit 1 Km. in die oberste
dieser „Ersatz-Lm." zu schließen. In allen
folg. Rd. wird zwischen den Ecken genauso gehäkelt wie bei der Ausführung in

R. Über den Ecken ist in die 3. (4.) Lm. wie
in der 1. Rd. jeweils 1 Stb., 5 Lm., 1 Stb. (1
Dstb., 7 Lm., 1 Dstb.) zu häkeln.
Ist lt. Mustervorlage mit „gefüllten" Kästchen zu beginnen, wird lt. Abb. 2a (c) verfahren: 7 (9) Lm. anschlagen, in die 5. bis 7.
(6. bis 9.) Lm. ab Nadel je 1 Stb. (Dstb.), ∗
dann 3 (4) Lm. als Ersatz fürs 1. Stb. (Dstb.)
und 2 Stb. (3 Dstb.) in die querliegenden
Maschendrähte des vorhergehenden Stb.
(Dstb.) häkeln, siehe Abb. 2b. Ab ∗ noch
2mal wdh., die Rd. mit 1 Km. schließen. Die
Häkelschrift 2d (e) zeigt den Anfang für ein
Muster, bei dem nur das 2. und 4. Kästchen
der 1. Rd. gefüllt sind.

Anfang bei ungerader Kästchenanzahl

In diesem Falle besteht die Mitte aus 1
„Kästchen" bzw. aus 12 (16) Lm., die mit 1
Km. zur Rd. zu schließen sind. Um diesen
Ring sind in 1. Rd. lt. Abb. 3a (b) wechselnd
1 Stb., 2 Lm., 1 Stb. (1 Dstb., 3 Lm., 1
Dstb., 7 Lm.) zu häkeln. Über den Ecken
treffen je 2 Stb. (Dstb.) in 1 Lm., siehe dicke
Punkte in der Häkelschrift, und das 1. Stb.
(Dstb.) ist natürlich wie üblich durch 3 (4)
Luftmaschen zu ersetzen.
Die Häkelproben 4a (b), c und d (e) sind
Beispiele für die 1. Rd. mit „gefüllten"

3a

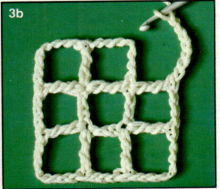

3b

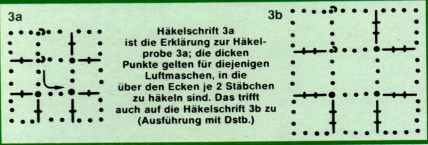

3a

Häkelschrift 3a
ist die Erklärung zur Häkelprobe 3a; die dicken
Punkte gelten für diejenigen
Luftmaschen, in die
über den Ecken je 2 Stäbchen
zu häkeln sind. Das trifft
auch auf die Häkelschrift 3b zu
(Ausführung mit Dstb.)

3b

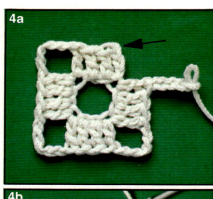

4a

4b

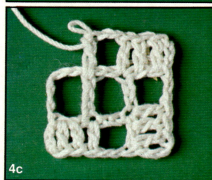

4c

4d

4e

4a

4b

Die Beispiele 4a bis 4e
zeigen die 1. Runde bei ungerader
Kästchenanzahl. Dazu
Musterbeispiele auf der folgenden
Seite. Zählvorlagen
zu den Motiven der Abb. 5a
bis 7b auf Bogen D.

4c, d

4f

4g

4e

Kästchen – lt. 4a (b) mit offenen, lt. 4c und d (e) mit gefüllten Kästchen über den Ekken. Der Pfeil in Abb. 4a zeigt auf die Einstichstelle, in die die Km. zu häkeln ist. Häkelschrift (f) g gibt die Erklärung für einen Anfang mit „gefüllter" Mitte.
Wie in der 1. Rd. sind auch in allen folgenden Rd. die Kästchen über den Ecken auszuführen – entweder lt. Abb. 4a (b) oder Abb. 4c. bzw. d (e).

Variationen zum „kleinen" Filetmuster und Musterbeispiele

Sind für den Gittergrund wechselnd 1 Stb., 1 Lm. und fürs Muster statt der Lm. 1 Stb. vorgeschrieben, müssen die Stb. verhältnismäßig niedrig gearbeitet werden (die durchgeholte Schlinge nicht sehr hoch ziehen), damit die Kästchen annähernd quadratisch geraten.
Über den Ecken werden für „offene" Kästchen 1 Stb., 3 Lm., 1 Stb., für „gefüllte" 5 Stb. in 1 Einstichpunkt gehäkelt. In den folgenden Rd. ist die 2. Lm. bzw. das 3. Stb. die Einstichstelle, siehe Abb. 5a, b und c;

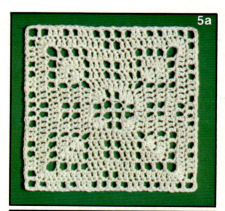

5a

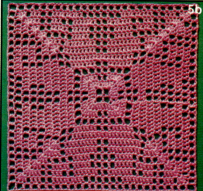

5b

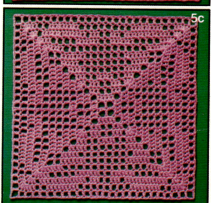

5c

handelt sich um Motive mit gerader Kästchenzahl (16 bzw. 26 an jeder Seite).

Abb. 6a zeigt ein Motiv mit ungerader Kästchenzahl, als Erklärung dazu Häkelschrift 6b mit Mittelkästchen und 1. bis 3. Rd. Die Motive 7a und 7b sind lt. Häkelprobe 3a begonnen (ungerade Kästchenzahl), gefüllte Kästchen über Eck sind lt. Häkelprobe 4c und d auszuführen.

<u>Zählmuster zu diesen Motiven sowie erklärende Häkelschriften auf Musterbogen D.</u>

Verbinden der Motive

Die zu den Abb. 8a bis 12d beschriebenen Häkelverbindungen sind natürlich auch für quadratische Motive in anderen Häkeltechniken anwendbar (auch für Filethäkelmotive, die in Reihen gehäkelt sind).

Das Verbinden der rund gehäkelten Motive ist insofern problemlos, als nicht nur alle Seiten gleich lang sind, sondern garantiert auch die gleiche Maschenzahl aufweisen (vorausgesetzt, es wurde korrekt gehäkelt), und Stb. und Lm. sind einfacher zu überhäkeln als sogenannte Randstäbchen und Wende-Luftmaschen.

Abb. 8a: Eine sehr „enge" Häkelverbindung entsteht, wenn in jede 2. M. des Randes 1 f. M. gehäkelt wird, und zwar wechselnd ins unten und ins oben liegende Motiv. Statt f. M. dürfen's auch Km. sein, siehe Abb. 8b und c (im 2. Motiv das Abmaschglied ebenfalls von der rechten Seite des Motivs aus erfassen bzw. einstechen, siehe Abb. 8c). Etwas breiter ist der Abstand zwischen den Motiven, wenn f. M. – lt. Abb. 8a gehäkelt –, dazwischen aber auf jede f. M. 1 Lm. folgt, siehe Abb. 8d.

<u>Je breiter die Verbindung zwischen den Motiven, um so größer das fertige Modell!</u>

Stellt man z. B. nach dem Spannen der Motive fest, daß sie fürs vorgesehene Fertigmaß zu knapp ausgefallen sind, kann man das beim Verbinden regulieren. Lt. Abb. 9a bis 10 schließen die Motive mit je 1 Rd. f. M. und 1 Rd. Lm.-Bogen aus wechselnd 1 f. M., 5 Lm. ab (die f. M. in jede 3. folg. M. der Vor-Rd. häkeln). Über den Ek-

ken bestehen die Bogen aus 9 Lm. Das 2. und jedes folgende Motiv wird ans angrenzende Motiv angeschlungen, indem statt der 3. Lm. jedes Bogens 1 f. M. in den gegenüberliegenden Bogen des angrenzenden Motivs gehäkelt wird, siehe Abb. 9a; auf die f. M. folgen 2 Lm. und wieder die f. M. in die Vor-Rd. In den Ecken wird die 5. der 9 Lm. durch 1 f. M. in den gegenüberliegenden „Eckbogen" ersetzt.

Treffen dann ab 2. Motivstreifen an den Verbindungsstellen 4 Motive zusammen, ist die f. M. in die Maschendrähte der vorhergehenden Verbindung zu häkeln, siehe Abb. 9b, ehe der Bogen durch die restlichen 4 Lm. vervollständigt und die f. M. in die Ecke des Motivs gehäkelt werden kann, Abb. 9c. Abb. 9d zeigt die „geschlossene" Verbindungsstelle.

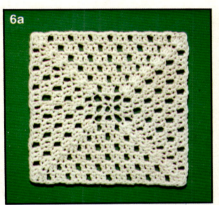

6a

7a

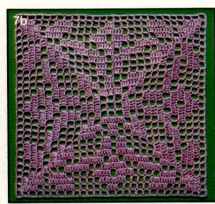

7b

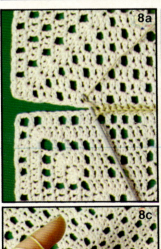

8a

8b

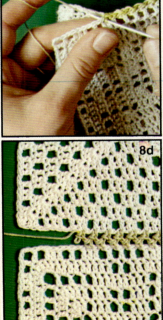

8c

8d

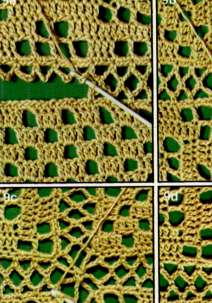

9a

9b

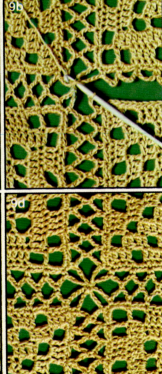

9c

9d

Verbindung extra häkeln

Lt. Abb. 10 sind die Motive so zu umhäkeln, wie lt. Abb. 9a beschrieben, jedoch jedes Motiv für sich – ein Vorteil, denn man kann zunächst alle Motive einzeln fertigstellen, und erst zuletzt muß man sie durch die Häkelverbindung zusammensetzen. Vor allem deshalb praktisch, weil man zunächst immer nur mit dem verhältnismäßig kleinen Einzelmotiv beschäftigt ist.

Um zu vermeiden, daß die Motive zuerst zu Streifen und danach diese Streifen zu einer Fläche verbunden werden, häkelt man sie in Stufenform zusammen. Die roten Linien im untenstehenden Schema deuten den Verlauf der Verbindungsreihen an.

Drei verschiedene Arten des Zusammenhäkelns in Stufenform erklären die Häkelproben Abb. 10, 11, 12.

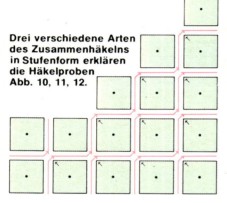

In der Abb. 10 ist die Verbindungsreihe der Deutlichkeit halber mit andersfarbigem Garn gehäkelt; zwischen den f. M., die wechselnd um den Lm.-Bogen der 2 aneinandergrenzenden Motive zu häkeln sind, werden hier 2 Lm. eingefügt.

Lt. Abb. 11a und b werden um die Motive (siehe Abb. 5b, c) je 2 zus. abgemaschte Stb. (von jedem Stb. nur 1mal 2 Schl. abm., dann mit 1 U. die übrigen 3 Schl. abm.), 1 Lm. im Wechsel gehäkelt, die Stb. um die Lm. der letzten Motiv-Rd. Wie die Motive dabei zu halten sind, zeigt Abb. 11b (die Motive liegen „links auf links'' übereinander). Die Ecken übergeht man mit 1 Bogen aus 5 Lm., wobei an Verbindungsstellen die 3. Lm. durch 1 f. M. um den Lm.-Bogen – beim letzten „Anschluß'' um die Maschendrähte der f. M. – zu ersetzen ist. Abb. 11c zeigt die fertige Verbindung.

Die Motive der Abb. 12a bis d sind mit 1 Rd. Kreuzstb. umhäkelt (Ausführung siehe Zeichnungen), stets in die Stb. der letzten Motiv-Rd. einstechen (Motive siehe Abb. 7a, b). Die Ecken sind mit 2 Lm., 1 Gabelstb. (1 Dstb., in die Mitte desselben 2 Stb. häkeln) und 2 Lm. zu übergehen.

In der Verbindungs-R. liegen zwischen je 2 Lm. 2 zus. abgem. Stb., von denen das 1. ins vorne und das 2. ins rückwärts liegende Motiv zu häkeln ist, es wird zwischen den Kreuzstb. eingestochen, siehe Abb. 12a. Über den Ecken sind 5 Lm. einzufügen bzw. an der Kreuzungsstelle ist nach der 2. Lm. mit 1 Km. an der 3. der 5 Lm. anzuschlingen, siehe Abb. 12b und c. Abb. 12d zeigt die fertige Verbindung!

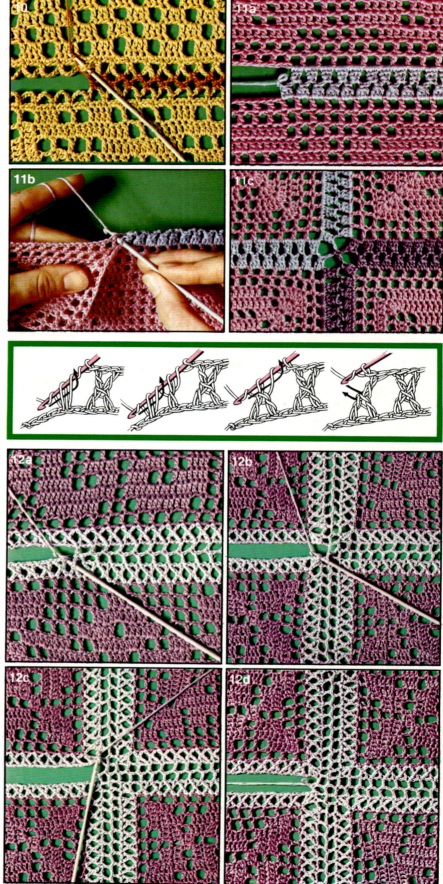

Soll eine Spitze eine eckige Decke umranden, gibt's zwei Lösungen: Entweder wird ein fortlaufender Streifen gehäkelt und dieser beim Annähen vor und nach der Ecke stark einge- halten. Oder man häkelt die Spitze mit Eckbildung. Sehr einfach ist das in der Filethäkelei (Lehrgang Seite 29) zu lösen. Die abgebildeten Spitzen geben einige Beispiele!

Spitzen und Einsätze über Eck häkeln

Entwirft man das Muster selbst, wird nach einer Zählvorlage für einfarbigen Kreuzstich gehäkelt, oder gibt's für die vorliegende Anleitung bzw. das Muster keinen Hinweis für die Ecklösung, kann man – wie bei Kreuzstich – die Eckbildung mit Hilfe eines ungerahmten Spiegels festlegen; dieser wird, exakt über der Diagonale des Musters aufgestellt, so lange hin- und hergeschoben, bis man eine harmonische Lösung für die Ecke gefunden hat, Abb. 1 und 2. Man übernimmt die Zählvorlage ab Diagonale für die Ecke in gegengleicher Richtung bis zu dem Punkt ein, an dem die Wiederholung des Mustersatzes im vorherigen Rhythmus beginnen kann.

Vorbereitungen

In jedem Fall wird vor Beginn der Arbeit nach dem Muster eine Maschenprobe ausgeführt, sie soll einige Reihen mehr als einen Mustersatz umfassen. Danach kann dann errechnet werden, wie oft der Mustersatz von Ecke zu Ecke zu wiederholen ist. Selbstverständlich muß die Maschenprobe vor dem Ausmessen sorgfältig gespannt werden.

Erklärung der Häkelschrift:

· = 1 Lm.   ∩ = 1 Km.
▮ = 1 f. M.   ✝ = 1 Stb.
‡ = 1 Doppelstäbchen
▲ = 1 Pikot, das sind 3 Lm. und 1 f. M. zurück in die 1. der 3 Lm.
↓‡ = f. M. oder Stb. in Pfeilrichtung
‡ = 1 Stb. mit „Fußschlinge": durch die letzte Einstichstelle 1 Schlinge holen, abmaschen (= Fußschlinge), dann wie üblich die Schlingen paarweise abmaschen. Das folg. Stb. mit Fußschlinge in die Fußschlinge des vorherigen Stb.
ᐱ = 3 Stb. in eine Einstichstelle
ᑕ = 1 Stb. und 1 drei- bzw. vierfaches Stb. zus. abmaschen (das Stb. nur 1mal abmaschen, 3 Umschläge fürs 3fache Stb. aufnehmen, Schlinge durchholen, 3mal paarweise abmaschen, dann die letzten 3 Schlingen abmaschen – darauf achten, daß die 1. Schlinge kurz bleibt).

Bei kurzen Wiederholungen wird es nicht schwierig sein, die festgelegte Ausmessung mit der Anzahl der Mustersätze in Einklang zu bringen. Bei größeren Rapporten muß man evtl. Differenzen vor und nach der Ecke ausgleichen, siehe vergleichende Zählvorlagen Abb. 3 a, b und c. Einfache Filetmuster, die an beiden Rändern geradlinig abschließen, kann man in der Runde (parallel zum Stoffrand) und ebenso auch in hin- und hergehenden Reihen (quer – d. h. im rechten Winkel – zum Stoffrand) ausführen. Alle folgenden Angaben gelten, sofern für den Gittergrund wechselnd 2 Lm., 1 Stb. und fürs

Muster statt der Lm. 2 Stb. zu häkeln sind. Abkürzungen in den nachfolgenden Texten: M. = Masche; R. = Reihe; Rd. = Runde; Lm. = Luftmasche; Km. = Kettmasche; f. M. = feste Masche; Stb. = Stäbchen; DStb. = Doppelstäbchen.

Ecke beim Häkeln in Runden

Beim Häkeln in Runden sind über der Ecke für ein „offenes" Kästchen 1 Stb., 5 Lm., 1 Stb. in die Ecke – in den folg. Rd. in die M. der Ecke (in diesem Fall in die 3. der 5 Lm.) – zu häkeln, siehe Häkelschrift, Abb. 4 a. Am rechten Rand ist der Übergang von einer zur folgenden Rd. eingezeichnet; wie allgemein üblich, ist das 1. Stb. durch 3 Lm. zu ersetzen und die Rd. mit 1 Km. in die 3. dieser Lm. zu schließen.

Für „gefüllte" Kästchen folgen über Eck aufs Stb. 3 Lm. als Ersatz für 1 Stb. und 3 Stb., davon sind das 1. und 2. Stb. in die Maschendrähte des zuletzt gehäkelten Stb. zu arbeiten – keinesfalls um dieses Stb. (im Maschenbild würde sich ein Schlitz bilden); das 3. Stb. ist in dieselbe Einstichstelle wie das Stb. vor den 3 Lm. zu häkeln, siehe Häkelschrift 4 b. Man häkelt die Ecke lt. Rd. b, wenn nach dem Schließen der Rd. nicht gewendet wurde. Wird gewendet, abwechselnd lt. Rd. c und d häkeln, siehe Pfeile in der Häkelschrift. Die Häkelprobe lt. Abb. 5 zeigt das Muster, das auch in der Abb. 3 d – dort jedoch in hin- und hergehenden R. – lt. Zählmuster 3 a ausgeführt ist (nach jeder Rd. wurde die Arbeit gewendet).

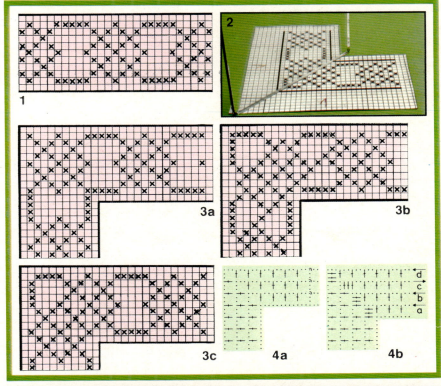

3a   3b   3c   4a   4b

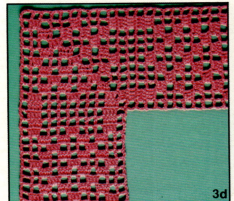

3d

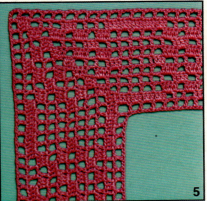

5

Ecke beim Häkeln in Reihen

Falls in der Zählvorlage nicht eingezeichnet, sollte man den Verlauf der Diagonale markieren, um festzulegen, an welchen Stellen die R. abzuschrägen – richtiger zu verkürzen – sind. Die Häkelschrift 6 a erklärt die Ausführung bei offenem Gittergrund. Das letzte Kästchen wird mit einem dreifachen Stb. begrenzt, welches zus. mit dem vorhergehenden Stb. abzumaschen ist – die Häkelnadel bleibt am Anfang der folgenden R., die ebenfalls um ein Kästchen zu kurzen ist – wie üblich mit 5 Lm. wenden. Im letzten Kästchen, das

die Ecke bildet (siehe g in der Häkelschrift) wird nach der letzten – d. h. nach der 5. Lm. – 1 Stb. ins vorletzte Stb. der R. f gehäkelt. Es folgen 2 Lm., 1 Stb. in die 3. der 5 Wende-Lm. der R. f. Die 3. R. mit 5 Lm. beginnen, 1 Stb. in die Einstichstelle des vorhergehenden Stb. häkeln; nach 2 Lm. mit 1 Km. in der Mitte des 3fachen Stb. anschlingen, welches die R. e beschlossen hat. Es folgen 2 Lm. und 1 Stb. in die 3. der 5 Wende-Lm. der R. d. Wenden, die 4. R. lt. Häkelschrift beenden und die Ecke bis zur 8. R. in der bisher beschriebenen Weise bzw. lt. Häkelschrift (nur 6 R. sind gezeichnet) fortsetzen. Der Deutlichkeit halber sind die R. ab Ecke in einer Kontrastfarbe unterlegt – auch in den folgenden Häkelschriften.

Ist das letzte bzw. 1. Kästchen einer verkurzten R. ein gefulltes, wird mit 1 Lm. gewendet und je 1 Km. ins 2. bis 4. Stb.

gehäkelt. Erst dann folgen die 3 Lm., die das 1. Stb. der folg. R. ersetzen (siehe auch Häkelschrift 6 b). Enden die R. beim Ergänzen der Ecke mit einem gefullten Kästchen, siehe Häkelschrift 6 c, sind anstelle der Lm. Stb. um die Lm. bzw. in die Maschendrähte des 1. und 2. Abmaschens im Dreifach-Stb. zu häkeln; danach mit 1 Km. anschlingen. Muß gewendet werden, ist das 1. Stb. mit 1 Lm., das 2. Stb. und die 3. Lm. mit je 1 Km. zu übergehen, siehe Häkelschrift 6 c.

Eckbildung über je 2 Reihen

Man kann die Diagonale auch über je 2 R. bzw. 2 Kästchen abstufen, siehe Häkelschrift 7 (und Häkelproben zur Spitze, Abb. 14 a, b und c). Auch in diesem Fall ist es nützlich, den Verlauf der „Treppe" im Zählmuster einzutragen. Wie die R. zunächst zu kurzen und ab Ecke wieder zu

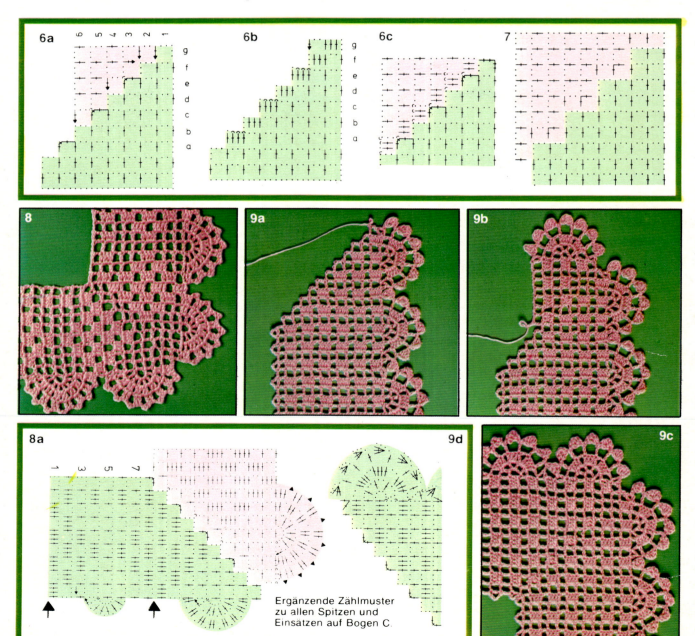

Ergänzende Zählmuster
zu allen Spitzen und
Einsätzen auf Bogen C.

verlängern sind, ist von der Abb. 7 der Häkelschrift abzulesen (Seite 38).

Musterbeispiele

Spitzen und Einsätze der Abb. 8 bis 14 können mit jedem beliebigen Häkelgarn, das immer nach dem Verwendungszweck ausgewählt werden sollte, nachgearbeitet werden. Als Anhaltspunkt sind Garn- und Nadelstärke der Originalhäkelproben erwähnt. Manche Muster kann man auch in der Breite ohne weiteres verändern. Für 1 Karo der Zählvorlage werden jeweils 3 Lm. angeschlagen; fürs letzte Stb. der 1. R. 1 Lm. und die 3 Lm., die das 1. Stb. der 1. R. ersetzen, hinzurechnen.

Abb. 8 – Spitzenbreite 13,5 cm

Länge eines Mustersatzes 8,5 cm, aus mittelstarkem Baumwollgarn MEZ Blau-Tulpe, INOX-Wollhäkelnadel Nr. 3 oder 3½.

Der Mustersatz ist nach je 8 R. von Pfeil bis Pfeil zu wiederholen. Die Ausführung der Bogen erklärt die Häkelschrift 8a.

Abb. 9 – Spitzenbreite 13 cm

Länge eines Mustersatzes, 6 cm, aus mittelfeinem mercerisiertem Baumwollgarn „Diana" (Filcrosa), INOX-Wollhäkelnadel Nr. 2. Schemazeichnung, Häkelschrift und die Darstellung der einzelnen Phasen lt. Abb. a bis c erklären die Arbeitsweise einschließlich der Eckbildung.

Am Innenrand wird stets mit 5 Lm. gewendet, wodurch über jeder 2. R. die kleinen Ösen entstehen. Den Bogenansatz am Außenrand bilden 6 Lm. (siehe Häkelschrift für die Eckbildung). In der 2. Bogenrunde folgt auf die letzten 2 Lm. des Bogens 1 Km. in den Rand; 3 Lm. und 1 Stb. in den Rand häkeln, mit 1 Km. am letzten Stb.-Pikot des vorherigen Bogens

anschlingen, wenden und die 3. Bogen-Rd. mit 1 Stb. lt. Häkelschrift beginnen (es folgt 1 Stb.-Pikot aus 4 Lm. und 3 Stb. zurück ins Stb., siehe Häkelschrift 9d).

Abb. 10 – Einsatzbreite 11,5 cm

Länge eines Mustersatzes 9 cm, aus MEZ Filethäkelgarn „Liana" Nr. 10, JMRA-Record-Garnhäkelnadel Nr. 1,25. Zählmuster, Häkelschrift (die letzten 10 R. der Ecke) und die Abb. a bis c erklären die Ausführung. Man könnte diese Ecke auch über je 2 R. bzw. Kästchen abstufen, siehe Abb. 7 auf Seite 38).

Abb. 11 – Spitzenbreite 13,5 cm

Material siehe Einsatz, Abb. 10. Wie der abgestufte Rand auszuführen ist, erklärt die Häkelschrift, Abb. 11a (die äußere Zacke lt. Häkelschrift 13 ausführen, siehe Doppelpfeile in Abb. 13a und 14a!).

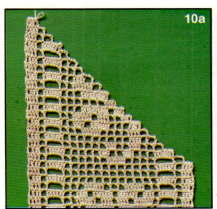

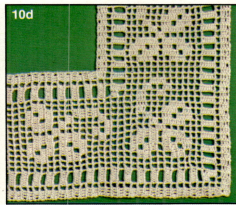

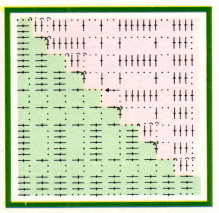

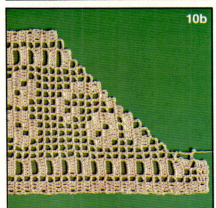

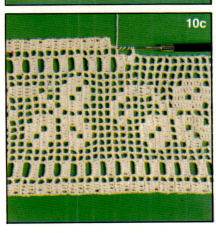

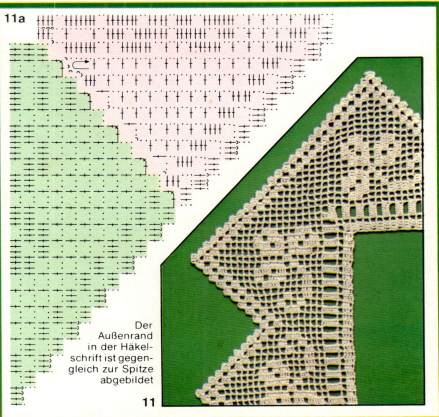

Der Außenrand in der Häkelschrift ist gegengleich zur Spitze abgebildet

LEHRGANG
Häkeln

Abb. 12 – Einsatzbreite 12 cm
Länge eines Mustersatzes 6¼ cm, Garn und Nadel siehe Spitze, Abb. 9. Zählvorlage und Häkelschrift erklären die Ausführung. Man kann in der Diagonalen auch offene Kästchen einfügen. Musterverlauf siehe Spitze, Abb. 13).

Abb. 13, 14 – Spitzenbreite 12,5 cm
Garn und Nadel siehe Spitze, Abb. 9. Die Häkelschrift, Abb. 13a, erklärt die Ausfüh-

rung der einreihig abgestuften Ecke. In der Häkelschrift Abb. 14 a wird erläutert, wie die Ecke über je 2 R. und Kästchen abzustufen ist. Der Vergleich mit der Ausführung lt. Abb. 13a zeigt, um wieviel einfacher das Ergänzen der Ecke ist, wenn über 2 R. und 2 Kästchen abgestuft wird. Es lohnt also immer, vor Beginn der Arbeit zu überlegen, wie die Ecke am günstigsten abzuschrägen wäre.

Eine Zählvorlage, auf Kästchenpapier übertragen (gibt's als „Schulheft" in DIN A 4 und DIN A 5), in die man dann die Abstufung einzeichnet, ist dabei eine nützliche Hilfe (mit weichem Bleistift zeichnen).

Spannen
Nicht oft genug kann gesagt werden, daß Spitze und Einsatz gespannt werden müssen, ehe man sie an- bzw. einsetzt. Auf die Spannunterlage (Nessel oder Seidenpapier) zeichnet man die wichtigsten Markierungspunkte ein (Abstände der Mustersätze, bei Spitzen die Konturen für Zacken- oder Bogenrand). Bei abgestuften Rändern, siehe Abb. 11, 13, 14, sollte beim Spannen jede Zacke „aufgenadelt" werden (mit nichtrostenden Stecknadeln). Das Gespannte anfeuchten, evtl. mit Hoffmann's Sprühstärke leicht steifen; nach dem Trocknen die Nadeln entfernen.

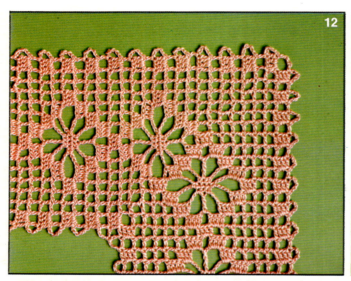

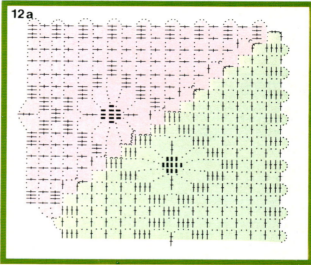

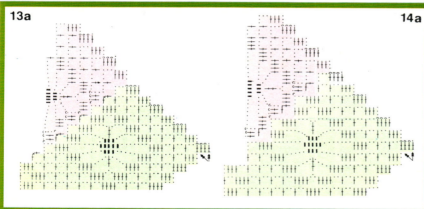

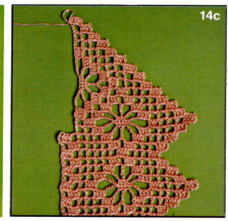

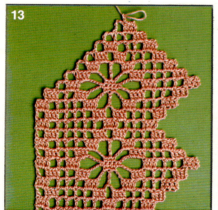

Schon oft fragten uns Leserinnen, wie man Leinenreste oder Servietten in Decken umfunktionieren

LEHRGANG
Häkeln

kann. Die vielen Häkelbeispiele sollen helfen, eine solche Aufgabe einfach und vorbildlich zu lösen.

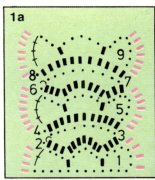

1a

1c

1b

1d

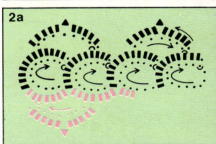

2a

2c

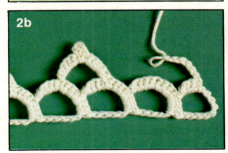

2b

2d

Stoffverbindungen mit schmalen Häkeleinsätzen

Schmale Häkeleinsätze verbinden bei zu knapper Breite Stoffteile. Eine Lösung, die gern anstelle einer „unschönen" Naht gewählt wird, wenn z. B. die Stoffbreite fürs gewünschte Deckenmaß zu knapp ist, wenn ein vorhandener Kissenbezug vergrößert oder Blusenvorderteile weiter werden sollen. Nachfolgend eine Reihe von Musterbeispielen, teils ergänzt durch Eckbildungen und passende Spitzen.

Einsätze, in hin- und hergehenden Reihen zu häkeln

Abb. 1a bis d: Anschlag 18 Lm., lt. Häkelschrift 1a zurück in die 10. Lm. ab Nadel 1 f. M., 5 Lm., 1 f. M. in die 4. folg. Lm., 3 Lm. und 1 Stb. Mit 1 Lm. wenden, f. M. häkeln. In der 3. R. lediglich 9 Lm. ausführen und mit 1 Km. an der f. M. anschl. Zur 4. R. mit 1 Lm. wenden und 11 f. M. um die Lm. häkeln. Die 5. R. beginnt mit 8 Lm. und 1 f. M. in die 4. f. M., sie endet nach 5 Lm., 1 f. M. und 3 Lm. mit dem 3f. Stb. Die 6. wie die 2. R. häkeln, die 3. bis 6. R. fortl. wdh., Abb. 1b. Anschließend den Rand lt. Häkelschrift mit f. M. umhäkeln, siehe Abb. 1c.

Lt. Abb. 1d ist der Stoffrand mit Perlgarn 3 dicht umstochen. Die Spitze mit Nähgarn in Spitzenfarbe an der 4. der 7 f. M. festnähen, innerhalb des umstochenen Randes zum nächsten Mustersatz weiterstechen.

Abb. 2a bis d: Anschlag 12 Lm., mit 1 Km. zum Ring schließen, mit 1 Lm. wenden (auch vor den folg. f. M.). Um den Ring 12 f. M. häkeln. ✳ Mit 12 Lm. wenden, an der 4. M. anschl., wenden; 5 f. M. um die 12 Lm., ● mit 7 Lm. wenden (Abb. 2b), lt. Häkelschrift an der f. M. anschl., wenden, 5 f. M., 1 Pikot und 5 f. M. um die 7 Lm. ●, dann noch 7 f. M. um die 12 Lm. häkeln. Wieder mit 12 Lm. wenden, an der 4. f. M. anschl., wenden und um die 12 Lm. 12 f. M. häkeln. Ab ✳ wdh. Nach der letzten Wiederholung die Gegenseite überhäkeln: ✳✳ (in der Abb. 2a rot) um dieselben Lm. noch 4 f. M., um die folg. Lm. 3 f. M., dann wie von ● bis ● häkeln und nach 7 f. M. um den Rand ab ✳✳ wdh., Abb. 2c zeigt das Anschlingen nach 7 Lm.

Abkürzungen und Häkelschriftzeichen

M. = Masche; R. = Reihe; Rd. = Runde; U. = Umschlag; Schl. = Schlinge; abm. = abmaschen; anschl. = anschlingen.

· = Luftmasche/Lm. ▮ = 1 feste M./f.M.

⌒ = Kettmasche/Km.

╀ = Stäbchen/Stb.　　╀ = ½ Stb./h. Stb.

╪ = Doppelstäbchen/Dstb.

= dreifaches Stb./3f. Stb.

▲ = 1 Pikot – wenn nicht anders vorgeschrieben 3 Lm., 1 f. M. in die 1. Lm.

In den Häkelschriften werden die Hin-R. von rechts nach links, die Rück-R. von links nach rechts gelesen! Das 1. Stb. einer R. oder Rd. wird durch 3, die 1. f. M. durch 1 oder 2, das 1. h. Stb. durch 2 Lm. und das 1. Dstb. durch 4 Lm. ersetzt. Beim Häkeln in Rd. jede Rd. mit 1 Km. schließen. Pfeile begrenzen jeweils einen Mustersatz.

Y = 1 Gabel-Stb.: 1 Dstb., 2 Lm., 1 Stb. in halber Höhe ins Dstb. häkeln

= 1 Gabel-Stb.: 1 Dstb. nur 1mal abm., 1 U., Schl. durchholen, die auf der Nadel liegenden Schl. nacheinander paarweise abm.

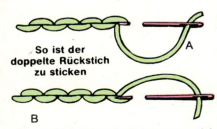

So ist der doppelte Rückstich zu sticken

A

B

Lt. Abb. 2d Stoffrand mit Langettenstich sichern, Einsatz an den Pikots einnähen, siehe Abb. 2d. Als Schmuck begrenzen die Langettenränder 2 Reihen doppelte Rückstiche (mit Perlgarn 3 in Stoffarbe).

Abb. 3a bis d: Lt. Häkelschrift 3a mit 16 Lm. beginnen. In 1. R. in die 6. Lm. ab Anfang 1 f. M., mit 7 Lm. wenden, siehe Pfeil, an der 2. Lm. vor der f. M. anschl., mit 2 Lm. wenden (auch dann, wenn wieder 6 f. M. folgen), um die Öse 6 f. M., danach 2 Lm., 1 f. M. in die 1. Lm. des Anschlages häkeln. Zur 2. R. mit 7 Lm. wenden; ✱ für 1 Öse 11 Lm. häkeln, mit 1 Km. an der 3. Lm. ab ✱ anschl., wenden, 2 Lm., um die Öse 6 f. M., nach der 3. f. M. mit 1 Km. an der 1. R. anschl., siehe Häkelschrift. Nach 3 f. M. um die Öse und 2 Lm. die R. mit dem 5 f. Stb. beenden, Abb. 3b. In 3. R. 10 Lm., 1 f. M. in die 7. Wende-Lm. häkeln, in 4. R. nach 10 Lm. die f. M. in die 1. Lm. der 3. R. ausführen. Die 5. R. wie die 1. R. häkeln, die f. M. in der Mitte umfaßt jedoch die Lm. der 4. und 3. R. sowie die Ö. der 2. R., siehe Häkelprobe 3c (in der Häkelschrift durch V gekennzeichnet). Die 6. wie die 2. R. häkeln, dann die 3. bis 6. R. fortl. wdh.

Lt. Abb. 3d ist der Stoffrand mit f. M. in Stoffarbe dicht umhäkelt und der Einsatz über die 7 Wende-Lm. und dem 5fachen Stb. mit Wickelstichen – ebenfalls in Stoffarbe – an die f. M. genäht, innerhalb der f. M. weiterstechen. Beidseitig begrenzt durch gleichfarbigen Kettenstich.

Einsätze, die über Hilfsfäden begonnen werden

Allgemeines: Abweichend von der Norm, daß Lm. den Anfang einer Häkelarbeit bilden, werden die M. des Anfangs für die Muster der Abb. 4 bis 8 um 1 Hilfsfaden gehäkelt. Der Hilfsfaden ist kontrastfarbig und dicker als der Häkelfaden, natürlich länger als der fertige Einsatz (evtl. vom Knäuel laufen lassen); erst zuletzt wird er entfernt (man darf ihn deshalb in der 1. R. keinesfalls „anstechen").

Alle Muster sind durch Häkelschriften erläutert, der Hilfsfaden ist farbig eingezeichnet, man umhäkelt ihn von beiden Seiten. Wie üblich wird mit der Anfangsschl. begonnen, dann um den Hilfsfaden die 1. M. häkeln und lt. Häkelschrift weiterarbeiten. Ist die 1. Seite beendet, wird die Arbeit gedreht – Lm. lt. Häkelschrift einfügen –, um die Arbeit ohne Unterbrechung über der Gegenseite fortzusetzen.

An der Gegenseite werden die M. nicht um den Hilfsfaden, sondern in die Maschendrähte, die den Hilfsfaden der 1. Seite umfassen, gehäkelt.

Es erleichtert die Arbeit, wenn die 1. Seite über 2 Hilfsfäden gehäkelt wird (er sollte eine andere Farbe haben), Abb. 4b. Den 2. Faden vor dem Drehen entfernen, damit wird erreicht, daß die Schl. beim Überhäkeln der 2. Seite leichter zu erfassen sind, denn sie liegen loser um den Hilfsfaden, Abb. 4c.

Abb. 4a bis d: Lt. Häkelschrift 4a 1 f. M., dann wechselnd 6 Lm., 2 f. M. häkeln, am Ende jedoch nur 1 f. M. ausführen. In der 2. Rd. die Lm.-Bogen mit je 8 f. M. überhäkeln – nach der 4. f. M. 1 Lm. einfügen –, in die 1. und 2. sowie 5. und 6. Lm. je 1 f. M., in die 3. und 4. Lm. je 2 f. M. ausführen, Abb. 4d. In der nächsten Rd. wechselnd 5 Lm., 1 f. M. um die Lm. und dann über die Längsseiten je 1 R. wechselnd 1 Stb., 1 Lm. häkeln.

Lt. Abb. 4e den Stoffrand mit wechselnd 1 f. M., 1 Lm. umhäkeln (genausoviel f. M. wie Stb. am Einsatzrand). Einsatz mit Überwendlingsstichen einnähen, Stb. mit f. M., Lm. mit Lm. verbinden – also jede M., aber nur einen Maschendraht erfassen.

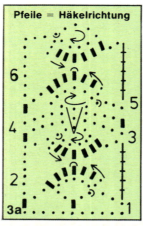
Pfeile = Häkelrichtung
3a

3b

3c

3d

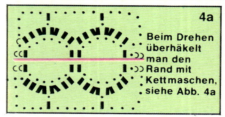
4a

Beim Drehen überhäkelt man den Rand mit Kettmaschen, siehe Abb. 4a

4b

4c

4d

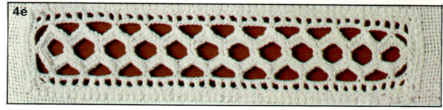
4e

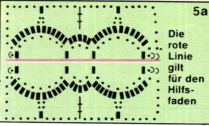
5a

Die rote Linie gilt für den Hilfsfaden

5c

5b

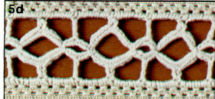
5d

Abb. 5a bis c: Lt. Häkelschrift 5a in 1. Rd. wechselnd 7 und 3 Lm. zwischen den f. M. einfügen. Abb. 5b zeigt das Überhäkeln der Gegenseite. Dann am Anfang anschl., um die Lm.-Bogen f. M. und Pikots aus 4 Lm. häkeln, Abb. 5c. Rand mit f. M. und Dstb. einfassen, dazwischen Lm. lt. 5a einfügen.

Abb. 5d: Den Lm.-Rand des fertigen Einsatzes exakt fadengerade auf den Stoff heften (kurze Stiche); Stoff mit 3 mm Zugabe unter dem Einsatz aus-, über den Ecken schräg einschneiden, Zugabe umlegen. Lm.-Rand mit Wickelstich dicht übersticken, ungelegten Stoffrand mitfassen. Als Begrenzung doppelten Steppstich mit 2 oder 3 Gewebefäden Abstand sticken, siehe Abb. 5d; den doppelten Steppstich erklärt eine Zeichnung auf Seite 41.

Abb. 6a bis c: Um die Hilfsfäden lt. Häkelschrift 6a nach 1 f. M. * 3 Lm., je 1 h. Stb., 1 f. M. und 1 Km. häkeln, ab * wdh. Nachdem die Gegenseite genauso überhäkelt worden ist, Abb. 6b, den Rand mit Lm. und f. M. begradigen. Lt. Abb. 6c den Stoffrand mit f. M. dicht umhäkeln. Einsatz einnähen, nur die rückw. Abmaschdrähte der f. M. und nur 1 „Draht" der Lm. erfassen.

Abb. 7a bis c: Um die Hilfsfäden lt. Häkelschrift 7a nach 1 f. M. 3 Lm., 1 f. M., 2 Lm., 1 Stb., 1 Lm., 1 Dstb., 1 Lm., 1 Stb., 2 Lm., 1 f. M. häkeln, ab Anfang wdh. Nachdem die Gegenseite überhäkelt ist, Abb. 7b, den Rand mit Lm. zwischen 1 Stb. (um die 3 Lm.) und 2 f. M. (je 1 f. M. um 1 Lm.) begradigen. Einnähen siehe Abb. 6c.

Abb. 8a bis c: Lt. Häkelschrift 8a an der 1.

Seite wechselnd 1 f. M., 5 Lm., 1 Stb., 5 Lm. häkeln. An der Gegenseite vor jedem Stb. 1 Pikot einfügen: 1 U. aufnehmen (fürs Stb.), Schl. durch die Maschendrähte des Stb. durchholen, 3 Lm., Abb. 8b, dann 2mal je 2 Schl. = 1 Stb. abm., Abb. 8c. In der 2. Rd. wechselnd 4 f. M. (je 2 um die Lm. vor und nach dem Stb.) und 3 Lm. häkeln.

Lt. Abb. 8d Stoffrand mit Langettenstich dicht umstechen. Einsatz an jeder 2. Lm. annähen (auf der Rückseite in den Langettenstichen weiterstechen).

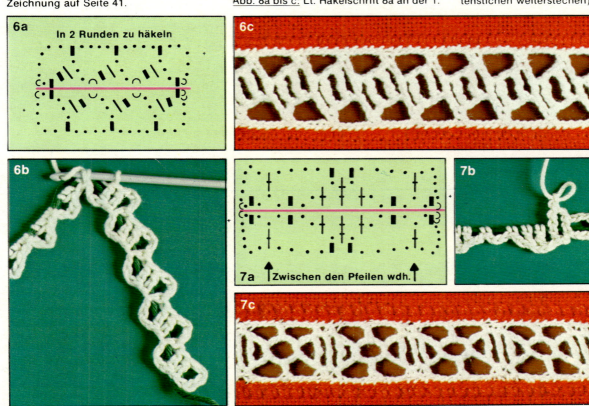

6a In 2 Runden zu häkeln

6c

6b

7a ↑ Zwischen den Pfeilen wdh. ↑

7b

7c

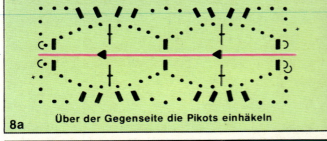

8a Über der Gegenseite die Pikots einhäkeln

8c

8b

8d

43

Einsätze mit passender Spitze

Abb. 9a bis 9d: Einsatz und Spitze mit einem „Anschlag" aus Ösen beginnen, dafür wechselnd 6 Lm., 1 dreifaches Stb. in die 6. Lm. ab Nadel häkeln. Für eine Ecke 1 Öse aus 6 Lm. und 1 Stb. einfügen (beim Häkeln in der Rd. nach der letzten Öse am Anfang anschl.), Abb. 9a. Die Ösen mit 3 f. M., 3 Lm., 2 f. M., 3 Lm. und 3 f. M. überhäkeln, an der Gegenseite ebenfalls (über Eck außen 3 f. M., 3 Lm., 3 f. M., innen nur 3 f. M., bei der Spitze innen 2 f. M., 3 Lm., 2 f. M. ausführen), Abb. 9b. Den Einsatz zu beiden Seiten,

die Spitze nur an einer Seite mit Gabel-Stb. und Lm. lt. Häkelschrift 9c abschließen. Bei der Spitze über einer Ecke innen 2 zus. abgemaschte Stb. um die 3 Lm. zweier Kreise häkeln, siehe Abb. 9d.

Abb. 9e: Spitze und Einsatz wie in den Abbildungen 1 bis 8 beschrieben, einnähen.

Abb. 10a bis e: Ebenfalls mit Ösenanschlag beginnen: Wechselnd 3 Lm., 1 Stb. in die 3. Lm. ab Nadel und 6 Lm. häkeln, Abb. 10a. Für eine Ecke 13 statt 6 Lm. einfügen. Für einen Streifen mit 1 Öse enden, beim Häkeln in Rd. nach 6 Lm. mit 1 Km. am Anfang anschl. Jede Öse zunächst an einer Seite mit 11 Stb. umhäkeln (das 1. Stb. der R. oder Rd. durch 3 Lm. ersetzen), dazwischen 1 f. M. um die 6 Lm. häkeln. Beim Überhäkeln

der Gegenseite die f. M. um die f. M. der 1. Seite häkeln, Abb. 10b.
Den Einsatz lt. Häkelschrift 10c an beiden Seiten mit Lm. und f. M. umhäkeln (Ecke siehe Häkelschrift 10c), die Spitze nur am Innenrand. Am Außenrand der Spitze ins 4. bis 8. Stb. je 1 f. M. häkeln, dann – ehe die 5. f. M. abgemascht ist – durchs 4. Stb. des folg. Stb.-Kreises 1 Schl. durchholen (damit die Schl. lang genug gerät, wird sie über dem Mittelfinger durchgeholt, siehe Abb. 10d), diese zus. mit der 5. f. M. abm. Den auf diese Weise entstandenen Fadensteg mit 3 f. M., 3 Lm., 1 f. M., 3 Lm. und 3 f. M. überhäkeln. Die 1. der folg. 5 f. M. in die Einstichstelle der Schl., also ins 4. Stb. häkeln. Über den Ecken sind 2 Schl. um die Lm.-Bogen durchzuholen, siehe Abb. 10c und Abb. 10e. Einnähen s. Abb. 9e.

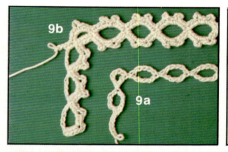

9b

9a

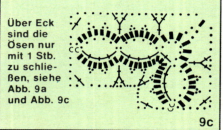

Über Eck sind die Ösen nur mit 1 Stb. zu schließen, siehe Abb. 9a und Abb. 9c.

9c

9d

10b

10a

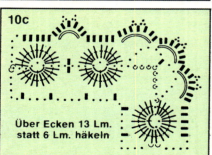

10c

Über Ecken 13 Lm. statt 6 Lm. häkeln

9e

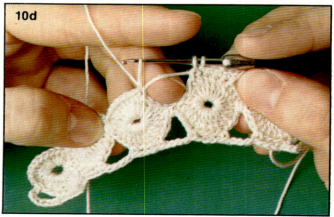

10d

10e

Häkelspitzen sind nur dann ein hübscher Schmuck, wenn sie nicht allein perfekt gehäkelt und gespannt worden sind, sondern

wenn auch fürs An- und Einsetzen die nötige Sorgfalt aufgewendet wurde. Neben dem einfachen Annähen gibt's noch viele Lösungen.

Spitzen ansetzen

Allgemeines

Schon von vornherein muß darauf geachtet werden, daß das Garn für die Spitze und der Stoff miteinander harmonieren. Eine Häkelspitze aus feinstem Glanzgarn paßt nicht an ein grobes Effektgewebe und umgekehrt: Schweizer Batist und andere feinfädige Stoffe kann man nicht mit Spitzen aus dickem Faden besetzen.

Soll eine Spitze einen geradlinigen Abschluß schmücken, sollte der Stoff fadengerade beschnitten werden, ehe man ihn einrollt (Abb. 1 bis 3), ganz gleich, ob die Spitze direkt angehäkelt oder später angenäht bzw. -gehäkelt wird. Beim Anhäkeln genügt's, den eingerollten oder umgebügelten Stoffrand zu heften; man

kann ihn aber auch knappkantig absteppen, Abb. 2a und 2b. Wie der schmale Einschlag über Eck abzuschrägen ist, zeigt Abb. 2a. Bei dünnen Stoffen kann der Rand doppelt umgelegt werden. Bei dickeren Stoffen genügt einfacher Einschlag, der überstehende Stoffrand sollte nach dem Steppen knapp neben dem Rand sorgfältig abgeschnitten werden.

Lt. Abb. 3a ist innerhalb des schmal umgelegten Stoffrandes 1 Gewebefaden ausgezogen; die f. M. werden in diese Fadenrinne gehäkelt. Zusätzlicher Schmuck kann eine schmale Hohlnaht sein. Lt. Abb. 3b ist der Innenrand der Fadenrinne mit einfachem Hohlnahtstich gesichert und der Stoffrand mit halben Stb. dicht umhäkelt, nach jedem Fadenbündel einstechen; darauf achten, daß die Abmaschschlinge über der Kante gebildet wird.

Die breitere Stäbchenhohlnaht lt. Abb. 3c befestigt einen doppelt eingelegten Stoffrand. Auf jede f. M. (es wird zwischen den Fadenbündeln eingestochen) folgt eine straff gehäkelte Luftmasche.

Spitze über dem Stoffrand häkeln

Wird die Spitze direkt an den Stoff angehäkelt, ist wichtig, daß die Anzahl der f. M. mit den Wiederholungen in den Mustersätzen der Spitze übereinstimmt und daß dabei auch die M. berücksichtigt werden, die vor und nach einer Ecke den letzten bzw. ersten Mustersatz ergänzen. Über der Ecke selbst sind in der Regel 3 f. M. in 1 Einstichstelle zu häkeln, siehe Abb. 4a (für 1 Mustersatz braucht man 6 f. M., vor und nach der Ecke je 2 f. M., dazwischen 3 f. M. über Eck, Häkelschrift Abb. 4b).

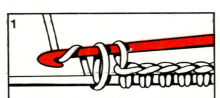

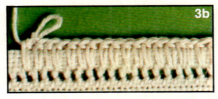

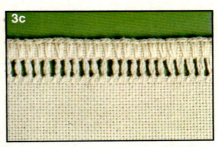

In der Regel nimmt man zum Umhäkeln des Stoffrandes eine etwas dünnere Häkelnadel, vor allem dann, wenn kein Gewebefaden ausgezogen bzw. kein Hohlsaum ausgeführt worden ist.

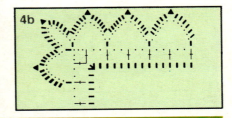

Erklärung der Häkelschriften

Die Häkelschriften geben nicht nur die Erklärung für die Arbeitsweise, sondern von ihnen ist außerdem abzulesen, wie die M. neben- und übereinander stehen.

Bei den verschiedenen Stäbchenarten z. B. ist aus der Anzahl der kurzen Querstriche zu ersehen, wieviel Umschläge vor dem Durchholen der Schlinge auszuführen sind. Bei Stäbchengruppen geht aus der Häkelschrift hervor, wie viele in einen Einstichpunkt zu häkeln (die Längslinien treffen unten zusammen) und wie viele zusammen abzumaschen sind (die Längslinien treffen oben zusammen). Zusammen abmaschen heißt: Jedes

Stäbchen nur bis auf die letzte Schlinge abmaschen, erst nach dem letzten Stäbchen der Gruppe alle auf der Nadel liegenden Schlingen mit 1 Umschlag abmaschen (Schlingen möglichst kurz halten, straff abmaschen).

• = 1 Lm.   ⌒ = 1 Km.   ▮ = 1 f. M.

| = 1 h. Stb.   ╪ = 1 Stb.   ╪ = 1 Dstb.

= 1 f. M., 1 Stb., 1 Dstb. in Pfeilrichtung häkeln

= ein 1½faches Stb. (2 U. aufnehmen, 1mal 2, 1mal 3 Schl. abm.)

= 3 f. M. in 1 Einstichstelle, getrennt durch je 1 Luftmasche

▲ = 1 Pikot, wenn nicht anders beschrieben: 3 Lm., 1 f. M. zurück in die 1. der 3 Luftmaschen.

⋎ = 2 Stb. in 1 Einstichstelle

⋏ = 2 zus. abgemaschte Stb.

= 3 Stb., 1 Lm., 3 Stb. bzw. 3 Stb., 3 Lm., 3 Stb. um Lm.-Bogen

= 2 zus. abgemaschte Dstb.

= 2 zus. abgemaschte Stb. in 1 Einstichstelle

= 2 bzw. 3 zus. abgemaschte Dstb. in 1 Einstichstelle

45

Spitze annähen

An einen schmalen handgenähten Rollsaum – er darf auch mit Hohlnahtstich befestigt sein, siehe Abb. 5a – kann die Spitze angenäht werden, entweder einfach mit überwendlichen Stichen, aber auch mit Fischgrätenstich, der wechselnd den Stoff und den Luftmaschen- oder Feste-Maschen-Rand der Spitze erfaßt. Lt. Abb. 5b wird jede Lm. mit einem Festonstich, der um den eingelegten Stoffrand greift, erfaßt (nachdem die Nadel durch den Stoff geführt wurde, den Faden nach oben straffziehen, damit sich die Verschlingung an der Stoffkante bildet). Zur Spitze die Häkelschrift 5c, der Rand ist zuletzt mit wechselnd 6 Lm. und 1 f. M. um den Lm.-Bogen begradigt.

Lt. Abb. 6a sind Spitze und Stoffrand mit f. M. dicht umhäkelt. Man erleichtert sich später das Annähen, wird darauf geachtet, daß die Anzahl der f. M. an Spitzen- und Stoffrand die gleiche Dichte aufweisen, so daß man beim Annähen Masche für Masche erfassen kann, siehe Abb. 6b (man näht auf der linken Seite). Abb. 6c zeigt die angenähte Spitze. Das Spitzchen ist lt. Häkelschrift 6d in hin- und hergehenden R. auszuführen.

Auch die hübsche Bogenspitze, die lt. Häkelschrift Abb. 7b über einem entsprechend langen Lm.-Anschlag auszuführen ist (pro Mustersatz 16 Lm.), wird lt. Abb. 7a angenäht. Dabei erfaßt man die Lm. des Anschlages und vom Feste-Maschen-Rand nur das rückwärtige Abmaschglied.

Häkelverbindungen zwischen Stoffrand und Spitze

Eine ganz einfache lückenlose Verbindung ergibt sich, wenn beim Umhäkeln des Stoffes gleichzeitig der Spitzenrand erfaßt wird, wie z. B. lt. Abb. 8a und 8b. Der Stoff ist nur einfach umgelegt und geheftet; Abb. 8a zeigt die Rückseite der Arbeit. Beim Umhäkeln des Stoffes liegt die Spitze – mit der rechten Seite nach oben – hinter dem Stoffrand, und nachdem die Häkelnadel durch den Stoff geführt worden ist, erfaßt sie 1 M. des Spitzenrandes. Die Schl. wird durchgeholt; danach, wie bei f. M. üblich, die 2 auf der Nadel liegenden Schl. mit 1 U. abmaschen. Dabei legt sich die Spitze bzw. die Luftmaschenkette an den Stoffrand, siehe Abb. 8b.

Spitzen- und Stoffrand lt. Abb. 9a sind mit f. M. dicht umhäkelt (gleichviel f. M. messen an beiden Rändern gleichviel Zentimeter). Die Verbindung zwischen Stoff und Spitze bilden Stege aus je 3 Lm., dazwischen ist wechselnd 1 f. M. in den umhäkelten Stoff- und 1 f. M. in den Spitzenrand auszuführen.

5a

5b

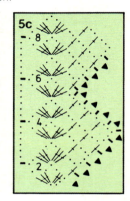

5c

6a

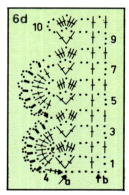

6d

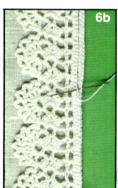

6b

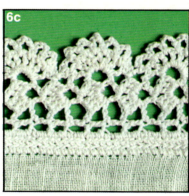

6c

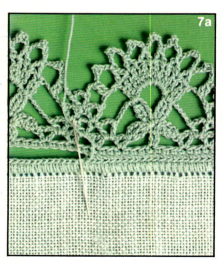

7a

7b

Häkelspezialisten machen wir auf das burda-Sonderheft „Alles aus Garn" aufmerksam; neben einem Dutzend hauchzarter Taschentuch- und vielen Wäschespitzen enthält es Decken in Motiv- und Rundhäkelei, teils mit Stoff kombiniert und teils mit dezenter Stickerei ausgeschmückt. Erhältlich unter Bestell-Nr. 307, Preis DM 4,90.

Lt. Abb. 9b ist die Bogenspitze (nach Häkelschrift 7b ausgeführt) ähnlich anzusetzen. Der Spitzenrand ist nicht gesondert umhäkelt, die f. M. werden in die Anschlagmaschen der Spitze gehäkelt, und zwar je 2 zwischen den Stegen aus je 3 Lm. Da am Stoffrand die M. viel dichter liegen als in der 1. R. der Spitze, werden über dem Stoff je 3, in der Spitze nur 2 M. übergangen, siehe Abb. 9b.

Die rosa Spitze mit dem Bogenrand, siehe Abb. 10a und b, <u>ist wie die hellgrüne der Decke</u> von Seite 48 <u>auszuführen, nur schmaler</u>; statt 17 sind 7 Lm. für die 1. Stb.-Reihe angeschlagen (um je 2 kann die Lm.-Anzahl nach oben und unten verändert werden).

Lt. Häkelprobe 10a ist mit jeder 5. f. M. auch die 3. Lm. eines Luftmaschenbogens vom Spitzenrand zu erfassen.
Etwas breiter fällt der Spitzenabschluß

insgesamt aus, wenn man lt. Abb. 10b verfährt: Auf je * 3 f. M., die um den doppelt umgelegten Stoffrand gehäkelt sind, folgen 2 Lm., 1 f. M. in die 3. M. des Lm.-Bogens der Spitze und 2 Lm.; ab * stets wdh. Es ist darauf zu achten, daß die Abstände gleichmäßig ausfallen (evtl. die Gewebefäden auszählen).

Über Eck anhäkeln

Eine supereinfache Spitze aus Lm. und Stb. kann lt. Häkelschrift 11c mit Ecke ausgeführt werden. Statt Stb. werden in 9 aufeinanderfolgenden R. über der Ecke am Außenrand Doppelstäbchen und 1½fache Stb., am Innenrand nur halbe Stb. gearbeitet (siehe auch Zeichenerklärung auf Seite 45), so daß die Reihen am Innenrand wesentlich niedriger ausfallen als am äußeren Rand.

Beim Anhäkeln liegen zwischen den f. M., die wechselnd um den Feste-Maschen-Rand und in die Bogen der Spitze zu häkeln sind, je 2 Lm., 3 M. des umhäkelten Stoffrandes werden übergangen. Über der Ecke erfaßt die feste Masche 2mal je 2 Luftmaschenbogen.

Lt. Abb. 11b sind über dem Stoffrand 1 Stb., 1 Lm., 1 Stb., 1 Lm. zu häkeln, es folgt 1 f. M. in die 3. Lm. eines Spitzenbogens, 1 Lm., dann ab Anfang wdh. Zwischen 1. und 2. Stb. wird 1 f. M. übergangen, nach dem 2. Stb. bleiben 2 f. M. unbehäkelt. Die Verbindung lt. Abb. 11b verbreitert den Spitzenrand im Vergleich zur Abb. 11a insgesamt um einige Millimeter.

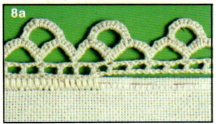

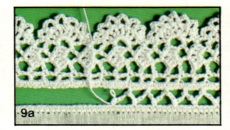

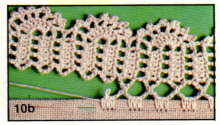

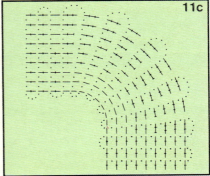

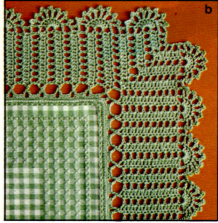

Decke mit angehäkelter Spitze

Deckenmaß 103 x 103 cm (ohne Spitze),
Spitzenbreite 9,5 cm

Material: 1,10 m Karostoff, 145 cm breit,
37 Karos messen 20 cm (Zweigart-Art.
1535/52 „Gerda", 100% Baumwolle, pflegeleicht); zum Häkeln und Sticken 350 g
mittelfeines Baumwollgarn (z. B. JSA, Art.
2050 von Schürer), 1 INOX-Wollhäkelnadel Nr. 3 oder Nr. 2¹/₂.

Maschenprobe: 15 M. x 7 R./5 x 6 cm

Erklärung der Häkelschrift auf Seite 45

Spitze: Anschlag 17 Lm. + 5 Lm. zum Wenden, lt. Häkelschrift weiterarbeiten, das 1.
Stb. in die 6. Lm. ab Nadel häkeln. Den
Mustersatz von Pfeil bis Pfeil zwischen den
Ecken 20mal ausführen. Eckbildung siehe
Häkelschrift (Lehrgang, Häkeln, Seite 37
bis 40) und Abb. b. Anfang und Ende der
Spitze zus.-häkeln oder -nähen. Spitze
spannen, anfeuchten und trocknen lassen.
Evtl. mit Hoffmann's Sprühstärke leicht
steifen. Lt. Maschenprobe beträgt das In-
nenmaß längs der Luftmaschenbogen 104
x 104 cm.

Decke: Stoffzuschnitt 110 x 110 cm (aus
dem abfallenden, 35 cm breiten Streifen
kann man Sets arbeiten). Ehe man mit
dem Sticken beginnt, kontrolliert man die
Seitenlänge am Innenrand der gespannten Spitze – danach richtet sich die um
1 cm kürzere Seitenlänge der Decke! Hat
man etwas lockerer oder fester gehäkelt,
ist der Abstand der Stickerei zum Stoffrand kleiner oder größer bzw. man über-
stickt mehr oder weniger Stoffkaros!
Lt. Modellbild über den 3. weißen Stoffkaros ab Rand mit dem Sticken beginnen,
von Ecke zu Ecke 183 Kreuzstiche ausführen. Jeder Stich umfaßt 1 Stoffkaro = 6 x 6
Gewebefäden. Nach innen zu in 4 Runden
nur die weißen Stoffkaros übersticken,
siehe Modellbild. Dieselbe Borte in Dek-
kenmitte nach 41 Stoffkaros wdh., die 1.
durchgehende Reihe zählt von Ecke zu
Ecke 83 Stiche.
Den Stoff außerhalb der Stickerei auf 3¹/₂
Stoffkaros = 21 Gewebefäden fadengerade beschneiden, 3 Gewebefäden breit
nach links umheften und mit f. M. umhäkeln, nach je 3 Gewebefäden 3 Fäden tief
einstechen (also 2 f. M. über 1 Karo), über
Eck 3 f. M. in 1 Einstichpunkt arbeiten.
Die Spitze wie folgt anhäkeln: In der 2. der
3 f. M. einer Ecke anschlingen, 2 Lm., in
die 3. Lm. eines 1. Lm.-Bogens der Spitze
1 Km., 2 Lm., 1 f. M. des Randes übergehen,
✻ in die 4 folg. f. M. je 1 f. M., 2 Lm., 1
Km. in die 3. Lm. des folg. Lm.-Bogens der
Spitze, 2 Lm., 2 f. M. des Randes übergehen,
ab ✻ stets wdh. Über den Ecken stets
nur 1 f. M. in die 2. der 3 f. M. häkeln. Dann
3 Gewebefäden innerhalb des Feste-Ma-
schen-Randes 1 Rd. Kettenstich aufstik-
ken, die Stiche greifen über je 1 Stoffkaro.

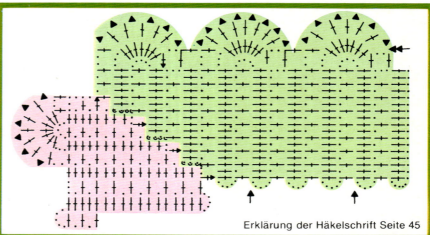

Erklärung der Häkelschrift Seite 45

Schon unseren Ururgroß-müttern gefiel's, schmale Häkel-käntchen mit Zackenlitze zu verarbeiten, teils um Maschen zu sparen, teils um die

Muster hübscher zu gestal-ten. Sie mußten sich mit weißer Litze und weißem Garn begnügen. Wir können bei bei-dem unter vielen Farben wählen!

Häkeln in Verbindung mit Zackenlitze

Bunte Zackenlitze ist nicht nur mit Zierstichen aufgenäht ein hübscher Schmuck, auch mit Häkelmaschen in Einklang gebracht, ist die Möglichkeit des „Musterns" unbegrenzt. Ein Grundsatz ist immer zu beachten: Garnstärke und Litzenbreite sollten harmonieren, d. h. je schmaler die Litze, desto feiner Faden und Nadel. Von der Tabelle, Seite 52, ist abzule-sen, welche Nadel für welches Garn bestimmt ist. Evtl. wählt man eine dün-nere Nadel, wenn man sehr locker häkelt, eine etwas dickere dann, falls besonders fest gehäkelt wird. Litzen, die breiter als 15 mm sind, eignen sich weniger für Spitzen. Allenfalls mit Baumwollgarn einreihig überhäkelt, kann man sie für Abschlüsse an Frot-tier oder grobfädigen Stoffen verar-beiten.

Musterbeispiele

Für die abgebildeten Muster ist Litze zwischen 7 mm und 15 mm Breite und vorwiegend Perlgarn 8 verwen-det (7 bis 15 mm: Kirrkamm & Co., 8

und 15 mm: Quambusch & Meyri). Die Anleitungen sind durch Häkel-schriften ergänzt. Sofern beim Nach-häkeln eine andere Litze, d. h. schmalere oder breitere, verwendet wird, muß sich die Maschenzahl, evtl. auch die Maschenart, ändern. Zackenlitze kann mühelos um Ecken und Rundungen geführt werden. Bei Spitzen für runde Decken o. ä. ist zwischendurch wiederholt zu kon-trollieren, wieviel Maschen am Innen-rand weniger zu häkeln sind, damit, flach aufliegend, der Außenrand we-der spannt noch Wellen bildet.

Schmale Spitzen

Abb. 1: Litzenbreite 7 oder 8 mm, mit Perlgarn 8 lt. Häkelschrift 1 a je 1 f. M. vor und nach der Zacke um die Litze häkeln, 2 Lm., in die Zackenspitze 1 f. M., 1 Pikot, 1 f. M., 2 Lm., ab Anfang stets wdh. Den Innenrand mit wech-selnd 5 Lm. und 1 f. M. in die Zacken-spitze begradigen.

Abb. 2: Litzenbreite 12 bis 13 mm, mit Filethäkelgarn Nr. 15 oder 20 zu-nächst in einer Wellenlinie jede Zak-kentiefe mit 3 Lm. übergehen, mit 1 Km. an der Litze anschlingen und die Litze selbst mit 2 Lm. überbrücken, Abb. 2 a, an der Gegenseite mit 1 Km.

anschlingen. Häkelschrift 2 b: Am Außenrand um jeden Lm.-Bogen 3 Stb., 1 Lm., 3 Stb. und in die Zacken-spitze 1 f. M. häkeln. In 2. R. die Zak-kenspitze mit 7 Lm. übergehen, um die Lm. 1 f. M., 2 Lm., 1 f. M. häkeln. Abschließen in 3. R. mit 8 f. M. um den Lm.-Bogen und 4 f. M., getrennt durch je 3 Lm. (in die f. M. je 1 Lm., um die Lm. 2 f. M. häkeln). Danach die Gegenseite mit 3 R. lt. Häkelschrift 2 b begradigen. Abb. 2 c zeigt die Rückseite (die „Luftmaschenbrük-ke" ist genau zu erkennen).

Abb. 3: Mit je 1 R. ist hier die Litze beidseitig überhäkelt. In die Zacken-spitze 3 f. M. in eine Einstichstelle, wenden, 1 Öse aus 7 Lm., an der 2. f. M. anschlingen, wieder wenden, die Öse mit 3 f. M., ✶ 3 Lm., 3 f. M. (ab ✶ 2mal wdh.) überhäkeln, 1 f. M. in die Einstichstelle der 3. f. M. Mit 1 Lm., 3 Pikots (je 3 Lm., 1 f. M. zurück in die 1. Lm.) und 1 Lm. zur nächsten Zacken-spitze vorgehen. Gegenseite: In die Zackenspitze 1 f. M., 3 Lm., in die Zackentiefe 1 Noppe (= 3 U., Schl. durchholen, 2mal je 2 Schl. abm., 3mal je 1 U. und 1 Schl. durchs 1. Ab-maschglied holen, mit je 1 U. 1mal 8 Schl. und 1mal 2 Schl. abm.), 3 Lm., ab Anfang stets wiederholen.

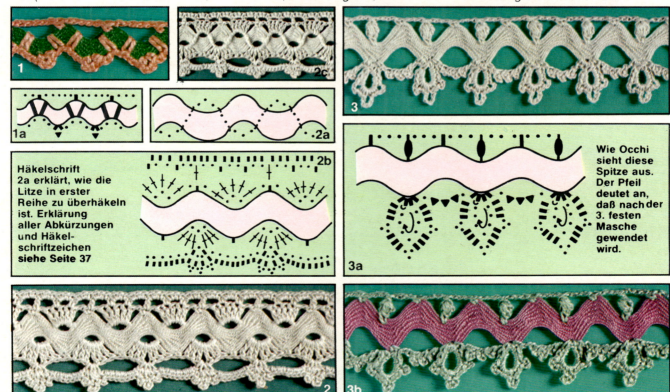

Häkelschrift 2 a erklärt, wie die Litze in erster Reihe zu überhäkeln ist. Erklärung aller Abkürzungen und Häkel-schriftzeichen siehe Seite 37

Wie Occhi sieht diese Spitze aus. Der Pfeil deutet an, daß nach der 3. festen Masche gewendet wird.

LEHRGANG
Häkeln

Schmale Spitzen mit Eckbildung

Abb. 4: Litzenbreite 12 mm; mit Perlgarn Nr. 8 über jede Zacke 1 f. M. und 1 Stb.-Gruppe aus zus. abgemaschten Stb. wie folgt häkeln: 7 Lm., in die f. M. je ein 4-, 3-faches, 1 Dstb. und 1 Stb., bis auf die letzte Schl. abm., dann alle Schl. paarweise abm. Es folgen 3 Pikots, dafür 3 f. M. ins Abmaschglied der Stb.-Gruppe häkeln. davor 3, 4 bzw. 3 Lm. einfügen; ab Anfang fortlaufend wiederholen.

Die Gegenseite lt. Häkelschrift 4a mit wechselnd 3 Lm., 1 Stb. in die Zackentiefe, 3 Lm., 1 f. M. in die Zackenspitze begradigen (vor und nach der Ecke je 1 Zackentiefe übergehen). In 2. R. wechselnd 1 Stb., 1 Lm. (über Eck 3 Stb. zus. abm.), in 3. R. nur f. M. ausführen (vor und nach einer Ecke je 1 M. übergehen.).

Der Stoffrand ist lt. Abb. 4 mit Kästchenstich über 4 x 4 Gewebefäden (bei Schülertuch mit 10 Gewebefäden auf 1 cm) lt. Schema 4b umgrenzt (diese 3 Stiche über je 4 Fäden fortl. wdh.). Danach den Stoff außerhalb des Kästchenstiches auf 6 Gewebefäden beschneiden. 3 Fäden breit nach links umlegen und mit f. M. umhäkeln: 1 f. M. zwischen, 1 f. M. über jeden Kästchenstich, über Eck 3 f. M. in einen Einstichpunkt.

Nun die Spitze mit Km. anhäkeln: Wechselnd 1 Km. in jede 2. folg. M. des umhäkelten Stoffes und des Spitzenrandes ausführen. In den Ecken sollte die Km. in die 2. der 3 festen Maschen treffen.

Abb. 5: Litzenbreite 15 mm; mit Perlgarn 8 über einer Zacke anschl., 4 Lm., in die 1. Einstichstelle 2 zus. abgem. Dstb., ✻ 4 Lm., 2 zus. abgem. Dstb. ins vorherige Abmaschglied, 1 Pikot (3 Lm., 1 Km. ins Abmaschglied). Die folg. 3 Gruppen zus. abm.:

4 Lm., 2 Dstb. ins letzte Abmaschglied, je 3 Dstb. in die letzte und die folg. Zacke, dann in einem Zug alle auf der Nadel liegenden Schl. straff abm. Ab ✻ stets wiederholen.

Bei Eckbildungen wird lt. Häkelschrift 5a gearbeitet, die Ziffern 1 bis 11 deuten auf die Reihenfolge. Über der Ecke 3 Pikots einfügen, dafür jeweils 3 Lm. und 1 f. M. oder 1 Km. ins letzte Abmaschglied häkeln.

Die Gegenseite wie folgt begradigen: In die Zackenspitze 1 f. M., 4 Lm.; es folgt 1 dreifaches Stb., dafür 1 U., 1 Schl. durch den Litzenrand holen, 1 U., 1 Schl. durch die Einstichstelle der Stb.-Gruppen an der Zackenspitze holen, 4mal mit je 1 U. je 2 Schl. abm.; 4 Lm., ab Anfang wdh. Über Eck den 1. U. weglassen.

Den Stoffrand mit 2 Reihen doppeltem Steppstich über je 4 Gewebefäden einfassen, siehe Abb. 5b. Mit f. M. umhäkeln, siehe Spitze Abb. 4! Nach je 3 f. M. (die 2. liegt gegenüber der f.

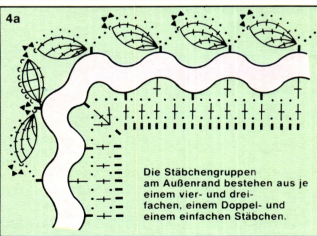

4a

Die Stäbchengruppen am Außenrand bestehen aus je einem vier- und dreifachen, einem Doppel- und einem einfachen Stäbchen.

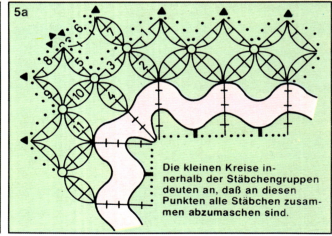

5a

Die kleinen Kreise innerhalb der Stäbchengruppen deuten an, daß an diesen Punkten alle Stäbchen zusammen abzumaschen sind.

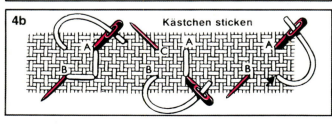

4b — Kästchen sticken

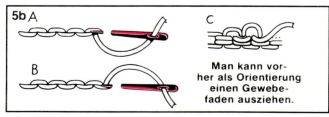

5b A

B

C

Man kann vorher als Orientierung einen Gewebefaden ausziehen.

M. bzw. dem 3fachen Stb. des Spitzenrandes) 2mal mit je 1 Km. um den Lm.-Bogen der Spitze anschl., dazwischen liegt je 1 f. M., die in den Stoffrand auszuführen ist.

Breite Spitzen

Für breitere und breite Spitzen wird die Litze in Wellenlinien mit Häkelmaschen verbunden, Beispiele zeigen Abb. 6 und Abb. 7.

<u>Abb. 6:</u> Spitzenbreite 6 cm, Litzenbreite 10 mm. Man erleichtert sich die Häkelarbeit, wenn man vorher für die „Innenkurve" nach je 9 Zacken 3 Zacken zusammen näht. Abb 6a. Anfangs 12 Zacken frei lassen.

Danach über der 1. „Außenzacke" anschlingen, ✶✶ 1 f. M. häkeln, mit 4 Lm. zur Zackentiefe vorgehen, Schlinge durchholen, 3 U., über der „Nähstelle" 1 Schl. durchholen, ✶ 3 U., die Zacke davor und danach zus.-fassen und 1 Schl. durchholen, ab ✶ noch 2mal wdh., dann paarweise alle

Schl. abm., siehe Abb. 6a. Mit 4 Lm. zur nächsten Zacke vorgehen, 1 f. M. + 9 Lm., 1 f. M. in die nächste Zacke, ab + 2mal wdh., 4 Lm., für die nächste „Innenkurve" in die 4 folg. Zacken 2 Stb., 2 Dstb., 2 Dstb., 2 Stb. – aber alle Stb. zus. abm. – 4 Lm. ● 1 f. M., 4 Lm., 1 f. M. um den gegenüberliegenden Lm.-Bogen, 4 Lm., ab ● noch 2mal wdh. (Abb. 6b). Damit ist ein Mustersatz fertig, die Arbeit wieder ab ✶✶ fortsetzen, Häkelschrift 6 c. Zuletzt über dem oberen Rand Bogen aus wechselnd 9 Lm. und 1 f. M. in die f. M. des Randes häkeln; in 2. R. um die Lm.-Bogen je 9 f. M. ausführen. Will man diese Spitze für einen runden Abschluß verwenden, umhäkelt man den Innenrand mit einer 2., evtl. auch 3. und 4. Lm.-Bogen-Rd., wobei die f. M. stets um die Lm.-Bogen zu häkeln sind. Um die Rundung zu formen, in jeder folg. Rd. gleichmäßig verteilt weniger Lm. häkeln.

<u>Abb. 7:</u> Spitzenbreite 7,5 cm, Litzenbreite 10 mm. Für einen Mustersatz

der Spitze braucht man 19 Zacken der Litze. Man beginnt in der Mitte einer „Blüte" – 4 bis 5 Zacken überstehen lassen – und häkelt über 11 Zacken je 1 f. M., dazwischen je 3 Lm. Mit 3 Lm. wenden, in 2. R. je 1 Stb. um die Lm., getrennt durch je 1 Lm. (= 9 Lm.). auch 1 Stb. in die 1. f. M. häkeln. Zur 3. R. mit 2 Lm. wenden, um die 1. und 2. Lm. je 1 h. Stb., um die 3. bis 7. Lm. je 1 Stb., um die 8. und 9. Lm. sowie in die 3. Wende-Lm. je 1 h. Stb. häkeln, mit 1 Km. an der 2. Wende-Lm. des R.-Anfanges anschlingen. Wenden und für den „Stiel" 3 Lm., 1 Pikot (3 Lm., 1 f. M. zurück in die 1. Lm.), 3 Lm. häkeln. Danach beidseitig durch je 1 Zacke 1 Schl. durchholen, 3 U., durch die folg. Zacken 1 Schl. durchholen, 3mal je 2 und 1mal 3 Schl. abm., danach 3 Lm. häkeln, 1 f. M. ins Pikot, 3 Lm., 1 f. M. in dieselbe Einstichstelle, 3 Lm. und mit 1 Km. am Stielanfang anschl. Die 3. bis 1. R. mit Km. übergehen, an der 11. Zacke anschlingen und die Rückseite mit 6

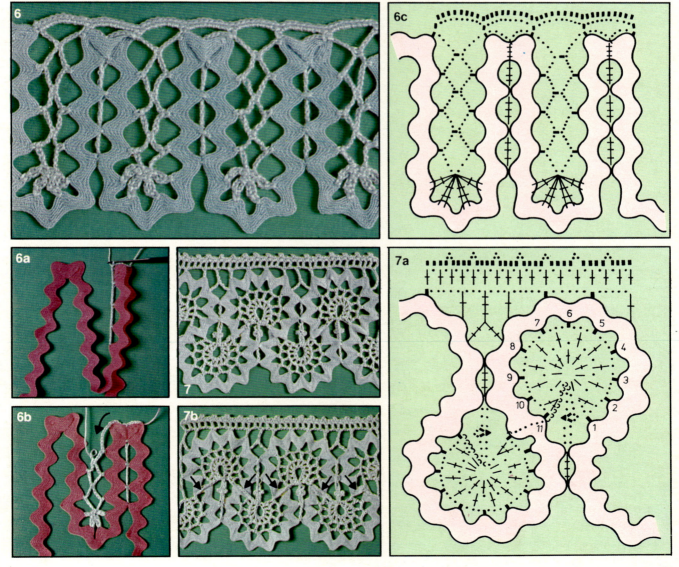

51

LEHRGANG
Häkeln

Lm. lt. Häkelschrift 7 a überbrücken. Die nächste Blüte beginnen.

Wird die Spitze für einen runden Abschluß gehäkelt, ist zuletzt die letzte Blüte mustergemäß mit der 1. Blüte zu verbinden. Soll die Spitze aber beidseitig abschließen, muß die 1. und letzte Blüte nach unten gerichtet sein, und es bleiben nur 2 Zacken über dem Stiel stehen, die 3. Zacke umlegen und mit einigen Stichen festnähen. Diese 2 Zacken beim Begradigen des Randes erfassen.

Den Rand wie folgt begradigen: In die Zacke links von der Blütenmitte 1 f. M., 5 Lm., 1 Stb. in die folg. Zacke, 3 Lm., die Lücke zwischen 2 Blüten mit 1 Gabel-Stb. schließen (5 U., durch die Zackentiefe 1 Schl. holen, 2mal 2 Schl. abm., 2 U., durch die Zackentiefe der folg. Blüte 1 Schl. holen, 2mal 2 Schl., 1mal 3 Schl. und die übrigen Schl. paarweise abm.), 3 Lm., 1 Stb. in die folg. Zacke, 5 Lm., 1 f. M. in die nächste Zacke, 5 Lm., ab Anfang stets wdh. In der 2. R. wechselnd 1 Stb., 1 Lm. lt. Häkelschrift ausführen. In der 3. R. um jede Lm. 2 f. M. häkeln, nach jeder 4. folgenden f. M. 3 Lm. einfügen, so daß sich über jedem 2 Stb. Pikots bilden.

Spitzen mit zweireihiger Zackenlitze

Abb. 8: Litzenbreite 12 mm. Mit Filethäkelgarn Nr. 15 oder Nr. 20 den Innenrand der Litze lt. Häkelschrift 8a wie folgt umhäkeln: In die Zackenspitze 2 Stb., getrennt durch 5 Lm., vor und nach der Zackentiefe 2 zus. abgemaschte Stb., davor und danach 2 Lm. einfügen. Beim Umhäkeln der 2. Litze über der Zackenspitze statt der 2. Lm. 1 f. M. um die Lm. der 1. Litze häkeln. Zuletzt den Innenrand begradigen: In die Zackenspitze 1 f. M., vor und nach der Zackentiefe 2 zus. abgem. Dstb., davor und danach je 4 Lm. einfügen. Schließlich als Abschluß noch um jeden Lm.-Bogen 4 f. M. häkeln (der Feste-Maschen-Rand wird bei der Spitze mit Eckbildung weggelassen, Abb. 8 b).

Eckbildung lt. Abb. 8b: Beim Umhäkeln der 1. Litze über Eck vor der Zackenspitze 1 Stb., 10 Lm., zurück in die 8. Lm. ab Nadel 1 Stb., 2 Lm., 2 zus. abgem. Stb. – das 1. ins Stb. vor der Zackentiefe, das 2. Stb. nach der Zackentiefe in den Litzenrand häkeln, 2 Lm., dann wieder wie üblich in die Zackenspitze 2 Stb., getrennt durch 5 Lm., ausführen. Beim Umhäkeln der 2. Zackenlitze über der Zacke vor der Ecke mit 1 f. M. in die 3. Lm. des angehäkelten Eckkaros anschlingen (siehe Pfeil in der Häkel-

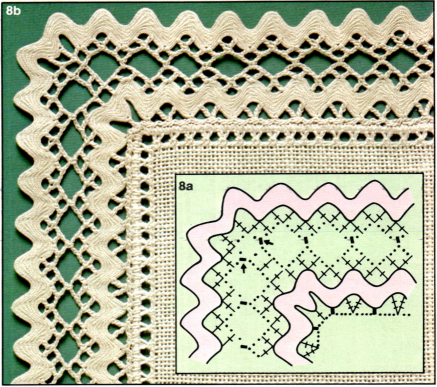

schrift 8a), 1 Lm., 1 Stb. in die Einstichstelle über der Zackenspitze, 1 Dstb. (zus. mit dem letzten Stb. abm.), 2 Lm., 1 Dstb. (nach der Zackenspitze einstechen), dieses mit dem Stb. in die folg. Zackenspitze zus. abm., 1 Lm., 1 f. M. in die Lm. des Eckkaros (siehe Pfeil in der Häkelschrift 8a), 1 Lm., 1 Stb. in die Einstichstelle über der Zackenspitze, danach wie üblich mit 2 Lm. und 2 zus. abgemaschten Stb. vor und nach der Zackentiefe die Arbeit fortsetzen.

Stoffrand wie folgt einfassen: Bei Verwendung von Grobsiebleinen mit 7 Gewebefäden auf 1 cm ca. 1 cm innerhalb des Randes 3 Gewebefäden ausziehen – über den Ecken immer nur bis an die Kreuzungspunkte. Die Innenseite dieser Fadenrinne mit doppeltem Hohlnahtstich sichern (je 2 Gewebefäden mit 1 Hohlnahtstich bündeln, nach dem 2. Stich beide Bündel mit 1 Hohlnahtstich umfassen, in der Einstichstelle des 2. Stiches einstechen, ab Anfang wdh.).

Den überstehenden Stoff auf 5 Gewebefäden beschneiden, über dem 3. Faden nach links umlegen, mit f. M. umhäkeln, in der Fadenrinne nach jedem einfachen Hohlnahtstich, d. h. nach je 2 Gewebefäden einstechen; über Eck treffen 5 f. M. in eine Einstichstelle. Danach die Spitze mit Km. anhäkeln, und zwar lt. Abbildung 4 auf Seite 50.

Garn- und Nadeltabelle

Garn	Nadelstärke *
Filethäkelgarn	
„Liana" Nr. 5	1,75/1,5
„Liana" Nr. 10	1,25
„Liana" Nr. 15	1,25/1,00
„Liana" Nr. 20	1,00
Glanzhäkelgarn	
Nr. 20 und Nr. 30	1,00
Perlgarn Nr. 8	1,25
Dünnes Baumwollgarn,	
z. B. MEZ Rot-Tulpe	2

* bis Stärke 1,75 JMRA-Record-Garnhäkelnadeln, ab Stärke Nr. 2 INOX-Wollhäkelnadeln

Die abgebildeten Spitzen sind im Original aus allerfeinstem Glanz-häkelgarn ausgeführt, und sie stammen aus einer Sammlung aus dem vorigen Jahrhundert. Je nach Verwendungszweck kann jede

der Spitzen aus Glanz- und Filet-häkelgarn aller Stärken, aus Spitzen-garn und ebenso aus feinem bis mittelfeinem Baumwollgarn gehäkelt werden. Auch Perlgarn Nr. 8 eignet sich gut zum Häkeln.

Spitzen häkeln

Die Spitzen, die Sie nach den folgenden Anleitungen häkeln können, haben den Vorzug, daß der Luftmaschenanschlag nicht der Spitzenlänge entspricht, sondern der Spitzenbreite. Die Länge dieser Häkelspitzen ist also von der Anzahl der Reihen abhängig, die fortlaufend „hin und her" gehäkelt werden. Bei zunehmender Länge die fertige Spitze aufrollen und mit einem Gummiring zus.-halten. Die Spitzen sind nach Häkelschriften auszuführen. In der Regel werden die Hin-R. von rechts nach links, die Rück-R. von links nach rechts gelesen, und Pfeil a zeigt auf die 1. M., Pfeil b auf die letzte M. des Anschlages. Vor dem Annähen die Spitze sorgfältig spannen, auf gleichmäßige Abstände achten!

Spitzen mit Zackenabschluß

Abb. 1, Spitzenbreite 9,5 cm:
Länge eines Mustersatzes ca. 7,5 cm, aus MEZ Filethäkelgarn „Liana" Nr. 10 mit JMRA-Record-Garnhäkelnadel Nr. 1,25. Anschlag 37 Lm., zunächst die 1. bis 17. R. lt. Häkelschrift ausführen, dann die 2. bis 17. R. fortl. wdh. Am Zackenrand beim Wenden nach der 3. Lm. 1 dreifaches Stb. zurück in die 3. Wende-Lm. der vorletzten R. häkeln. Das dreifache Stb. am Zackenrand der 17. R. ist um das dreifache Stb. der 16. R. zu häkeln. Die Gruppen aus 5 Dstb. um die Lm. der Vor-R., die Stb. des Zackenrandes zwischen die Stb. der Vor-R. häkeln. Hat die Spitze die erforderliche Länge erreicht, wird der Zackenrand mit f. M. dicht umhäkelt — je 8 f. M. um 1 dreifaches Stb., an den Zackenspitzen um die Lm. 6 f. M. und in Zackentiefe ebenfalls nur je 6 f. M. um die beiden dreifachen Stb. häkeln.

Abb. 2, Spitzenbreite 11,5 cm:
Länge eines Mustersatzes ca. 8,5 cm, Garn und Häkelnadel siehe Abb. 1! Anschlag 32 Lm., lt. Häkelschrift zunächst die 1. bis 17. R. häkeln, dann die 2. bis 17. R. fortl. wdh. Zum Schluß den Zackenrand mit f. M. und Pikots (3 Lm., 1 f. M. zurück in die vorhergehende f. M.) umhäkeln (in die großen Bogen 4mal 2 f. M., getrennt durch je 1 Pikot, um die Stb. 1 f. M., 1 Pikot, 1 f. M. und an den Zackenspitzen 5mal 2 f. M., getrennt durch je 1 Pikot).

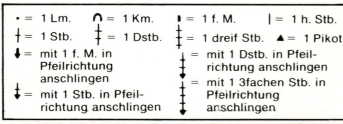

• = 1 Lm.	∩ = 1 Km.	⬓ = 1 f. M.	⎮ = 1 h. Stb.
† = 1 Stb.	‡ = 1 Dstb.	‡ = 1 dreif Stb.	▲ = 1 Pikot

↓ = mit 1 f. M. in Pfeilrichtung anschlingen

↓ = mit 1 Dstb. in Pfeilrichtung anschlingen

↓ = mit 1 Stb. in Pfeilrichtung anschlingen

↓ = mit 1 3faches Stb. in Pfeilrichtung anschlingen

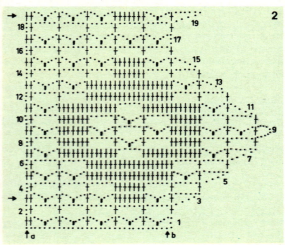

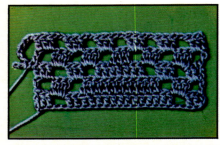

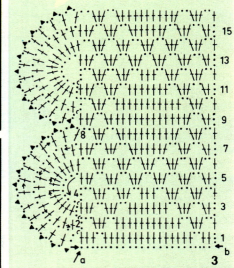

Spitzen mit Bogenrändern

Auch die folgenden Spitzen sind in hin- und herführenden Reihen zu häkeln. Der Bogenrand wird aber nicht ab der 1. R. eines Mustersatzes ins Muster einbezogen, sondern in der Regel mitten im Mustersatz begonnen. Für die „Basis" des Bogens sind fast immer Lm. zu häkeln, und diese werden am Rand einer der vorhergehenden Reihen angeschlungen. Dieser Bogen ist dann in den folg. R. zu überhäkeln. Beim Wenden an der Bogenseite ist die 1. M. der folg. R. lt. Häkelschrift durch Lm. zu ersetzen (für 1 f. M. 1 oder 2 Lm., für 1 Stb. in der Regel 3 Lm.). Die Bogenspitze der Abb. 3 ist in den einzelnen Phasen dargestellt; im Prinzip sind ähnliche Muster auf dieselbe Weise zu häkeln.
Abb. 3, Spitzenbreite 10,8 cm:
Länge eines Mustersatzes ca. 5,5 cm, aus mercerisiertem Baumwollgarn „Melior 2 × 4" mit Häkelnadel Nr. 2. Anschlag 24 Lm., lt. Häkelschrift arbeiten; nach der 16. R. die 9. bis 16. R. fortl. wdh. Die Arbeitsproben erklären die Ausführung des Bogens. Im Anschluß an die 5. R. ist nach 7 Lm. am „Fuß" der 4. R. bzw. ins Abmaschglied des letzten Stb. der 3. R. 1 Km. zu häkeln. Es folgen 3 Lm., mit 1 Km. in der 3. Wende-Lm. der 2. R. anschlingen, wenden, den Bogen mit Stb. überhäkeln und anschließend die 6. und dann die 7. R. ausführen – auch der Bogen wird mit Stb. und Lm. überhäkeln. Nach dem letzten Stb. am Fuß der 7. R. anschlingen, mit 3 Lm. zur 1. R. vorgehen, dort anschlingen, wenden, den Bogen mit Stb. und Pikots überhäkeln und im Anschluß die 8. R. zu Ende häkeln. Der nächste Bogen beginnt im Anschluß an die 13. R. Da Pikots in der Regel auf der Oberseite gehäkelt werden, ergibt es sich, daß die ungeraden R. Rück-R., die geraden R. die Hin-R. sind.

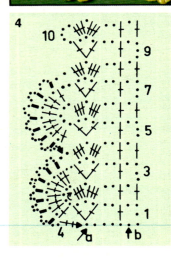
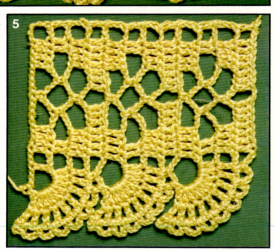

Abb. 4, Spitzenbreite 38 mm:
Länge eines Mustersatzes 3 cm; aus dünnem Baumwollgarn (MEZ „Rot-Tulpe") mit 1 INOX-Wollhäkelnadel Nr. 2. Anschlag 6 Lm., die 1. bis 9. R. häkeln, dann die 6. bis 9. R. fortl. wdh. Der 1. „Bogenansatz" wird bereits in der 2. R. gehäkelt; der Pfeil in der Häkelschrift deutet die Häkelrichtung an. In der 3. R. sind um den Bogen 8 Stb., getrennt durch je 1 Lm., zu häkeln, und danach wird 1 Dstb. in die 1. Lm. des Anschlages gehäkelt – bei den folgenden Mustersätzen ist es 1 f. M. um den betreffenden Lm.-Bogen. Mit einer 8. Muster-R. vor den Stb. enden, also nach den 2 Lm. mit 1 Km. im Stb. der Vor-R. anschlingen.

Abb. 5, Spitzenbreite 8 cm:
Länge eines Mustersatzes 2,5 cm; Garn und Nadel siehe Spitze Abb. 4! Anschlag 25 Lm., lt. Häkelschrift bis zur 5. R. häkeln, dann die 2. bis 5. R. fortl. wdh. Mit der 4. Musterreihe enden (evtl. nach jeder 3. Muster-R. im letzten Bogen anschlingen, siehe Pfeil!).

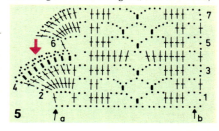

Abb. 6, Spitzenbreite 7 cm bzw. 8 cm: Länge eines Mustersatzes 7,5 cm; Garn und Häkelnadel siehe Abb. 4!

Abb. 6a: Mit Perlgarn Nr. 8 und Garnhäkelnadel Nr. 1,0 nur 5 cm breit (mit begradigtem Rand); Länge eines Mustersatzes 5,5 cm.

Die Spitze kann man ohne (7 cm breit) und mit geradem Abschluß häkeln (8 cm breit).

Mit 7 Lm. beginnen, in die 1. Lm. lt. Häkelschrift 4 Stb., getrennt durch je 2 Lm., häkeln. Dann mit 6 Lm. zur 2. R. wenden und die Arbeit lt. Häkelschrift fortsetzen. Der große Bogen beginnt in der 6. R. Die Abb. a bis d zeigen die einzelnen Phasen. Nach dem 4. Stb.

der 8. R. sind über den Bogen 3 R. f. M. zu häkeln, wobei stets ins rückwärtige Abmaschglied eingestochen wird. Für die Pikots 3 Lm. und 1 f. M. zurück in die 1. Lm. häkeln (= 11. R.). Begradigen des Randes: Um jeden Wendebogen 1 f. M., dazwischen 6 Lm. einfügen. Soll die Spitze für einen runden Abschluß gehäkelt werden, häkelt man – je nach Durchmesser – in regelmäßigen Abständen statt 6 Lm. nur 5 Lm. oder stets nur 5 Lm. (je kleiner der Durchmesser, um so weniger Lm.). In der 2. R. 1 Stb., ∗ 2 Lm., 1 Stb. in die 3. folg. M. (bei Rundungen regelmäßig statt 2 M. 3 M. übergehen), ab ∗ stets wdh.

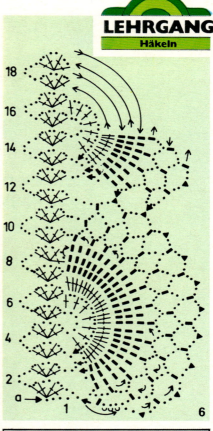

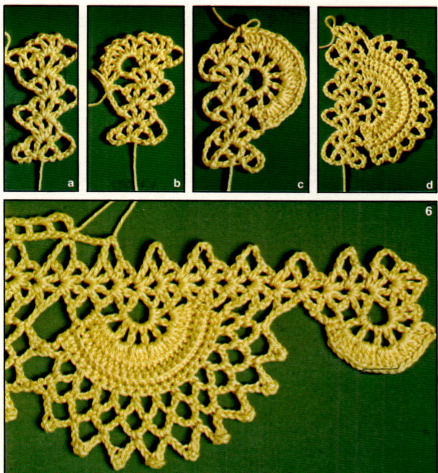

7   Häkelschrift Seite 56

Abb. 7, Spitzenbreite 7 cm: Länge eines Mustersatzes 3,8 cm; Material siehe Spitze Abb. 6a.

Anschlag 24 Lm., lt. Häkelschrift die 1. bis 16. R., dann fortl. die 9. bis 16. R. häkeln. Der Bogen beginnt in der 5. R. Im 1. Mustersatz am Ende der 7. R. mit 1 Dstb. in der 1. Lm. des Anschlages anschlingen, dann lt. Häkelschrift mit 5 Lm. wenden. Die Pikots aus 4 Lm. und 1 f. M. zurück in die 1. Luftmasche häkeln.

In 15. und 16. R. im vorhergehenden Mustersatz anschlingen. Im letzten Mustersatz einer Spitze die Lm.-Bogen zwischen den f. M. weglassen. Man kann die Spitze in der Breite verändern, indem man die Maschengruppe, in der Häkelschrift durch eine Klammer begrenzt, 1mal wegläßt oder öfter als 2mal nebeneinander häkelt. Auch der Stäbchenrand kann breiter bzw. schmaler sein.

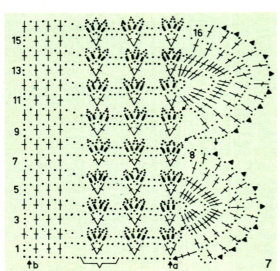

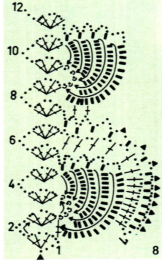

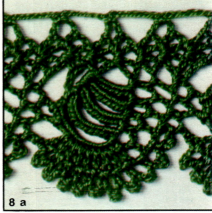

8 a

7

8

Abb. 8, Spitzenbreite 6,5 cm:
Länge eines Mustersatzes 5 cm;
Garn und Häkelnadel siehe Abb. 4!
Abb. 8a, Spitzenbreite 4,5 cm,
Länge eines Mustersatzes 3,5 cm;
Garn und Häkelnadel siehe Abb. 6a!
Mit 6 Lm. beginnen, zurück in die 1.
Lm. 1 Stb., 2 Lm., 1 Stb., 2 Lm., 1 Stb.
– alle Stb. in 1 Einstichpunkt. Mit
5 Lm. lt. Häkelschrift wenden. In den
folg. R. die 4 Stb. stets um die Lm.
zwischen 2. und 3. Stb. häkeln. Die
5 Stege, die mit f. M. zu überhäkeln

sind, beginnen mit 4 Lm., danach mit
1 f. M. um den Lm.-Bogen anschlingen, mit dem von der 2. zur 3. Stb.-
Gruppe gewendet worden ist – auch
für den 2. bis 5. Steg nach der letzten
Lm. mit 1 f. M. um diesen Bogen anschlingen, dann jeweils wenden und
die Lm. (für jeden folg. Steg 2 Lm.
mehr, also 6, 8, 10 Lm. und für den 5.
Steg 13 Lm.) mit f. M. überhäkeln. Im
letzten = 5. Steg nach der 2. und der
3. folg. f. M. je 1 Stb. um den Lm.-Bo-
gen des vorhergehenden Mustersat-

zes ausführen. Ist der letzte Steg
überhäkelt, folgen 4 Bogen aus 5 Lm.
und 1 f. M., die zwischen die Stege zu
häkeln sind. Die 5. bis 10. R. fortl.
wdh. Bei der letzten Wiederholung
nach dem 10. Pikot statt der folg. 3
Lm.-Bogen je 1 Pikot einfügen und
nach der letzten f. M. noch 3 Lm. häkeln und mit 1 f. M. zwischen dem 2.
und 3. Stb. der vorletzten Reihe anschlingen, um den Rand zu begradigen. Die Abb. a bis d zeigen einzelne
Phasen des ersten Mustersatzes.

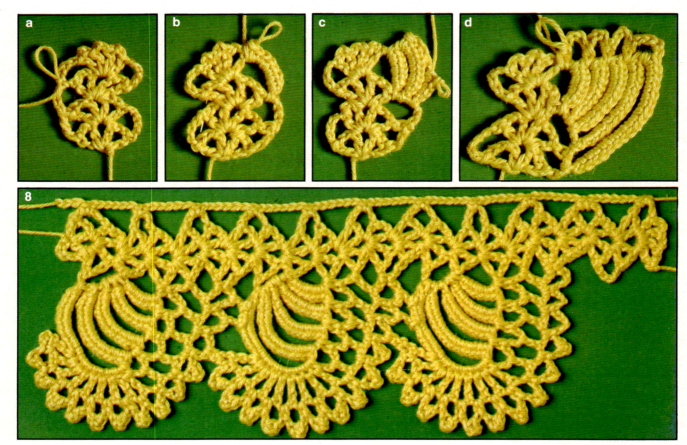

In dieser Folge des Häkellehrganges erklären wir die Ausführung einiger besonders dekorativer Häkelmotive, aus denen in erster Linie Decken der verschiedensten Ausmaße zusammengesetzt werden können. Häkelschriften auf Bg. A geben zusätzliche Erläuterungen zu den vielen Details des Lehrganges.

Motivhäkelei

Wie der Name ausdrückt, besteht eine Motivhäkelei aus Motiven, die in der Regel in Runden ausgeführt und dann untereinander verbunden werden. Die Variationsmöglichkeiten gehen ins Unendliche. Alle Maschenarten, alle Garn- und Wollqualitäten, die zum Häkeln und Stricken allgemein verwendbar sind, bieten sich zur Musterbildung an.

Verbinden der Motive

Man kann natürlich alle Motive einzeln häkeln und zum Schluß zusammennähen oder -häkeln. Vor allem dann zu empfehlen, wenn die betreffende Häkelarbeit eine Beschäftigung für unterwegs sein soll. Man ist immer nur mit dem einen Motiv beschäftigt, durch die stete Wiederholung behält man die Arbeitsweise schnell im Gedächtnis, man kommt schon nach kurzer Zeit ohne Anleitungstext aus.
Die 2. Möglichkeit: Vom 2. Motiv an wird innerhalb der letzten Runde im angrenzenden Motiv angeschlungen. Das kann durch eine direkte Verbindung der Maschen, durch einfaches Zusammenhäkeln mit Kettmaschen oder festen Maschen erfolgen, man kann aber auch Maschenstege einfügen und damit das Gesamtmaß wesentlich beeinflussen.

Musterbeispiele

Die nachfolgenden Muster sind aus mercerisiertem Baumwollgarn bzw. aus Glanzgarn gehäkelt. Wichtig, daß „fest" gehäkelt wird, d. h. vor allem die Abmaschglieder müssen kurz gehalten werden. Wer dazu neigt, locker zu häkeln, sollte nicht

Häkelschriften auf Bogen A erklären die Ausführung der Details. In der nachfolgenden Zeichenerklärung sind gleichzeitig auch Text-Abkürzungen erläutert.
M. = Masche, R. = Reihe, Rd. = Runde, abm. = abmaschen, zus. = zusammen, fortl. = fortlaufend, wdh. = wiederholen Jede Rd. ist mit 1 Km. zu schließen. Die 1. f. M. einer Rd. durch 1 oder 2 Lm., das 1. Stb. durch 3 Lm., das 1. Dstb. durch 4 Lm. und das 1. dreifache Stb. einer Rd. durch 5 Lm. ersetzen. Pfeile innerhalb einer Häkelschrift geben die „Häkelrichtung" an.

- · = 1 Luftmasche/Lm.
- ⌢ = 1 Kettmasche/Km.
- ▮ = 1 feste Masche/f. M.
- ↓ = 1 feste Masche in Pfeilrichtung
- ✸ = 3 bzw. 5 f. M. in eine Masche
- C = 1 Fadenring
- ▲ = 1 Pikot (in der Regel 3 Lm., 1 f. M. zurück in die 1. Lm.)
- ◄►= 3 Pikots; dafür 4 Lm., 1 f. M. zurück in die 1. Lm., 5 Lm., 1 f. M. in die Einstichstelle der 1. f. M., 4 Lm., 1 f. M., und zwar innerhalb der 4 Lm. des 1. Pikots einstechen
- † = 1 einfaches Stäbchen/Stb.
- ‡ = 1 Doppelstäbchen/Dstb.
- = 1 dreifaches Stb./3faches Stb. (Faden 3mal um die Nadel schlingen, 4mal paarweise abmaschen)
- ⋀⋀ = 3 bzw. 4 zus. abgemaschte Dstb. (jedes Dstb. nur 2mal paarweise abm., dann mit 1 Umschlag alle Schlingen abm., die Gruppe mit 1 straffgehäkelten Lm. schließen
- ⋀⋀⋀ = 3 zus. abgemaschte 3fache Stb.

nur mit einer dünneren Nadel häkeln, sondern den vom Knäuel kommenden Faden statt zwei- lieber dreimal um den Zeigefinger der linken Hand wickeln, so daß er mit mehr Spannung „abläuft".
Abb. 1 bis 3: Die Motive sind aus mercerisiertem Baumwollgarn „Marisa" von Lang mit einer INOX-Wollhäkelnadel Nr. 2 ausgeführt. Die 1. Rd. wird um einen Fadenring gehäkelt, Abb. 1, den man ganz zuletzt zuzieht. Auf diese Weise kann die Mitte nach der letzten Rd. besser reguliert werden als beim Häkeln um einen Lm.-Ring. Fürs kleine Rondell zum Motiv lt. Abb. 2a sind in 1. Rd. 16 Stb., in 2. Rd. in jedes Stb. 1 f. M., 1 Pikot gehäkelt. Lt. Abb. 3a besteht die 1. Rd. aus 16 f. M., erst dann folgen Stäbchen- und Pikot-Runde, dabei wird immer nur das rückwärts liegende Abmaschglied der Vorrunde erfaßt.
Je größer die Rondelle, um so größer das Motiv und die Lücke, die in der Mitte entsteht und geschlossen werden muß. Lt. Abb. 2a sind fürs Motiv 8 Rondelle gehäkelt, die in letzter Rd. untereinander verbunden werden (statt der 2. Lm. im Pikot 1 f. M. ins Pikot im angrenzenden Rondell häkeln). Am Innenrand bleiben je drei Pikots „frei", siehe auch Häkelschrift 2c. Abb. 2b erklärt, wie die Mitte zu schließen ist, siehe auch Häkelschrift 2a auf Bogen A: Um einen Fadenring ∗ 1 f. M., 1 Pikot, 1 f. M., 5 Lm., 1 f. M. ins 2. der 3 freien Pikots, 1 dreifaches Stb. um den Fadenring, 5 Lm., ab ∗ noch 7mal wdh. Fadenanfang und -ende sorgfältig vernähen.
Für die Mitte lt. Abb. 3a werden um 1 doppelten Fadenring 8mal 3 zus. abgemaschte 3fache Stb. ausgeführt, dazwischen 3 Lm., 1 f. M. ins 2. der 3 Pikots und 3 Lm. häkeln, Abb. 3b, Häkelschrift 3a.

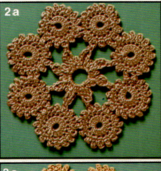

Motiv, das man rund und in Viereckform häkeln kann

Abb. 4a und b erklären den Anfang. Um den doppelten Fadenring (Abb. 4a) oder um einen Ring aus 5 Lm. (Häkelschrift 4g) in 1. Rd. 16mal wechselnd 1 Dstb., 1 Lm., in 2. Rd. 48 f. M., in 3. Rd. 16mal wechselnd 1 Stb., 3 Lm., in 4. Rd. – ebenfalls 16mal – 4 zus. abgemaschte Dstb., 4 Lm. häkeln. In der 5. Rd. beginnen die Bogen, siehe Abb. 4b. Nach 7 f. M. – ✳ bei den Wiederholungen nach je 12 f. M. – wird gewendet, siehe Pfeil in der Häkelschrift 4f! Es folgen 10 Lm. und 1 f. M. in die 7. f. M. Wieder wenden, den Lm.-Bogen mit 16 f. M. überhäkeln, siehe Abb. 4b, und direkt anschließend 12 f. M. um die Lm. bzw. in

die Dstb. der 4. Rd. häkeln. Ab ✳ wdh. Für die Viereckform wird in 6. und 7. Rd. über jedem 2. Bogen, und zwar jeweils über dem 5. Stb., ein Ring aus 10 Lm. gehäkelt, der mit 1 Km. in die 1. Lm. geschlossen wird, Abb 4c. Diesen Ring nach dem Wenden lt. Abb. 4d bzw. lt. Häkelschrift mit 18 f. M. umhäkeln. In 7. Rd. sind Bogen aus wechselnd 4 Lm. und 1 f. M. auszuführen. Abb. 4e zeigt das fertige Motiv, Abb. 4f 4 Motive, die anstelle der Pfeile bzw. Doppelpfeile, siehe Häkelschrift L 58/4f, Bg. A durch Km. verbunden sind.

In den Abb. 5a bis c sind die Motive in Kreisform ausgeführt. Wie man die Lücken zwischen 4 Motiven, Abb. 5b (für die Verbindungsstellen gelten in der Häkelschrift nur die einfachen Pfeile), schließt, erklärt Abb. 5b: Man häkelt die 1. Rd. lt. Häkelschrift 4g und darüber 1 Rd. f. M., wobei nach je 6 f. M. (um jede Lm. 3 f. M.) 4 Lm., 1 f. M. um den 2. von 3 freien Lm.-Bogen und 4 Lm. eingefügt werden. Abb. 5c zeigt die fertige „Füllung".

Der Vergleich der Abb. 5c mit 4f verdeutlicht, daß Viereckmotive lückenlos aneinanderzusetzen sind, wogegen bei runden Formen (das trifft auch auf Achtecke zu), vor allem bei größeren Motiven, Lücken entstehen. Genauso lückenlos wie Vierecke kann man auch Dreiecke, Fünf- und Sechsecke aneinandersetzen, allerdings nicht mit gerade verlaufendem, sondern abgestuftem Außenrand.

Variationen

Wie vielfältig man mit ein bißchen Fantasie ein Häkelmotiv abwandeln kann, zeigen die folgenden Abbildungen. Die Motive bestehen aus 4 Rd. lt. Häkelschrift 4f. Will man sie einzeln in Stoff einsetzen, wird der Kreis, der dem Umfang der Motive entspricht, mit kurzen Vorstichen (oder nur mit Schneiderkreide) markiert; Motive mit kurzen Stichen aufheften und entweder lt. Abb. 6b mit Langettenstich „von Hand" oder mit Maschinen-Zickzackstich einsetzen, Abb. 6c. Die Zickzacknaht muß exakt

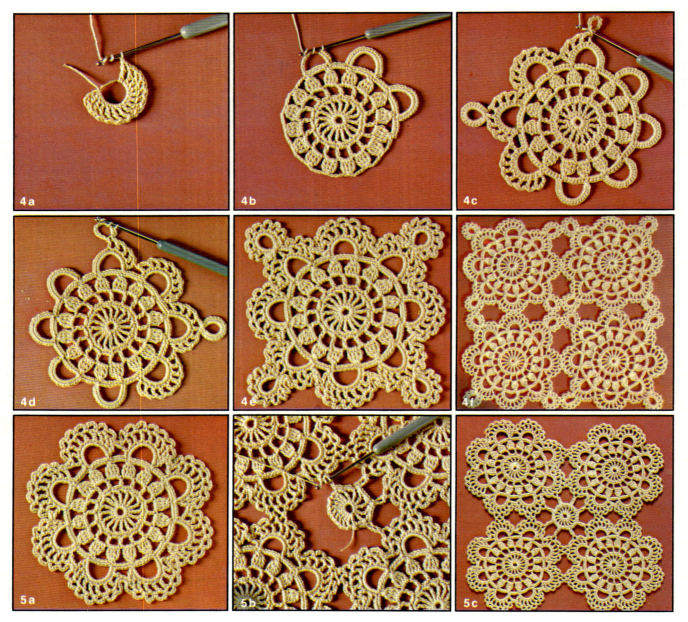

4a 4b 4c 4d 4e 4f 5a 5b 5c

über den Lm. liegen; es kann ein Einlauf-
faden mitgeführt werden, dessen Anfang
und Ende man auf die Rückseite führt und
vernäht. Zuletzt den Stoff unter den Motiven sorgfältig ausschneiden, Abb. 6d.
Lt. Abb. 7a sind die Motive als Abschluß
angebracht. Der Stoff muß in diesem Fall
nur bis zur Hälfte unter den Motiven liegen, der Stoffrand kann vor dem Aufheften
schmal umgebügelt werden.
Für den Abschluß lt. Abb. 7b sind die Motive (je 6,5 cm ⌀) wie folgt umhäkelt: Um
die mittleren 6 Lm.-Bogen (insgesamt liegen 8 Bogen außerhalb des Stoffrandes) je
4 f. M., dazwischen je 4 Lm., um den Lm.-
Bogen davor und danach nur 5 oder 6 f. M.
häkeln, also keine Lm.-Bogen.
Für die „Spitze" lt. Abb. 7c sind die Motive
mit 2 cm Abstand so über dem schmal umgebügelten Stoffrand aufzuheften, daß 7
Dstb.-Gruppen über dem Stoff liegen und
die Gruppe davor und danach mitten über
den Stoffrand treffen. Lt. Häkelschrift L 59/
7c, Bg. A sind die Lm.-Bogen mit Gruppen

aus zus. abgemaschten Dstb. und Pikots zu
überhäkeln, zwischen den Motiven sind je 2
f. M. in den Stoffrand auszuführen.

Motive mit Häkelringen

Eine besondere Sparte im Häkeln nimmt
die „Ringhäkelei" ein. Als Einlage kann
ein Plastikring dienen. Wir beschreiben
mit den Abb. 8a bis 8f das Umhäkeln von
mehrfachen Fadenringen, die um einen
entsprechend dicken glatten Stab gewik-
kelt werden, man kann aber auch – je nach
Umfang – den Zeige- oder Mittelfinger zu
Hilfe nehmen. Ob man um die Finger der
rechten oder der linken Hand wickelt, muß
jeder ausprobieren. Die Ausführung der 1.
Masche ist eine knifflige Sache, erst nach
einigen „Übungen" gelingt's mühelos.
Die nachfolgenden Proben sind mit MEZ
Filethäkelgarn „Liana" Nr. 10 und einer
JMRA-Record-Garnhäkelnadel Nr. 1,25
ausgeführt. Die umhäkelten Ringe messen
20 mm im Durchmesser, und jeder Halb-
kreis ist mit 16 f. M. überhäkelt.

Der Faden wird 6mal um den Finger gewickelt, Abb. 8a, das Fadenende hängenlassen und noch über dem Finger den vom
Knäuel kommenden Faden zur Anfangsschlinge unter dem Fadenbündel lt. Abb.
8b durchholen. Dann das Bündel vom
Finger streifen und den Ring zur Hälfte mit
f. M. dicht umhäkeln, siehe Abb. 8c.
Dann ist der Faden für den nächsten Ring
um den Finger zu wickeln, Abb. 8d. In welchem Abstand man damit beginnen muß,
ist auszuprobieren. Die Arbeit wie beim 1.
Ring fortsetzen, Abb. 8e. Hat die „Kette"
die erforderliche Länge, wird rückgehend
die 2. Hälfte der Ringe mit genausoviel M.
wie die 1. Hälfte umhäkelt, Abb. 8f.
Tip: Wenn nicht scharf gezwirntes Glanzhäkelgarn, sondern ein weicherer Faden
verarbeitet wird, kann man die Fadenringe
auf Vorrat wickeln. Es darf auch dickeres
Garn gleicher Farbe sein. Natürlich muß
die Anzahl der Umwicklungen mit einer
Häkelprobe festgelegt und dann bei allen
Fadenringen beibehalten werden.

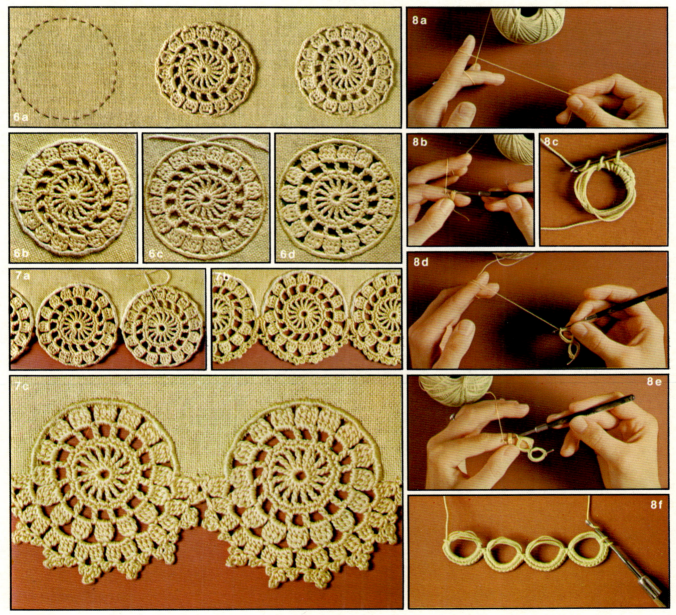

LEHRGANG
Häkeln

Die nachfolgenden Abbildungen erklären die Ausführung der Motive zur Decke auf Seite 147, dazu auch die Häkelschrift 88 auf Bogen B. Man kann sie auf verschiedene Art häkeln. Die 1. Version erklären die Abb. 9a bis d. Man beginnt in der Mitte mit 10 Lm., die mit 1 Km. zur Rd. zu schließen sind, und häkelt in 1. Rd. lt. Häkelschrift 88 zwölfmal wechselnd 1 Stb., 3 Lm. In der 2. Rd. entstehen die Pikotstege: Für 4 Pikots 4mal 3 Lm., 1 f. M. zurück in die 1. Lm. häkeln. Es folgt 1 Ring (Fadenring lt. Abb. 8d bilden), der mit 32 f. M. zu umhäkeln ist. Danach wieder 4 Pikots häkeln, nach jedem Pikot 1 f. M. hä-

keln, den vorn und senkrecht darunterliegenden Maschendraht der f. M. zwischen 4., 3., 2. und 1. Pikot auffassen. Es folgen 3 f. M. um die 1. Rd., dann ist der nächste Pikotsteg an der Reihe. Nach der 8. f. M. des Ringes zwischen 24 und 25. f. M. des angrenzenden Ringes mit 1 Km. anschlingen. Bei der 12. Wiederholung muß nach der 24. f. M. auch zwischen 8. und 9. f. M. im 1. Ring angeschlungen werden, siehe Abb. 9a. Wie die Verbindung aus 2mal 4 Ringen zu häkeln ist, zeigen die Abb. 9b, c und d. Die übrigen Kreismotive sind dann zwischen 16. und 17. f. M. an der Gegenseite an die übrigen 5 Ring-Verbindungen anzuschlingen.

Lt. Abb. 10a und b sind an jeden Pikotsteg 3 Ringe anzuhäkeln, von denen der 1. Ring immer am vorhergehenden anzuschlingen ist und jeder 2. Ringsteg auch mit dem 2.

und 3. Ring verbunden wird, siehe Abb. 10b. Blätter Abb. 11a, lt. Häkelschrift 11b arb. Man beginnt also mit 11 Lm., diese rückgehend (siehe Pfeil) mit 9. f. M. überhäkeln. In die 1. Lm. sind noch 3 und 1 f. M. und anschließend in die 2. bis 6. Lm. je 1 f. M. zu häkeln. Danach lt. Häkelschrift wenden und f. M. häkeln – über der Mitte je 5 f. M. in 1 Einstichpunkt und immer nur das rückwärtsliegende Abmaschglied erfassen, so daß sich Rippen bilden. Fadenanfang einhäkeln. Das Blatt wird innerhalb der letzten R. mit den Ringen verbunden, siehe Abb. 11 c und d. An der Spitze (Abb. 11c) kann evtl. 1 Lm. eingefügt werden, die man – nachdem angeschlungen worden ist – mit 1 Km. überhäkelt, dann die Feste-Maschen-Reihe beenden und lt. Abb. 11d nach der letzten f. M. ebenfalls anschlingen und den Faden vernähen.

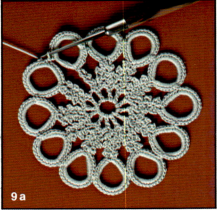

9 a

Wer Schwierigkeiten mit dem Wickeln der Ringe hat, kann sich auf eine andere Art behelfen: Man schlägt 28 Luftmaschen an, schließt sie mit einer Kettmasche zu einem Ring und überhäkelt diesen dann wie angegeben dicht mit festen Maschen. Dieses Verfahren ist zwar nicht ganz „stilrein", hat aber den Vorteil, daß die Ringe schön gleichmäßig ausfallen.

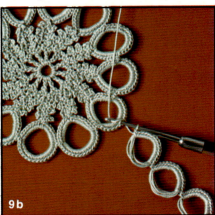

9 b

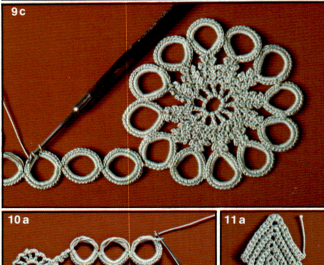

9 c

9 d

10 a

10 b

11 a

11 b

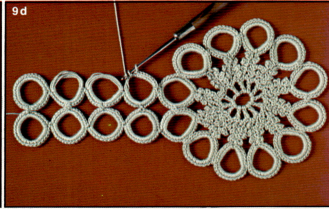

11 c

11 d

1a

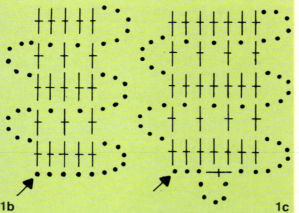

1b 1c

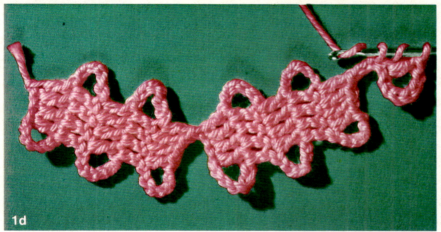

1d

BRÜGGER HÄKELEI

Mit dieser Bändchenhäkelei kann man einfache Muster der echten Brügger Klöppelspitze nachahmen. Die Bändchen werden nicht gesondert ausgeführt und zum Schluß zu Mustern verbunden, wie das z. B. mit den gewebten Bändchen der sogenannten „Dichtlspitze" möglich ist, sondern schon während der Ausführung der Bändchen entsteht die Musterung, teils durch Verbinden an den seitlichen Luftmaschenbogen, teils durch nachträgliches Einhäkeln von „Spinnen" und Stegen.

Erklärung der Abkürzungen und der Häkelschriftzeichen:

• = 1 Luftmasche = Lm., der Pfeil in den Abb. 1b und 1c zeigt auf die 1. Lm. der Anschlagreihe

∩ = 1 Kettmasche = Km., kommt beim Verbinden der Bänder zur Anwendung und beim Einhäkeln von sogenannten „Spinnen"

▪ = 1 feste Masche = f. M.

| = 1 halbes Stäbchen = h. Stb.

† = 1 Stäbchen = Stb.

‡ = 1 Doppelstäbchen = Dstb.

Je ein Querstrich mehr in einer senkrechten Linie deutet auf die Stb.-Höhe hin, 3 Querstriche bezeichnen ein drei-, 4 Querstriche ein vierfaches Stäbchen usw.

Bändchen

Die Bändchen können mehr oder weniger dicht ausgeführt werden. Vier Stäbchen und als Verbindung Bogen aus 6 Luftmaschen, fortlaufend gehäkelt, ergeben das „Standardbändchen". Es wird mit 10 Lm. begonnen. In 1. R. über die 7. bis 10. Lm., ab Nadel gezählt, je 1 Stb. ausführen, mit 6 Lm. zur nächsten R. wenden. In 2. und in allen folg. R. je 1 Stb. in die Stb. der Vorreihe und – wie zur 2. R. – mit 6 Lm. wenden, Abb. 1a. Ein „durchbrochenes" Bändchen erklärt die Häkelschrift Abb. 1b. Die Anzahl der Stb. in den „geschlossenen" R. muß eine ungerade sein. Für dieses Bändchen wird mit 11 Lm. begonnen, und in die 7. bis 11. Lm. ab Nadel ist je 1 Stb. zu häkeln. ✻ Zur folg. R. mit 6 Lm. wenden, ins 1., 3. und 5. Stb. je 1 Stb., getrennt durch je 1 Lm., häkeln. Wieder mit 6 Lm. wenden und in folg. R. in jedes Stb. und um jede Lm. 1 Stb. = 5 Stb.; ab ✻ stets wdh. Die Häkelschrift 1c erklärt ein noch breiteres und durchbrochenes Bändchen, in das auch am unteren Rand ein Lm.-Bogen eingehäkelt ist. Dafür lt. Häkelschrift nach der 8. Lm. 1 Stb. zurück in die 6. Lm. ab Nadel und in der 1. R. um dieses querliegende Stb. 3 Stb. häkeln.

Abb. 1d zeigt das Standardbändchen, allerdings sind im Unterschied zur Abb. 1a die Stb. jeder 6. folg. R. nicht in die Stb. der Vor-R. gehäkelt, sondern wie für den Anschlag 10 Lm. ausführen und die Stb. in die 7. bis 10. Lm. ab Nadel häkeln.

Bilden von Rundungen

An Rundungen werden entsprechend viele Lm.-Bogen zusammengefaßt, lt. Abb. 2a sind es 3 Bogen. Nach der 3. Lm. des folgenden Bogens sind die 3 Bogen lt. Abbildung aufzufassen und durch eine Km. zu verbinden. Es folgen die restlichen Lm. des Bogens, der vor dem Auffassen mit 3 Lm. begonnen worden ist. Häkelt man mit dickerem Garn oder gar mit Wolle, ist folgende Arbeitsweise zu empfehlen: Je nach Größe der Rundung häkelt man in 7, 9 oder 11 aufeinanderfolgenden Stäbchenreihen am Innenrand statt 2 Stb. nur 2 halbe Stb., so daß sich schon durch die geringere Maschenhöhe das Bändchen zur Rundung legt. Nach der 1. R. der Rundung 3 Lm. häkeln, in den vorhergehenden Bogen des Innenrandes 1 f. M. und die 4. bis 6. Lm. des Bogens ausführen. In den folgenden 3, 4 oder 5 innen endenden R. jeweils nach 3 Lm. mit 1 f. M. an der 1. f. M. anschlingen, Abb. 2 b.

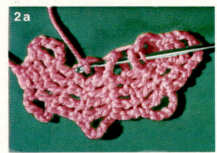

2a

2b

LEHRGANG
Häkeln

In der Rundung, die die Häkel-schrift 2c darstellt, sind im Bänd-chen in 9 aufeinanderfolgenden Reihen statt 4 Stb. am Außenrand 2 Stb., dann 1 halbes Stb. und am Innenrand nur 1 feste Masche ge-arbeitet.
Bei breiteren Bändchen, z. B. bei 5 Maschen, häkelt man ein 1¹/₂fa-ches Stb., 2 Stb., 1 halbes Stb. und

1 f. Masche (1¹/₂faches Stb.: 2 Umschläge aufnehmen, Schlinge durchholen, 1mal 2 und 1mal 3 Schl. mit je 1 U. abmaschen). Bei 6 Maschen breitem Bändchen liegt am Außenrand 1 Dstb., es folgen je ein 1¹/₂faches und 1 einfaches Stb., 2 halbe Stb. und 1 f. M. Wie schon vorher erwähnt: Je größer die Rundung, um so mehr Reihen mit „gleitender" Maschenhöhe sind zu häkeln. Damit wird er-reicht, daß sich das Bändchen fal-tenlos um Haarnadelkurven glei-chende Rundungen legt.

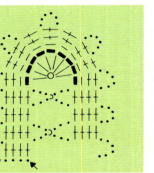

2c

2d

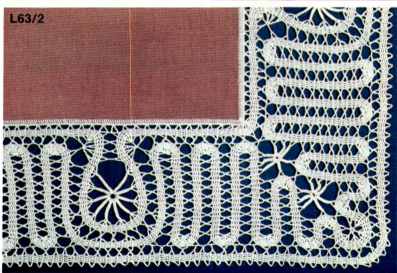

L63/2

A   B   C

A

B

C

L 63/2 Spitze in Brügger Häkelei

Deckenmaß 75 x 75 cm, Spitzenbreite aus Glanzhäkelgarn Nr. 40 ca. 13 cm, Länge eines Mustersatzes 27 cm.

Material: Für die Deckenmitte 50 cm Schülertuch, 85 cm breit (Zweigart-Art. 1235 „Linda"), 80 g MEZ Glanzhäkelgarn Nr. 40, 1 JMRA-Record-Garnhäkelnadel Nr. 1,0.

Ausführung: Die Zeichnung ist eine stilisierte Wiedergabe der Spitze; es wird in 3 Rd. gehäkelt. Die Ecke ist vollständig dargestellt, dazu an der langen Seite die Hälfte einer Bordüre. Pfeile zeigen an den Verbindungsstellen auf die betreffenden Bogen, die mit f. M. zu erfassen sind. Vereinzelt müssen an Verbindungsstellen auch Stb. und Dstb. eingefügt werden. Die großen Rundungen werden mit Spinnen geschlossen: Mit 1 Km. 6 Lm. zum Ring schließen, 12 Lm. (siehe Zahlen im Schema), mit 1 f. M. im betreffenden Bogen anschlingen, rückgehend die 1. bis 11. Lm. mit f. M. überhäkeln, 1 f. M. um den Ring, 7 Lm., am folg. Bogen anschlingen,

rückgehend die 1. bis 6. Lm. mit f. M. überhäkeln, wieder 1 f. M. um den Ring usw., bis für den letzten Steg wieder 12 Lm. mit 11 f. M. überhäkelt sind. Noch 1 f. M. um den Ring häkeln, Fadenanfang und -ende vernähen. In der Rd. B sind es neben f. M. ebenfalls Stb. und Dstb., die die Verbindung zur 1. Rd. schaffen. In den großen Innenrundungen, siehe Doppelpfeil, für das Dstb. 2, für das folg. Stb. 1 U. aufnehmen, Schl. durchholen, 1mal abm., 1 U., durch die 3 folg. Bogen der 1. Rd. je 1 Schl. durchholen und abm., die folg. 2 Bogen mit je 1 Stb. und den letzten Bogen mit 1 Dstb. erfassen – alle Stb. zus. abm., auch das 1. Dstb. erst jetzt abm. An der Gegenseite wird mit 1 vierfachen Stb. begonnen (= 2 x 2 Dstb., siehe Schema), die Verbindung also entgegengesetzt zur vorherigen häkeln.

Übereck zuletzt die Spinnen einhäkeln. Die außenliegende besteht aus 6 Stb., wovon das 2. bis 5. je 2 Bogen erfaßt, siehe Schema. Die 2. und 3. Spinne beginnen wie die Spinnen der

1. Rd. mit einem Ring aus 6 Lm. Wieviel Lm. für die einzelnen Stege zu häkeln und welche Bogen zu erfassen sind, sagt das Schema.

Ohne jegliche Klippen ist die Rd. C, also der Außenrand, zu arbeiten. Das Bändchen wird mit f. M. und Stb. an die 2. Rd. angeschlungen, Spinnen siehe Runde A.

Fertigstellen: Die Spitze korrekt spannen, anfeuchten, evtl. mit Sprühstärke leicht steifen. Nach dem Trocknen aus der Spannung lösen. Den Stoff mit exakt 3 mm Zugabe (nach dem Innenrand der Spitze gemessen) ausschneiden. Zugabe fadengerade nach links umlegen und mit f. M. dicht umhäkeln. Es folgt eine Rd. Km., wobei in regelmäßigen Abständen die Bogen der Spitze mit Km. zu erfassen sind. In den Ecken 4 Bogen zusammenfassen.

L 63/2

Fortsetzung von Seite 62.

Soll das Bändchen eine größere Rundung bilden, werden die Bogen mit Stäbchen einzeln oder zu zweit erfaßt. Lt. Abb. 2e sind an der in Arbeit befindlichen Stelle bereits 3mal 2 Bogen durch 1 Gabelstb. verbunden. Nachdem 6 Lm. gehäkelt wurden, * 2 Umschläge aufnehmen, durch den folg. Bogen 1 Schlinge durchholen (siehe Abb.), durch den nächsten Bogen ebenfalls 1 Schl. holen, 1mal 3 Schl., dann 2mal je 2 Schl. abm. Diesen Arbeitsvorgang so oft ab * wdh., wie lt. Modellbild oder Anleitung 2 Bogen zusammenzufassen sind – in der bereits fertigen Rundung in der Häkelprobe Abb. 2e sind es 4mal 2 Bogen. Nach dem 4. Gabelstb. folgen 3 Lm. und 1 f. M. in den nächsten Bogen, 3 Lm., 1 Km. in die 3. der 6 Lm., die anfangs gehäkelt worden sind. Dann noch 3 Lm. häkeln, ehe die folg. 4 Stb. für die nächste R. des Bändchens auszuführen sind, siehe linke Rundung in der Abb. 2e.

Verbinden der Bändchen

Sind lt. Muster Bändchen anzuschlingen, werden für einen Bogen zunächst nur halb soviel Lm. ausgeführt, wie vorgeschrieben sind, lt.

Abb. 2d 3 Lm. Durch den Bogen der betreffenden Verbindungsstelle 1 Schl. durchholen und mit 1 U. abmaschen, also 1 f. M. in den Bogen häkeln. Wenden und den begonnenen Bogen durch 3 Lm. ergänzen. Dann wieder die Stb.-R. und den folgenden „Außenbogen" häkeln, wie es die Anleitung bzw. die Häkelzeichnung vorschreibt. Lt. Abb. 3 werden 2 Bogen durch ein Gabelstb. erfaßt. Nachdem der Bogen zur Hälfte gehäkelt ist, 2 U. für 1 Dstb. aufnehmen, durch die folg. 2 Bogen je 1 Schl. holen (siehe Abb. 3), zunächst 3 Schl., dann 2mal je 2 Schl. abmaschen, und nach dem Wenden folgen die restlichen Lm. für den anfangs begonnenen Bogen.

Lt. Abb. 4 wird ein Bändchen, das in Wellenlinie verbunden ist, an ein geradelaufendes Bändchen angeschlungen, und zwar durch ein Kreuzstäbchen. Nachdem der Lm.-Bogen zur Hälfte gehäkelt ist, 4 U. aufnehmen, durch den gegenüberliegenden Bogen des Wellenbändchens * 1 Schl. durchholen und 2mal 2 Schl. abmaschen, 2 U. *, die nächsten 2 Bogen des geraden Bändchens jeweils wie ab * bis * erfassen, dann 1mal 3 Schl. und die restlichen Schl. paarweise abmaschen; den begonnenen Lm.-Bogen fertighäkeln. Die Stb. des „Wellenbändchens" ausführen. Abb. 5 erklärt zweierlei; 1.: Ein Oval, das in der

Mitte mit 1 Stb. geschlossen ist, in den Rundungen sind je 4 Bogen zusammengefaßt. 2.: Das Verbinden von Anfang und Ende eines Bändchens beim Rundhäkeln. Mit dem Fadenende die Stb. der letzten R. mit den Luftmaschen des Anschlags Masche für Masche zusammennähen.

Spinne einhäkeln

Abb. 6 zeigt die Ausführung einer Spinne: Ein Bändchen mit je 20 Lm.-Bogen an Innen- und Außenrand (Bändchen, in denen R. aus 5 Stb. und R. aus 2 Stb., 1 Lm., 2 Stb. wechseln, die Bogen aus 6 Lm. häkeln) ist zusammengenäht.

Die Mitte der Spinne bildet ein Ring aus 10 Lm. Zwischen den Verbindungsstegen liegen je 3 Stb., das 1. Stb. durch 3 Lm. ersetzt. Es folgen 3 Lm. für den Steg, dann 2 zus. abgemaschte Dstb. Dafür 2 U. aufnehmen, Schl. durch den Bogen holen, 2mal 2 Schl. abm., 2 U., Schl. durch den nächsten Bogen holen, 3mal 2 Schl. abm. Wenden, rückgehend die 3 Lm. des Steges mit 3 Km. überhäkeln, dann 3 Stb. um den Ring häkeln, dabei den Fadenanfang einhäkeln. Nach dem letzten Steg nur 2 Stb. häkeln, da ja das 1. Stb. dieser Dreiergruppe anfangs durch 3 Lm. ersetzt wurde. Mit 1 Km. an der 3. dieser Lm. anschlingen, Faden abschneiden und sorgfältig vernähen.

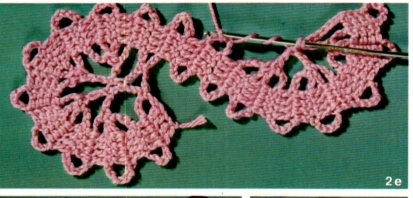

Irische Häkelspitze, auch als „Häkelgipure" bekannt, zählen Fachleute zu den echten Spitzen. Die Technik wurde um die Mitte des 19. Jh. in irischen Klöstern als Nachahmung venezianischer Spitzen entwickelt. Nonnen unterwiesen irische Frauen, die damit in die Lage versetzt wurden, als Heimarbeiterinnen größtes Elend – eine Folge der Hungersnot von 1846 – von ihren Familien abzuwenden. Später kam die Technik nach Frankreich, entwickelte Eigenarten und wurde zur „bretonischen" Spitze. Um 1900 war es das Wiener K. u. k.-Spitzenhaus, das bei vielen Frauen Interesse für die irische Häkelei weckte. Die Musterelemente gewannen an Vielfalt, und der Name verwandelte sich in „Wiener Häkelgipüre". Im Museum für angewandte Kunst am Stubenring, Wien, werden besonders kostbare Erzeugnisse verwahrt; auch im Spitzenmuseum in St. Gallen, Schweiz, sind kleine Kunstwerke in Häkelgipure zu bestaunen. Die Eigenart der irischen Häkelei beruht auf ihrem Losgelöstsein von jeglicher Symmetrie. Die

LEHRGANG
Irische Häkeltechnik

Motive werden „frei" gehäkelt und durch geschürzte oder gehäkelte Stege verbunden. Man kann Blüten und Blätter auch mit mehr oder weniger regelmäßig gehäkeltem Löchergrund (teils mit Pikots ausgeschmückt) in ein vorbestimmtes Mustergefüge fassen. Für sehr komplizierte Spitzen werden die Musterelemente auf eine Vorzeichnung geheftet und dann wie oben beschrieben verbunden. Dazu verwendet man am besten Chintz, notfalls helles Packpapier. Früher gab's dafür eigens „Pausleinen", siehe Abb. 1 (aus „DMC Irische Spitzen").

Grundformen
Die Beherrschung der Häkelgrundmaschen ist Voraussetzung. Ganz gleich, ob mit feinstem Spitzengarn oder mit normalem Baumwollgarn

gehäkelt wird, immer muß die Maschenbildung gleichmäßig erfolgen. Wer besonders locker häkelt, wählt eine Nadel, die um eine halbe bis eine Nummer dünner als vorgeschrieben ist. Gleichmäßig straffe Fadenführung ist wichtig, damit die Abmaschglieder ganz kurz ausfallen.

Achtblättrige Blüte
1. Runde: Mit 6 Lm. beginnen, in die 1. dieser 6 Lm. 7mal 1 Stb., 2 Lm. (die 2. bis 4. Lm. sind Ersatz fürs 1. Stb. – auch in allen folg. Rd. das 1. Stb. durch 3 Lm. ersetzen), die Rd. mit 1 Km. schließen, siehe Häkelschrift **1a. Runde:** Um die Lm. je 1 Blättchen aus 1 f. M., 1 Lm., 2 Stb., 1 Lm., 1 f. M., Abb. 2. **3. Runde:** Wenden, zunächst um das 1. Stb. (= 3 Lm.) anschlingen, Abb. 3a. Dann **um** jedes Stb. der 1. Rd. 1 Stb., 3 Lm., Abb. 3b. In **4. Runde** Blättchen wie in 2. Rd., jedoch mit 3 Stb. häkeln. Durch die verschiedenen Farben zeigt Abb. 4a deutlich den Fortgang der Arbeit (Abb. 4b = Rückseite). **5. Runde:** Um die Stb. der 3. Rd. je 1 Stb., dazwischen je 4 Lm. häkeln. **6. Runde:** Blätter wie in 2. Rd., jedoch mit 4 Stb. häkeln, Abb. 5.

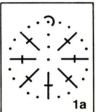

Verdoppelung der Blätter
Abb. 6 zeigt eine Blüte mit 16 Blättern am Außenrand. Die **1. bis 6. Rd.** wie für die achtblättrige Blüte häkeln. **7. Runde:** Um jedes Stb. der 5. Rd. 1 Stb., dazwischen 5 Lm. häkeln. In **8. Runde** Blätter wie in 2. Rd., jedoch mit 5 Stb. ausführen. In **9. Runde** um die Stb. der 7. Runde Stb., dazwischen je 6 Lm. einfügen. **10. Runde:** Wenden, ins Stb. 1 f. M. (die 1. f. M. durch 1 Lm. ersetzen), 3 Lm., 1 f. M. um den Lm.-Bogen, 3 Lm., ab Anfang noch 7mal wdh. In **11. Runde** Blättchen wie in 2. Rd., jedoch mit 3 Stb. häkeln. Abb. 6a: Blüte nach dem 14. Blättchen, Rückseite. Abb. 6b: Fertige Blüte!

Für Abc-Schützen im „irisch" Häkeln einige Musterbeispiele aus mittelstarkem Baumwollgarn, gehäkelt mit Nadel Nr. 3. Nach Häkelschriften (Bogen A) sind die sechs Blütenmotive zu Topflappen zu ergänzen. Mit dicker Sudanwolle kann man auf diese Weise auch Kissen häkeln.

Blüten mit 4 Blätterrunden, 7a–7e:

7a: Um einen Ring aus 8 Lm. in 1. Rd. 16 f. M. häkeln. **7b:** In 2. Rd. 8mal wechselnd 1 h. Stb., 2 Lm. ausführen. **7c:** In 3. Rd. um die 2 Lm. je 1 Blatt aus 1 f. M., 1 Lm., 2 Stb., 1 Lm., 1 f. M. arbeiten. **7d:** Wenden, in 4. Rd. um die Anfangs-Lm. der 2. Rd. anschlingen, 1 Stb., 3 Lm. häkeln (die Stb. lt. Abb. **um** die h. Stb.). **7e:** Wieder wenden, in 5. Rd. um jeden Lm.-Bogen der 4. Rd. Blätter wie in 2. Rd., statt 2 jedoch 4 Stb. ausführen. Die 6. Rd. wie die 4. Rd., die 8. Rd. ebenso, jedoch mit 6 Lm. zwischen den Stb. häkeln. In 7. Rd. Blätter mit 5 Stb., in 9. Rd. Blätter aus 1 f. M., 1 h. Stb., 1 Stb., 3 Dstb., 1 Stb., 1 h. Stb. und 1 f. M. häkeln.
Für den 17 cm ⌀ großen Topflappen die 10. bis 14. Rd. lt. Häkelschrift L 66/1 ausführen. Die Stb. der 10. Rd. um die Stb. der 8. Rd., in 14. Rd. wechselnd 1 Lm., 1 Km. häkeln. Mit Lila um alle h. Stb. der 2. Rd. von der Rückseite Bm. häkeln (je 2mal mit je 1 Umschlag 1 Schlinge durchholen, alle Schlingen abm., 2 Lm.).

7a

7b

7c

Grundsätzlich ist zu beachten:
Alle Rd. (auch die Lm.-Ringe) mit 1 Km. schließen. Am Rd.-Anfang die 1. M. durch Lm. ersetzen, 1 f. M. und 1 h. Stb. durch 2 Lm., 1 Stb. durch 3 Lm., 1 Dstb. durch 4 Lm. Fadenanfang stets einhäkeln, -ende abschneiden und ebenfalls einhäkeln oder vernähen.

7d

7e

Variationen lt. Abb. 8a bis 8e:

8a: 6 Lm. mit 1 Km. zum Ring schließen, um diesen in 1. Rd. 8mal 1 Stb., 2 Lm. In 2. Rd. Blätter häkeln (siehe 7c). **8b:** Um die Stb. der 1. Rd. je 1 Stb., 3 Lm. ausführen. **8c:** Blätter wie in 2. Rd., jedoch mit 4 Stb. häkeln. Fortsetzung siehe 1. Blüte. **8d und e** (Rückseite): Jede Blattrunde in einer anderen Farbe gehäkelt, daher ist der Fortgang der Arbeit deutlich von der Häkelprobe abzulesen. Nach Luftmaschen-Bogen-Runde und Blattrunde jeweils wenden!
Für den 18 x 18 cm großen Topflappen die Blüte lt. Häkelschrift L 66/2 A ausführen. Ab 9. Rd. lt. Häkelschrift B weiterarbeiten; die f. M. ins 2. bis 7. Stb. der 8. Rd. häkeln; die Pikots bestehen aus je 3 Lm. In 11. Rd. die M. um die Lm. der 10. Rd. häkeln.

8a

8b

8c

8d

8e

Sternblüte, Abb. 9a bis 9d:

9a: Anschlag 4 Lm., in die 1. Lm. 11 Stb. häkeln, mit 1 Km. zur Rd. schließen (= 12 M.). **9b:** In 2. Rd. 6mal wechselnd 1 h. Stb., 4 Lm.; die Abb. zeigt den Rd.-Schluß mit 1 Km. **9c:** In 3. Rd. entstehen die obenaufliegenden 12 Blätter. Ins h. Stb. 1 f. M., ✶ 11 Lm., in die 3. Lm. ab Nadel 1 f. M., dann in die 4. bis 11. Lm. 1 h. Stb., 5 Stb. (die Abb. zeigt das Blatt nach dem 3. Stb.), 2 h. Stb. ✶; um die Lm. der 2. Rd. 2 f. M. häkeln. Es folgt wieder 1 Blatt wie von ✶ bis ✶. Die folg. 2 f. M. ins nächste

Stb. häkeln. Insgesamt 12 Blätter häkeln. Bis zum Anfang der 4. Rd. über dem Lm.-Anschlag des 1. Blattes mit Km. vorgehen. In die Spitze des folg. Blattes 1 vierfaches Stb. häkeln, dieses mit 7 f. M. überhäkeln, 1 f. M. in die Einstichstelle des 4fachen Stb., ab Anfang 11mal wdh. Die letzte f. M. in die Spitze des 1. Blattes häkeln. Faden abschneiden, vernähen.

Auf der Rückseite dieser Blüte die 2. Blüte versetzt zur ersten anhäkeln. Um die h. Stb. der oberen Blüte (siehe 2. Rd.) je 1 f. M., 3 Lm.; in 2. Rd. in jede f. M. wieder 1 f. M., 4 Lm.; in 3. Rd. in die f. M. 1 f. M., 3 Lm., 1 f. M. um den Lm.-Bogen, 3 Lm. Ab Anfang noch 5mal wdh. = 12 Lm.-Bogen. Nun fol-

gen 12 Blätter wie die der 1. Blüte, jedoch nur (✶) 10 Lm. häkeln. Nadel aus der Schl. nehmen **(Abb. 9d)**, in die 4. der 7 f. M. (letzte Rd. der 1. Blüte) einstechen, Schl. durchholen und die 2. bis 10. Lm. mit je 1 Km., f. M., h. Stb., 4 Stb. und 2 h. Stb. überhäkeln; 1 f. M. in die folg. f. M. Ab Anfang noch 11mal wdh.

Den 18 cm ⌀ großen Topflappen lt. Häkelschriften L 67/1 A (obere Blüte und Rand) und B (untere Blüte) ausführen. Den Rand mit 1 Rd. Km. abschließen.

9a

9b

9c

9d

Blüte mit zweifarbiger Mitte, 10a, b:

10a: Um einen Ring aus 8 Lm. in 1. Rd. in jede Lm. 1 Stb., 1 Lm., 1 Stb., 1 Lm. Die Km. am Rd.-Schluß mit der 2. Farbe ausführen. In 2. Rd. um jede Lm. 1 Büschelmasche: 3mal mit je 1 U. 1 Schl. durchholen, mit 1 U. alle 7 Schl. in einem Zug abm. Die Büschelmasche mit 1 Lm., die straff zu häkeln ist, schließen. Faden abschneiden, vernähen. **10b:** Anfangs-

schlinge mit der 1. Farbe ausführen. Um jeden Lm.-Bogen 3 f. M., nach der 6. f. M. ✶✶ wenden, 11 Lm., zurück in die 3. Lm. ab Nadel 1 f. M., in die 4. folg. Lm. 1 Stb., ✶ 1 Pikot aus 2 Lm. und 1 f. M. ins vorhergehende Stb. (nur das vornliegende Abmaschglied und den senkrecht darunterliegenden Maschendraht erfassen), 1 Stb. in die folg. Lm. Ab ✶ noch 4mal wdh. Es folgen wieder 6 f. M.; ab ✶✶ wdh. Faden abschneiden, vernähen. 4. Rd.: Mit gleicher Farbe die Anfangsschlinge ausführen, ums letzte Stb. eines Bogens 1 Km., + um die 5 Stb.

des folg. Bogens je 1 Km., nach der 1. bis 4. Km. je 1 Lm. einfügen. Ab + wdh.; durch dieses Überhäkeln „schließen" sich die Bogen.

Für den 17 x 17 cm großen Topflappen den Rand (ab 5. Rd.) lt. Häkelschrift L 67/2 B arbeiten. In 5. Rd. die h. M. ins letzte Pikot eines Bogens in der Blüte, die f. M. der 8. und 10. Rd. zwischen die Stb. der Vor-Rd. häkeln. Als Abschluß über den Einstichstellen der 12. Rd. 1 Rd. Km. „aufhäkeln", in den Ecken die f. M. mit 3 Luftmaschen übergehen; Aufhänger über der 4. Ekke anhäkeln.

10a

10b

2. Sternblüte, Abb. 11a bis 11d:

11a: In 1. Rd. um einen doppelten Fadenring 16 f. M., in 2. Rd. wechselnd 1 f. M., 2 f. M. in eine Einstichstelle häkeln, **11b. Abb. 11c:** In 3. Rd. 12mal wechselnd 1 h. Stb., 2 Lm. (in jede 2. M. einstechen). **11d:** In 4. Rd. am folg. h. Stb. mit 1 Km. anschlingen. Fürs 1. Blatt 13 Lm. häkeln; in die 6. Lm. ab Nadel 1 Stb., 2mal 1 Lm., 1 Stb. in die 2. bzw. 4. folg. Lm., 3 Lm. und mit 1 Km. an der letzten Lm. des Blattes anschlingen. Den Arbeitsfaden von rückwärts nach vorn ums Blatt legen und in jede Lm. bis zur 3. Lm. der

Blattspitze je 1 Km., an der Spitze 2 Lm., in die letzte Einstichstelle noch 1 Km., nun auch Lm. und Stb. der Gegenseite mit Km. überhäkeln (immer in die 2 vornliegenden Maschendrähte einstechen). Es folgt 1 f. M. um die folg. Lm. der 3. Rd. Ins folg. h. Stb. 1 Km., nun das nächste Blatt häkeln. Nach dem 12. Blatt die Rd. wie üblich mit 1 Km. schließen.

Der Topflappen mit der durchbrochenen Sternblüte mißt ebenfalls 18 cm im Durchmesser. Für die pinkfarbene Bogeneinfassung auf der Rückseite der Blüte in 5. Rd. Lm.-Bogen häkeln, siehe Häkelschrift L 68/1 A. In dieser sind 3 Blütenblätter lt. Abb. 11a bis 11d gezeichnet, die übrigen nur schematisch. Mit neuem Faden in der Einstichstelle des obersten Stb. anschlingen, siehe Pfeil. Es folgen 3 Lm., am Abmaschglied des Stb. anschlingen, 5

Lm. (11d). Den letzten Bogen der Rd. durch 2 Lm., 1 Stb. ersetzen, siehe Doppelpfeil. In 6. Rd. wechselnd 3 f. M., 3 Lm., 1 f. M. in die Blattspitze und 3 Lm. häkeln. In 7. Rd. nur f. M. ausführen, Faden abschneiden, vernähen. Häkelschrift B erläutert die Ausführung der 8. bis 11. lilafarbenen Rd. In 8. Rd. die 2 f. M. um die Lm. der 5. Rd., jeweils vor und nach den f. M. der 6. Rd., einfügen. In 12. Rd. Km. häkeln, nach je 12 Km., über der Mitte jedes 2. Bogens, 1 Pikot ausführen. Dafür nach 3 Lm. die Arbeit um 180 Grad drehen, in die letzte Km. 1 f. M., nach einer 2. Drehung um 180 Grad noch 1 Km. in die letzte Km. häkeln. Den Aufhänger anstelle eines Pikots anhäkeln. Schließlich mit Lila um die h. Stb. der 3. Rd. von der Rückseite 1 Rd. wechselnd 1 f. M., 1 Lm., darüber 1 Rd. aus 1 f. M., 2 Lm. arbeiten.

11a · 11b · 11c · 11d

„Sonnenrad", Abb. 12a bis 12c:

Um einen Ring aus 8 Lm. in 1. Rd. 16 f. M., lt. **12a** in 2. Rd. 8mal wechselnd 3 Stb., 3 Lm. (das 1. Stb. der folg. Gruppe in die Einstichstelle der letzten Stb.) häkeln. Zum Anfang der 3. Rd. mit Km. vorgehen. Um jeden Bogen 1 f. M., 6 Lm., in 4. Rd. in jede M. 1 Km. häkeln. **12b:** Zum Anfang der 5. Rd. mit Km. vorgehen und 16mal wechselnd 1 h. Stb., 3 Lm., die h. Stb. in die 2. und 5. M. jedes Bogens häkeln. **12c:** In 6. Rd. ✳ um den folg. Lm.-Bogen 2 f. M., mit 6 Lm. wenden, um den vorhergehenden Lm.-Bogen 1 f. M., mit 3 Lm. wenden und 11 Stb. um die Lm., dann 1 f. M. ins folg. h. Stb. der 5. Rd. häkeln; ab ✳ wdh. Nach dem 16. Bogen die Rd. mit 2 f. M. um die Lm. nach dem Stb. des 1. Bogens beenden. Den Topflappen, 17 x 17 cm, lt. Häkelschrift L 68/2 mit Lila fertigstellen. Die Km. der 7. Rd. um die Wende-Lm.

jedes Bogens, Stb. und Dstb. in 9. Rd. ausschließlich um die Lm. der Vor-Rd. häkeln. In 10. Rd. nur in den Ecken die Dstb. **um** die Lm., die h. Stb. der 12. Rd. in jedes 2. folg. Stb. der 10. Rd. häkeln, die f. M. der 11. Rd. also „überhäkeln". Mit Lila von der Rückseite die h. Stb. der 5. Rd. mit Büschelmaschen überhäkeln, siehe 1. Topflappen, Seite 66.

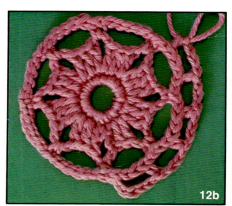

12a · 12b · 12c

Häkeln über einer Einlage

Durch das Überhäkeln einer Einlage, für die immer ein dickerer Faden verwendet wird (an unseren Proben ganzfädiger Sticktwist), erzielt man bessere Plastik im Maschenbild.

Fünfblättrige Blüte

Jede Rd. mit 1 Km. schließen; nach jeder Luftmaschen-Bogen-Runde wenden.
Abb. 13 a: Einlagefaden zwei- oder dreimal um den kleinen Finger wickeln. Mit dem Häkelfaden die Anfangsschlinge ausführen, den Fadenring mit f. M. dicht umhäkeln. Ist der Ring in 1. Rd. gefüllt (lt. **Abb. 13 b** 20 f. M.), wird die Einlage straffgezogen, Enden verknoten und vernähen. **Abb. 13 c:** In 2. Rd. 5mal wechselnd 1 f. M., 6 Lm., in 3. Rd. um jeden Lm.-Bogen für die Blätter 1 f. M., 1 h. Stb., 5 Stb., 1 h. Stb., 1 f. M. ausführen. **Abb. 13 d:** In 4. Rd. um die f. M. der 2. Rd. je 1 f. M., 7 Lm. häkeln. **Abb. 13 e:** In 5. Rd. um die Bogen Blätter wie in 3. Rd., jedoch statt 5 Stb. 3 Dstb. ausführen. **Abb. 13 f:** Die 3. Blattrunde ist um Lm.-Bogen aus je 9 Lm. ausgeführt; Blätter siehe 5. Rd., statt 3 jedoch 5 Doppelstäbchen häkeln.

Sechsblättrige Blüte, Abb. 14

Wie die Blüte lt. Abb. 13 a bis f beginnen, statt 20 nur 18 f. M. und in 2. Rd. 6mal wechselnd 1 f. M., 5 Lm. häkeln. In 3. Rd. für die Blätter statt 5 nur 4 Stb. ausführen; 5. Rd. siehe Abb. 13 e.

Achtblättrige Blüte mit vier Blattrunden, Abb. 15

Lt. Abb. 13 a bis f beginnen, in 1. Rd. nur 16 f. M., in 2. Rd. 8mal wechselnd 1 f. M., 4 Lm., in 4. Rd. 6 Lm., in 6. Rd. 7 Lm. und in 8. Rd. 8 Lm. häkeln. Vor und nach diesen Rd. wie üblich wenden, die f. M. um die f. M. der vorletzten Rd. ausführen. Die Blätter in 3. Rd. mit 4 Stb., in 5. Rd. mit 6 Stb. und in 7. Rd. mit 8 Stb. zwischen den h. Stb. häkeln. In 9. Rd. sind es 2 Stb., 5 Doppelstäbchen, 2 Stäbchen.

Ovale Blüte

Abb. 16 a: Einen ca. 30 cm langen Twistfaden zur Hälfte legen, in der Schlinge mit dem Garnfaden anschlingen und den doppelten Einlagefaden mit 18 f. M. umhäkeln. **Abb. 16 b:** Lt. Pfeil am Anfang an-

schlingen. **Abb. 16 c:** Fürs Oval in Blütenmitte den Einlagefaden anschließend mit 28 f. M. umhäkeln, wieder an der 1. f. M. anschlingen, Einlagefaden straffziehen. **Abb. 16 d:** Wenden, in 1. R. für den 1. und 7. Bogen je 8 Lm., für den 2. bis 6. Bogen je 6 Lm. häkeln. Die f. M. treffen in die 6., 10., 13., 16., 19., 23. und 28. f. M., siehe Abb. 16 d. **2. R.:** Wieder wenden. Um den 1. Bogen 4 f. M., 2 h. Stb., 3 Stb., 1 h. Stb., 1 f. M. häkeln, um den 2. bis 6. Bogen 1 f. M., 1 h. Stb., 3 Stb., 1 h. Stb., 1 f. M., den 7. Bogen gegengleich zum 1. ausführen, mit 1 Km. am R.-Anfang anschlingen, Nadel aus der Schl. nehmen und die losgelassene Schl. auf die Rückseite durchholen. **3. R.:** Die 1. bis 6. f. M. des Ovals mit Km. übergehen, um die f. M. der 1. R. anschlingen und 5mal wechselnd 7 Lm., 1 f. M. um die f. M. der 1. R. arbeiten. **4. R.:** Wenden, um jeden Lm.-Bogen 1 f. M., 1 h. Stb., 5 Stb., 1 h. Stb., 1 f. M. **5. R.:** Wenden, mit Km. über den f. M. des Ovals bis zur folg. f. M. der 3. R. vorgehen, 3mal wechselnd 3 Lm., 1 f. M. um die folg. f. M. der 3. R. häkeln. **6. R.:** Wenden, den 1. und 3. Bogen mit 1 f. M., 1 h. Stb., 2 Stb., 3 Dstb., 2 Stb., 1 h. Stb. und 1 f. M., den 2. Bogen ebenso, statt 3 Dstb. jedoch 5 Dstb. häkeln.
Abb. 16 e: Man kann einen Stiel anhäkeln. Die Einlagefäden einzeln auf der Rückseite durch je 9 f. M. des kleinen Ringes ziehen. Diese doppelte Einlage in gewünschter Länge mit f. M. überhäkeln. **Abb. 16 f:** Einlage straffziehen, alle Fadenenden sorgfältig vernähen.

Einfache ovale Blüte, Abb. 17

Abb. 17 a: Über einer einfachen Einlage in **1. Rd.** 2 f. M., 2 h. Stb., 4 Dstb., 3 Stb., 2 h. Stb. und 2 f. M. häkeln. Mit 1 Km. an der 1. M. anschlingen. Einlagefäden verknoten und hängenlassen. **2. Rd.:** 7 Bogen aus je 6 Lm. häkeln, die f. M. treffen in die 4., 7., 9., 11., 13., 16. M. und die letzte f. M. in die Km. In **3. Rd.** um den 1. Bogen 3 f. M., 3 h. Stb., 1 f. M., um den 2., 3., 5. und 6. Bogen je 1 f. M., 1 h. Stb., 4 Stb., 1 h. Stb., 1 f. M. häkeln. Den 4. Bogen genauso überhäkeln, statt 4 Stb. jedoch 2 Stb., 3 Dstb., 2 Stb. einfügen. Den 7. Bogen gegengleich zum 1. überhäkeln. In **4. Rd.** 1 f. M., nur in die rückwärtigen Abmaschglieder einstechen. Stiel siehe Abb. 16 f.

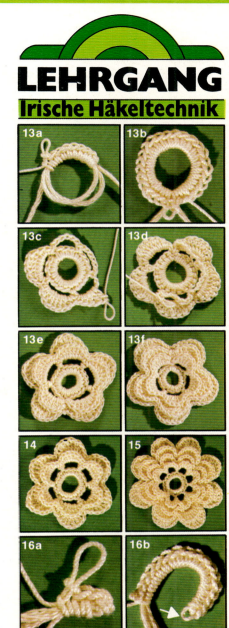

13a 13b
13c 13d
13e 13f
14   15
16a 16b

16c

16d 16e

16f

17

17a

Naturgetreue Blüten

In der irischen Häkelei ist es ohne weiteres möglich, viele Blüten ganz naturgetreu „nachzuempfinden". Wir verwendeten sechsfädigen Sticktwist; auch aus lose gedrehter Wolle (Zephirwolle) sind die Resultate zufriedenstellend. Kombinationen mit mattem und glänzendem Faden zaubern hübsche Effekte.

Eisblaue Blüten, Abb. 18

Mit Maisgelb 2 Lm. anschlagen, in die 1. Lm. 6mal 1 f. M., 1 Lm. häkeln. Mit hellem oder dunklem Eisblau in jede f. M. 2 f. M., nur in die rückwärtigen Abmaschglieder der f. M. einstechen. In 3. Rd. mit dunklem oder hellem Eisblau 1 f. M., 2 Lm., in die folg. M. 1 Bm. (3mal mit je 1 U. 1 Schl. durchholen, mit 1 U. alle Schl. abm., die Bm. mit 1 f. M. schließen), 2 Lm., ab Anfang wdh. = 6 Büschelmaschen.

Narzissenblüte, ca. 6 cm ⌀

Jede Rd. mit 1 Km. schließen. Mit Gelb für die Blütenmitte einen Fadenring mit 6 f. M. umhäkeln, in 2. Rd. in jede M. 1 f. M., 1 Lm., in 3. Rd. um jede Lm. 1 f. M., 3 Lm., 4 zus. abgemaschte Stb., 3 Lm., 1 f. M. häkeln, Abb. 19a. Den Außenrand mit orange Km. umhäkeln. Für die weißen Blütenblätter auf der Rückseite der gelben Blüte an je 1 M.-Draht des 2. und 3. Stb. anschlingen, * 2 Lm., 1 f. M. ins folg. Blatt, 10 Lm., rückgehend 8 Lm. mit Km. überhäkeln, 2 Lm., 1 f. M. ins folg. Blatt, ab * wdh. Am Rd.-Ende mit 1 Km. am Rd.-Anfang anschlingen. Damit sind die „Rippen" für 3 Blütenblätter gehäkelt. Um den folg. Lm.-Bogen 1 f. M., * um die 2 Lm. vor der Rippe 1 f. M., in 7 Lm. der Rippe je 1 Stb., in die folg. M. 1 h. Stb., 3 f. M., 1 h. Stb. (Abb. 19b), in die rückwärtigen Abmaschglieder der folg. 7 Km. je 1 Stb., um die Lm. nach der Rippe 1 f. M., um die folg. Lm. 1 f. M., ab * wdh. Abb. 19c: Die Rückseite. Ringsum in die rückwärtigen Abmaschglieder f. M. häkeln, Abb. 19d. Die übrigen 3 Blütenblätter genauso häkeln, jedoch versetzt. Die f. M. in 1. Rd. um die f. M. der 1. Blatt-Rd. häkeln, Abb. 19e. Die Staubgefäße mit einigen Stichen markieren.

Mohnblüte, ca. 5 cm ⌀

Mit Dunkelbraun oder Schwarz um einen Fadenring in 1. Rd. 4mal wechselnd 1 f. M., 3 Lm., in 2. Rd. um die Lm. je 1 f. M., 2 Lm., 2 Stb., 2 Lm., 1 f. M. Mit Rot * in der f. M. eines Blättchens anschlingen, 1 f. M. in die f. M., 1 Lm., je 2 Stb. in die 2. Lm., in die 2 Stb. und in die folg. Lm. 1 Lm., 1 f. M. in die f. M., wenden, in jede M. 1 f. M. = 12 M. Wieder wenden, die 1. f. M. durch 1 Lm. ersetzen, in die folg. M. 1 h. Stb., in die folg. 8 M. je 2 Stb., dann 1 h. Stb. und 1 f. M. häkeln. Die folg. 3 Blütenblätter genauso häkeln, also ab * mit einer f. M. beginnen, Abb. 20a; Abb. 20b zeigt dieselbe Phase von der Rückseite. Für die Staubgefäße je 2 gelbe Twistfäden verknoten und in Blütenmitte befestigen.

Strohblume, ca. 4 cm ⌀, Abb. 21

Um einen Fadenring in 1. Rd. 8 f. M., in 2. Rd. 12, in 3. Rd. 16, in 4. Rd. 20 f. M. spiralförmig mit Nadel Nr. 2½, also locker, häkeln. Ab 2. Rd. nur ins rückwärtige Abmaschglied einstechen, Abb. a. Mit Ombrégarn ins obenaufliegende Abmaschglied jeder M. 1 f. M., 5 Lm., in 4. Rd. 6 Lm. häkeln. Die rückwärtigen Abmaschglieder der 4. Rd. genauso überhäkeln.

Hell-dunkel schattiertes Röschen

Mit Gelb um einen Fadenring in **1. Rd.** 5mal wechselnd 1 f. M., 3 Lm., in **2. Rd.** mit dunkelstem Rosa auf der Rückseite um die f. M. der 1. Rd. je 1 f. M., 3 Lm. und in **3. Rd.** um jeden Lm.-Bogen je 6 f. M. häkeln, Abb. 22a. Mit Hellgrün in 4. Rd. 3 f. M., 3 Lm., 3 f. M. über jeden Bogen häkeln. **5. Rd.:** Mittelrosa, auf der Rückseite in die 6. M. jedes Bogens der 3. Rd. 1 f. M., 5 Lm. **6. Rd.:** Wenden, um jeden Bogen Blättchen lt. Abb. 13c, statt 5 Stb. jedoch 7 Stb., das 4. als 1½faches Stb. (2 U., 1mal 2, 1mal 3 Schl. abm.). **7. Rd.:** Hellrosa wie 5. Rd. ausführen, die f. M. treffen jedoch in die 3. f. M. der Bogen in 3. Rd. Wenden und in 8. Rd. um jeden Bogen 12 Stb. häkeln. Nach dem 12. Stb. Nadel aus der Schl. nehmen und die losgelassene Schl. durch einen rückwärts liegenden senkrechten Maschendraht des 1½fachen Stb. holen.

Kleine Sternblüte, ca. 3 cm ⌀

Mit Zyklam 2 Lm. häkeln, in die 1. Lm. 6mal 1 f. M., 1 Lm., in **2. Rd.** in jedes rückwärtige Abmaschglied 1 h. Stb., 2 Lm. häkeln (das 1. h. Stb. durch 2 Lm. ersetzen). In **3. Rd.** mit Altrosa 6mal 1 Km., 5 Lm., 1 Dstb., 5 Lm. und 1 Km. ausführen; immer nur in die auf der Rückseite liegenden Maschendrähte einstechen. Abb. 23a. Für die Mitte mit Gelb 4 Lm. häkeln, in die 1. Lm. 2 zus. abgemaschte Stb., siehe Abb. 23b. Fadenanfang und -ende ca. 12 cm hängenlassen, über der Blüte aufnähen.

Blaue Tropfenblüten

Mit 6 Lm. beginnen. In die 5. Lm. ab Nadel * 1 Dstb., 4 Lm., 1 f. M., 4 Lm.; ab * 2mal wdh. Mit Dstb., 4 Lm. und 1 f. M. enden. Alle M. sind in die 1. Einstichstelle zu häkeln. Für den Stiel mit Grün an einer f. M. anschlingen. Fadenende 15 cm hängenlassen (damit die Blüte aufnähen, indem 1 Knötchenstich ausgeführt wird, siehe Abb.), 4 Lm., ins blaue Dstb. 1 Km., 1 Dstb. in die folg. blaue f. M. Nadel aus der Schl. nehmen, die losgelassene Schl. durch die Km. holen. Stiel aus 3 bis 4 cm langer Lm.-Kette anhäkeln. Bei der 3. bzw. letzten Blüte sind nach den Lm. für den Stiel die hängengelassenen Fäden der bereits fertigen Blüten mit f. M. dicht zu überhäkeln, siehe Bildausschnitt.

Blattformen

Einfache, spitz zulaufende Blätter sind auf verschiedene Weise auszuführen. Bei geteilten Blattformen kann schattiert werden, d. h. eine Blatthälfte hell, die zweite dunkel häkeln. Fadenanfänge sollten – wie üblich – eingehäkelt werden.

Lanzenförmiges Blatt

Entsprechend viel Lm. locker anschlagen, rückgehend mit 1 Km., 1 f. M., 1 h. Stb. lt. Abb. 1a überhäkeln (bei längeren Blättern je 2 f. M. und 2 h. Stb., Abb. 2b). Es folgen Stb., die R. gegengleich zum Anfang beenden. Anschließend in die Einstichstellen aller M. je 1 f. M. häkeln, Abb. 1b, an der Spitze 2 Lm. einfügen, dann auch den 2. Blattrand mit f. M. umhäkeln.

Soll ein Stiel angehäkelt werden, ist durch die Anfangsschlinge lt. Abb. 1c ein Einlagefaden durchzuziehen und zur Hälfte zu legen. Den Blattrand über der Einlage mit f. M. umhäkeln, zu Beginn 1 Lm. einfügen und an der Spitze 1 f. M., 2 Lm., 1 f. M. in einen Einstichpunkt ausführen. Den gegenüberliegenden Blattrand umhäkeln,

2e

2f

2g

3a

3b

4a

4b

4c

5

• = 1 Lm.   ⌒ = 1 Km.

▌ = 1 f. M.

5a

5b

5c

6

6a

6b

Abb. 1d, und anschließend über Einlagefaden und Fadenanfang für den Stiel feste Maschen häkeln, siehe Abb. 1e.

Blatt mit betonter Blattrippe

Lt. Abb. 2a 14 Lm. locker anschlagen, in die 2. Lm. ab Nadel 1 f. M., dann 3 h. Stb., 3 Stb., 2 h. Stb., 2 f. M., 1 Km., Abb 2b. An der Spitze mit 2 Lm. drehen. Den Lm.-Anschlag gegengleich überhäkeln, Fadenanfang einhäkeln, Abb. 2c. Nach der f. M. an der Blattspitze mit 1 Lm. anschlingen. Soll das Blatt etwas größer ausfallen, umhäkelt man lt. Abb. 2d mit Km. (nur ins rückwärtige Abmaschglied einstechen) oder lt. Abb. 2e mit f. M. Die Blattrippe kann betont werden, indem über der Mitte Km. aufgehäkelt werden, Abb. 2f. Einen Stiel kann man lt. Abb. 2g über einer doppelten Einlage anhäkeln.

Durchbrochenes Blatt

Anschlag siehe Abb. 2a. In die 2. Lm. ab Nadel 1 f. M., dann 1 h. Stb., 3 Stb., 1 h. Stb. und 1 f. M., dazwischen je 1 Lm. häkeln. An der Spitze 2 Lm. einfügen, dann in jede Lm. des Anschlages 1 f. M., an der Spitze 2 Lm. und wieder f. M. häkeln. Abb. 3a. In 2. Rd. das Blatt lt. Abb. 3b mit Km. umhäkeln, nur ins rückwärtige Abmaschglied einstechen. An den Spitzen um die 2 Lm. 1 Km., 1 Lm., 1 Km. ausführen.

Tunesisch gehäkeltes Blatt

Mit 2 Lm. beginnen. ✳ Durch die 1. Lm. 1 Schl. holen, mit 1 U. abm., dann mit 1 U. alle beiden Schl. abm. = 1. Reihe. In 2. R. 1 Schl. durch den querliegenden M.-Draht durchholen (= 1 M. zugenommen), dann durch die „Rand-M." 1 Schl. durchholen, zunächst 1 Schl., dann 2mal je 2 Schl. abm. Über diese 3 M. noch 4 bis 6 R. häkeln, dann 1 M. abnehmen, indem beim 1. Abmaschen 2 Schl. erfaßt werden. An der Blattspitze 2 Lm. ausführen und die 2. Blatthälfte anhäkeln (ab ✳ wdh.), jedoch den U. fürs 1. Abmaschen jeweils durch die Randmasche der 1. Blatthälfte holen, Abb. 4b. Auch dieses Blatt kann durch Umhäkeln mit Km. oder f. M. vergrößert werden, siehe Abb. 2f, g. Lt. Abb. 4c sind an der Spitze 2 Lm. ausgeführt.

Veilchenblatt

In eine Fadenschlinge in 1. R. 9 f. M. häkeln, mit 1 Km. am Anfang anschlingen. Wenden, ab 2. R. die Arbeit lt. Häkelschrift fortsetzen. Man kann jeweils in beide Abmaschglieder einstechen, Abb. 5a, oder nur das rückwärts liegende Abmaschglied erfassen, Abb. 5b. Je nachdem, wie groß das Blatt werden soll, wird die Arbeit fortgesetzt oder schon nach 7. R. bzw. Rd. beendet, Abb. 5c. Am Stielansatz für die Einkerbung stets einige Km. einfügen und an den Rundungen so viel zunehmen, daß die Blattform flach aufliegt. An der Blattspitze 2 Lm. einfügen, davor und danach statt f. M. einige Km. häkeln (letzte Rd. evtl. über einen Einlagefaden).

Rippenblatt

Lt. Häkelschrift Abb. 6 mit 13 Lm. beginnen; Pfeil A zeigt auf die 1. Lm. Jeweils mit 2 Lm. wenden, in 2. R. das 1. Mal zunehmen, indem um die 13. Lm. des Anschlages 3 f. M. ausgeführt werden. Anschließend 10 Lm. des Anschlages überhäkeln, siehe auch Abb. 6a. In 3. bis 7. R. stets nur ins rückwärts liegende Abmaschglied einstechen. Abb. 6b zeigt das fertige Blatt. Ein Stiel kann angehäkelt werden.

Grundlegendes zu diesem Häkel-thema ist in den Lehrgängen Seite 65 bis 72 nachzulesen. Das vorliegende Kapitel befaßt

sich – neben der Erklärung einiger Blütenmotive – in erster Linie mit der „freien" Verbindung zu Flächenmustern.

Blütenspitze häkeln

Diese Häkeltechnik ist eine ideale Handarbeit für unterwegs – für Schlechtwetterstunden in den Ferien, für die Wartezeit beim Zahnarzt, für eine Bahnreise durch eine Gegend, die man auswendig kennt, usw. Man ist zunächst immer nur mit dem kleinen Einzelmotiv beschäftigt, das die Hände in keiner Weise belastet, nach wenigen Runden ist ein Motiv fertig, und durch die stete Wiederholung ist man sehr bald unabhängig von Häkelschrift und Beschreibungstext, man hat's „im Kopf". Erst wenn's ans Zusammensetzen der Einzelteile geht, ist man auf einen festen Arbeitsplatz angewiesen.

Allgemeines

Beim Häkeln in der Rd. wird mit 1 Km. am Rd.-Anfang angeschlungen, in der Regel in der obersten Lm., die am Rd.-Anfang als Ersatz für die 1. M. gehäkelt ist; für f. M. und h. Stb. 2 Lm., fürs Stb. 3 und fürs Dstb. 4 Luftmaschen.

Blütenmotive

Die Sternblüte lt. Abb. 1a bis 1c ist wie folgt zu häkeln: 4 Lm. anschlagen, von denen die 1. sehr locker zu häkeln ist, denn in sie werden in 1. Rd. 15 Stb. gehäkelt. 2. Rd.: 8mal wechselnd 1 f. M. und mit 3 Lm. 1 M. übergehen. 3. Rd.: 8mal wechselnd 1 Stb. um die f. M. (d. h. unter dem Lm.-Bogen von rückwärts nach vorn und wieder nach rückwärts stechen, um die Schl. durchzuholen), 4 Lm. 4. Rd.: Für jedes Blütenblatt 9 Lm. locker häkeln, wenden, die 3. bis 9. Lm. mit je 1 Km., f. M., h. Stb., Stb. und 3 Dstb. überhäkeln, Abb. 1a. Es folgt 1 Km. ins folg. Stb. Ab Anfang noch 7mal wiederholen.
Man kann die Mitte andersfarbig überhäkeln: Um den Lm.-Bogen der 2. Rd. anschlingen und um jeden Bogen 1 f. M., 1 Lm., 3 Stb., 1 Lm. und 1 f. M. häkeln, Abb. 1b. Die Abb. 1c zeigt die fertige Blüte.
Ähnlich ist das Blütenmotiv der Abb. 2 auszuführen: Um einen Ring aus 6 Lm. den Fadenanfang 2mal legen, in 1. Rd. um die Lm. und diesen doppelten Fa-

denring 16 f. M. häkeln. 2. und 3. Rd.: Km., nur das rückwärts liegende Abmaschglied erfassen (die 3. Rd. etwas lockerer als die 2. Rd. häkeln). In 4. Rd. 8mal wechselnd 1 Stb., 3 Lm. häkeln und die Blütenblätter in 5. Rd. wie zur Blüte lt. Abb. 1a bis c (siehe 4. Rd.) häkeln. Schließlich noch mit Km. umhäkeln, an den Spitzen jedoch nur 1 Km. in die 2. Lm.

Sechsteilige Blüten

Zur Blüte lt. Abb. 3 den Faden 4mal um einen Bleistift wickeln und um diesen Fadenring in 1. Rd. 18 f. M., in 2. Rd. 6mal wechselnd 1 f. M., 4 Lm. häkeln. Die Blütenblätter über je 8 Lm. im einfachen tunesischen Häkelstich arbeiten. Im 1. Arbeitsgang aus der 2. bis 8. Lm. 1 Schl. durchholen, um den Lm.-Bogen der 2. Rd. anschlingen, im 2. Arbeitsgang zunächst 3, dann je 2 Schl. abmaschen. In der 2. bis 6. R. je 1 Schl. weniger durch die senkrechten Maschendrähte der Vorreihe durchholen, d. h. den letzten M.-Draht frei lassen, Abb. 3 a. Nach der 6. R. 1 f. M. um

1a

1c

1b

2

3a

3

4a

4b

4c

denselben Lm.-Bogen häkeln. Zur Blüte lt. Abb. 4 um einen 3fachen Fadenring in 1. Rd. 12 f. M. häkeln. 2. Rd.: Lt. Abb. 4a 6mal wechselnd 1 f. M., 1 Lm., 1 Pikot aus 3 Lm. und 1 f. M. zurück in die 1. Lm. sowie 1 Lm. häkeln. Zur 3. Rd. wenden: 6mal wechselnd 1 f. M. um die 1. f. M. der 2. Rd. (siehe 3. Rd. zur Blüte lt. Abb. 1a–c), 4 Lm. häkeln. Die Pikots der 2. Rd. legen sich nach unten. Zur 4. Rd. wieder wenden, 6mal wechselnd 5 Lm., 5 zus. abgem. 3fache Stb. (jedes Stb. bis auf die letzte Schl. abm., dann in einem Zug alle auf der Nadel liegenden Schl. abm.), siehe Abb. 4b. Es folgen 5 Lm. und 1 f. M. in die f. M. Die Abb. 4c zeigt die fertige Blüte.

Rosenmotiv
Lt. Abb. 5 mit einem Ring aus 6 Lm. beginnen, den Fadenanfang 2mal um diesen Ring legen und in 1. Rd. ,,einhäkeln'', und zwar mit 2 f. M., 2 h. Stb.,1 Stb., 8 Dstb., 1 Stb., 2 h. Stb. und 2 f. M. = 18 M. In 2. Rd. 6 Bogen aus je 4 Lm., die f. M. in jede 3. M. häkeln. In 3. Rd. die Blätter häkeln, um den 1. Bogen 2 f. M., 2 h. Stb., 2 f. M., um den 2. Bogen 1 f. M., 1 Lm., 6 Stb., 1 Lm., 1 f. M., um den 3. Bogen 1 f. M., 1 Stb., 6 Dstb., 1 Stb. und 1 f. M. häkeln. Das 4. wie das 3., siehe Abb. 5b, das 5. wie das 2. und das 6. wie das 1. Blatt häkeln, siehe auch Abbildung 8b und 8c.

Blattmotive
Um eine entsprechend lange Lm.-Kette zu beiden Seiten Km., f. M., h. Stb., Stb. und Dstb. häkeln, je nach Blattform die Maschenhöhe ab Mitte gegengleich, siehe Abb. 6a bis c, oder unterschiedlich ausführen. Lt. Abb. 6a sind über 10 Lm. je 1 Km., f. M., h. Stb., 3 Stb., 1 h. Stb., 1 f. M. und 1 Km. gehäkelt. Lt. Abb. 6b bilden 13 Lm. die Blattrippe, und zwischen den h. Stb. liegen beidseitig je 2 Stb., in der Mitte 2 Dstb. Man kann 2 oder 3 Blätter zu Gruppen zus.-fassen, indem man gleich anschließend an die letzte Km. die Lm. fürs 2. bzw. 3. Blatt anhäkelt. Je nach Muster

kann man zwischen den Blättern auch einige Lm. unbehäkelt lassen und beim Zusammennähen zu kurzen Stielen bündeln, Abb. 6c, 6d.

Motive zur Spitze verbinden
Aus Einzelmotiven kann man Spitze ,,vom laufenden Meter'' arbeiten. Sofern einem Modell ein Schnitt zugrunde liegt, müssen die Schnittkonturen – auch Abnäher – auf eine feste Unterlage übertragen werden. Nessel ist geeignet, den man zusätzlich mit dicker Vlieseline oder Steifleinen unterlegen kann, um zu vermeiden, daß die Einzelteile beim Verbinden zu-

sammengezogen und dadurch die Schnittform beeinträchtigt werden könnte. Im Grund kann nach jedem einfachen Schnitt, der weder Raffungen und Drapierungen noch viele Teilungsnähte aufweist, Spitze genäht werden.
Korrekt ist es, wenn man vor dem Zusammensetzen die Motive spannt. Motive aus Baumwollgarn können zusätzlich mit Hoffmann's Sprühstärke leicht gesteift werden. Zum Spannen in jedem Fall nichtrostende Stecknadeln verwenden, die Motive gleichmäßig anfeuchten, die Nadeln erst nach dem Trocknen entfernen.

5

5b

6a

6b

6c

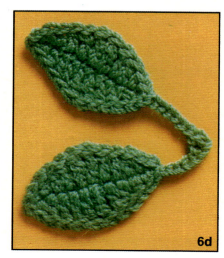

6d

7a

7b

7c

Motive lückenlos verbinden

Sechseckformen bzw. sechsblättrige Blüten können zur Fläche verbunden werden, indem man einfach die Ekken bzw. die Blattspitzen oder -rundungen mit einigen überwendlichen Stichen aneinanderfügt. In der Regel erfaßt man dabei nur die rückwärts liegenden Abmaschglieder. In den Maschendrähten auf der Rückseite zum nächsten Verbindungspunkt vorgehen. Bei sehr regelmäßig gehäkelten Blüten ist es nicht erforderlich, sie auf eine Unterlage aufzuheften oder -zustecken, man kann sie „in der Hand" zusammennähen, Abb. 7a.

Die Abbildungen 7b und 7c zeigen lückenlos aneinandergenähte Blüten.

Motive durch Stege verbinden

Will man die Spitze transparenter arbeiten, verbindet man die Einzelteile durch Stege. Es ist unbedingt erforderlich, die Motive aufzuheften oder -zustecken. Die rechte Seite liegt unten. Um die bestmögliche Anordnung zu finden, kann man die Motive zunächst auf eine Papierschablone bzw. einen Papierschnitt auflegen, darauf achten, daß keine zu großen Zwischenräume frei bleiben. Die Umrisse mit Bleistiftlinien festhalten und

evtl. auf die Nesselunterlage übertragen. Mit einem harten Bleistift arbeiten, der nicht so leicht abfärbt, oder die Konturen auf die Nesselrückseite zeichnen; dunkle Linien scheinen auf die Oberseite durch, Abb. 8a. Abnäher werden „ausgespart", Abb. 8b.
Für Wickelstege werden je 2 Fäden vorgespannt, die man rückgehend gleichmäßig und dicht umwickelt, Abb. 8c. Innerhalb des Randes bis zum nächsten Steg weiterstechen. Bei der Anordnung der Stege darauf achten, daß man auch den äußersten Punkt eines Motivs mit dem gegenüberliegenden Rand verbindet.

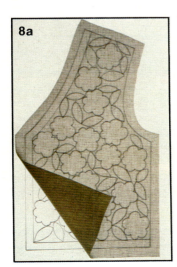

8a

8b

8c

LEHRGANG
Irische Häkeltechnik

Ränder, die einen Abschluß bilden, z. B. Ausschnitt- und Ärmelränder, kann man mit Stäbchen- oder – falls nur eine schmale Einfassung erwünscht ist – mit Feste-Maschen-Blenden oder gar nur mit einer Luftmaschenkette einfassen. Blende oder Luftmaschen korrekt über der Schnittlinie aufheften und mittels Stegen und Überwendlingsstichen mit den Motiven verbinden, siehe Abbildungen 9, 10a und 10b.

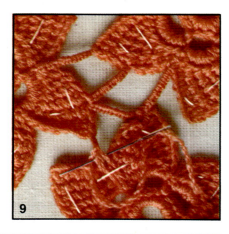

Anstelle der Wickelstege können wie die umschlungenen Stege in der Richelieustickerei gearbeitet werden; nur je 2 Fäden vorspannen, rückgehend mit Langettenstichen übersticken.

Gehäkelte Stege

Typisch für irische Häkelei sind Luftmaschenverbindungen mit Pikots – in der Regel 4 oder 5 Lm., 1 f. M. zurück in die 1. dieser Lm. Die Vorbereitung ist die gleiche wie bei genähten Stegen. Zweckmäßig ist, zusätzlich Markierungen für den „Zickzackkurs" der Stege einzuzeichnen. Man sollte während des Verbindens so gut wie nie vernähen müssen. An kurzen Überbrückungen bleiben die Pikots weg, siehe Abb. 10a und 10b. Man muß die Luftmaschen mit kurzer Schlinge häkeln, deshalb evtl. mit einer Häkelnadel arbeiten, die um eine halbe Nummer dünner ist, als für die betreffende Wolle bzw. das Garn vorgeschrieben. An den Motiven mit Km. oder f. M. anschlingen. Ab und zu kann man Stege auch durch Stb. oder Dstb. ersetzen, siehe Pfeile in der Abb. 10a, um leichter an einem vorbestimmten Punkt anschlingen zu können.

Ist die Spitze fertig, wird sie von der Unterlage gelöst und von der linken Seite unter einem feuchten Tuch gedämpft. Die Spitze liegt dabei auf einer glatten, weichen Bügelunterlage (Bügelfilz). Dann können die vorgesehenen Nähte geschlossen werden – auch diese nochmals von links leicht überdämpfen. Fertig ist das kostbare Spitzenwerk!

10a

10b

Vom Ausschnittfoto ist ganz deutlich abzulesen, welchen Weg die Luftmaschenstege nehmen und wo Stäbchenstege gehäkelt sind

Natürlich kann man aus diesen Blütenmotiven eine Bluse, ein Bolero oder einen Pulli häkeln. Und wie wär's mit einem Dreiecktuch?

Irische Häkelei

Diesmal zeigen wir Ihnen dekorative Blütenspitzen, die Sie – je nach Verwendungszweck – aus Glanzhäkelgarn Nr. 20 bis 40, Filethäkelgarn Nr. 5, 10, 15 oder 20, aber auch aus feinem bis mittelfeinem Baumwollgarn nachhäkeln können. Auch dünne Cabléwolle kann für diese Blätter- und Blütenmuster genommen werden. Was für alle Garnhäkelarbeiten gilt, ist in der irischen Häkelei besonders wichtig: Es muß „fest" gehäkelt werden, d. h. die Abmaschglieder sind so kurz wie möglich zu halten, der Faden vom Knäuel muß straff über den Finger laufen, daher evtl. sogar 3mal um den Zeigefinger der linken Hand wickeln.

Breite Blütenspitze

Erklärung der Abkürzungen siehe Seite 80. Häkelschriften 117 A, B auf Bogen C.
Große und kleine Blüten zur unten abgebildeten Spitze werden in Rd. gehäkelt. Es wird mit einem Fadenring bzw. Lm.-Ring begonnen, der – wie alle folg. Rd. auch – mit 1 Km. „zu schließen" ist.
Die 1. f. M. und das 1. h. Stb. der Rd. durch 2 Lm., das 1. Stb. durch 3 Lm., das 1. Dstb. in der Regel durch 4 Lm. ersetzen.
Die Verbindungen zwischen den Blüten bilden Lm.-Stege, die mit Pikots verziert sind; 1 Pikot: 4 Lm., 1 h. Stb. in die 4. Lm. ab Nadel. In der Mitte der Stege wird angeschlungen, siehe Häkelprobe, Abb. 4.
Große Blüte: In 1 Ring aus 9 Lm. in 1. Rd. 16 f. M. häkeln – Fadenanfang einhäkeln. In der 2. Rd. entstehen in 3 R. die Blätter: 1 Km. in die folg. f. M., ∗ ∗ 16 Lm., in der 1. R.

zurück in die 2. Lm. ab Nadel 1 f. M., dann 1 h. Stb., 1 Stb., 7 Dstb., 2 Stb., 1 h. Stb. und 1 f. M. häkeln, Abb. 1a. Danach 1 Km. in die folg. f. M. des Ringes. 2. R.: Wenden, in jede M. 1 f. M., an der Spitze um die Lm. 1 f. M., 1 Lm., 1 f. M., dann in jede Lm. 1 f. M. Wieder 1 Km. in die Km. über dem Ring. Die 3. R. wie die 2. R. häkeln, siehe Abb. 1b, jedoch nur ins rückw. liegende Abmaschglied einstechen. Dann ab ∗ ∗ wdh. (Abb. 1b), in der 3. R. mit der 1. bis 7. f. M. auch je 1 rückw. liegendes Abmaschglied des vorhergehenden Blattes erfassen, Abb. 2a. Wie das 2. auch das 3. bis 8. Blatt häkeln, und beim 8. Blatt in der 3. R. mit den letzten 7 f. M. auch das 1. Blatt erfassen, Abb. 2b (Fadenende sorgfältig vernähen).

Kleine Blüten: In 1. Rd. um 1 Ring aus 5 Lm. 6mal wechselnd 1 Stb., 3 Lm. häkeln. In 2. Rd. – sofern keine Stege einzufügen sind – um die Lm. jeweils 5 Stb. häkeln (Fadenanfang einhäkeln). Werden Stege eingehäkelt, folgen aufs 2. Stb. 3 Lm., 1 Pikot, 5 Lm. (an Verbindungsstellen an Stelle der 3. Lm. mit 1 Km. anschlingen), 1 Pikot, 3 Lm. und 2 Stb. um die Lm. der 1. Rd., Abb. 3a und b.

Beim Anschlingen wird an der großen Blüte die 2. f. M. vor bzw. nach der Spitze erfaßt. Ist das 1. Mal an einen Steg anzuschlingen, ist die Km. in die 3. der 5 Lm. (zwischen den Pikots), sonst in diese Verbindungsstellen zu häkeln. In der Spitze jeder Zacke ist 1 Blüte ohne Stege einzufügen. Die Stege der rechts und links darüberstehenden Blüten sind am 3. der 5 Stb. anzuschlingen. Zwischen 2 großen Blüten treffen 2 kleine Blüten zusammen, angeschlungen wird 2mal nach dem 5. Stb. – siehe Häkelschrift auf Bogen C und Abb. 4.

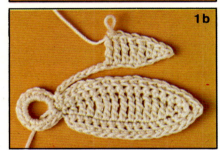

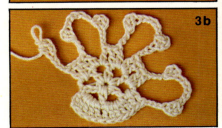

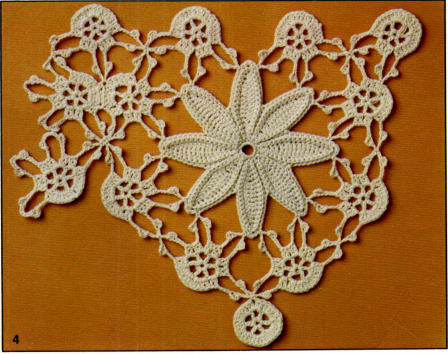

Begradigen des Randes

Bei einer so kostbaren Häkelspitze sollte die Mühe des Spannens nicht gescheut werden. Je mehr Sorgfalt man dabei walten läßt, um so zufriedenstellender das Resultat. Eigentlich unerläßlich, daß jedes Pikot aufgenadelt wird, und zwar von jedem Steg aus nach außen gerichtet (als Unterlage dicker Bügelfilz oder eine ausreichend große Styroporplatte, auch auf dem Teppichfußboden geht's, natürlich ein sauberes Tuch unterlegen). Wer unbedingt Zeit sparen will, legt die Spitze – Rückseite nach oben – auf eine Bügelunterlage und steckt nur die wichtigsten Punkte fest, wobei mit dem Maßband laufend kontrolliert wird, ob die Abstände von Punkt zu Punkt in allen Mustersätzen übereinstimmen. Dann wird zunächst glattgebügelt, die linke Hand korrigiert dabei die Lage der Lm.-Stege. Jetzt kann die Spitze gleichmäßig angefeuchtet und trocken gebügelt werden (das Bügeleisen nur aufdrücken, beim Hin- und Herschieben könnten die Stege wieder in Unordnung geraten).

Nach der gespannten Spitze kann man sich von einem Mustersatz eine Schablone zeichnen – mit einer durchgehenden Linie begrenzt man die äußersten Punkte. Da-

nach ist festzustellen, daß die Lücken am Rand unterschiedlich lang und tief sind, daher mit 3 bis 8 Lm. und mit unterschiedlich hohen Maschen auszugleichen; f. M. genügen nur an den Stellen, an denen Blüten oder Pikots an den Rand heranreichen, größere Zwischenräume sind mit Stb. oder gar mit Dstb. zu überbrücken. Man beginnt am besten über der Ecke, schlingt im 3. von 5 Stb. der Blüte an, häkelt 6 Lm. (3 Lm. = 1. Stb.) und 1 Stb. wieder ins 3. Stb. der Blüte, siehe Pfeil in der Abb. 5. Dann folgen am oberen Rand 5 Lm., 1 f. M. ins 5. folg. Stb., 5 Lm., 1 Dstb. ins 4. folg. Stb. der Blüte. Nach 8 Lm. (zwischen 2 Blüten) wieder 1 Dstb. ins 5. Stb. (ab Steg gezählt), 5 Lm., 1 f. M. ins 5. Stb., 5 Lm., 1 Dstb. ins 5. Stb. usw. Über den Zacken und den seitlichen Rändern sind zwischen den Blüten auch Pikots mit f. M. und Verbindungsstellen mit Stb. zu erfassen, siehe Abb. 5 und Häkelschrift. Dann wird der obere Rand mit 3 R. Filetgrund überhäkelt (wechselnd 1 Stb., 2 Lm.); die 1. R. auf der Rückseite häkeln. Zur 4. R. = Hin-R. mit 7 Lm. wenden, ins 2. und dann nach je 5 Lm. in jedes 2. folg. „Filetloch" 1 Stb.-Gruppe häkeln: 1 dreifaches Stb. bis auf die letzte Schl. abm., 2 Dstb. bis auf die letzte Schl: abm., dann 2mal je 2 Schl. abm. Darüber wieder 3 R. Filetgrund häkeln. Zuletzt 1 R. = Hin-R. Pikots ausführen (1 f. M. ins Stb., 3 Lm., 1 h. Stb. zurück in die 1. Lm.). Gleich anschlie-

ßend den übrigen Rand mit f. M. umhäkeln, um jedes Filetloch 2 f. M., um die Lm.-Bogen soviel f. M. wie Lm. gehäkelt worden sind. Schon nach der 1. f. M. das 1. Blatt einfügen: 11 Lm., in die 3. Lm. ab Nadel 1 f. M., dann 1 Stb., 5 Dstb., 1 Stb., 1 f. M., das Umhäkeln fortsetzen, Abb. 6. Anordnung der Blätter siehe Bildausschnitt. Nun an der letzten f. M. der Pikot-R. anschlingen und auf der Oberseite die Blättchen umhäkeln: ∗ In die Lm. unter dem 1., 3. und 5. Dstb. des Blattes je 1 Stb., getrennt durch 1 Pikot, in die Blattspitze um die Lm. 1 Stb., 1 Pikot, 1 Stb., dann nach je 1 Pikot wieder Stb. ins 1., 3. und 5. Dstb. häkeln. Es folgen 2 Lm., 1 Stb. in den Feste-Maschen-Rand, 2 Lm., alles ab ∗ wdh. In der Zackentiefe vor und nach dem Blatt 2 Lm., 1 Pikot, 2 Lm. einfügen (Abb. 7, fertige Spitze). Nach dem letzten Pikot am Feste-Maschen-Rand anschlingen, Faden sorgfältig vernähen. Nun die Spitze nochmals sorgfältig wie vorher beschrieben unter feuchtem Tuch bügeln.

Blätterspitze, 9 cm breit

Mustersatzlänge 8,5 cm, Blätter 8,5 x 6 cm. Feines Baumwollcablégarn „Melior 2 x 4", JMRA-Record-Garnhäkelnadel Nr. 1,5.
Die Blätter mit 11 Lm. beginnen. In der 1. R. in die 2. bis 10. Lm. ab Nadel je 1 f. M., in die letzte Lm. ∗ 2 f. M., 3 Lm., 2 f. M. ∗, dann 7 f. M. in die Gegenseite der Lm. häkeln, Fadenanfang einhäkeln (Abb. 8).

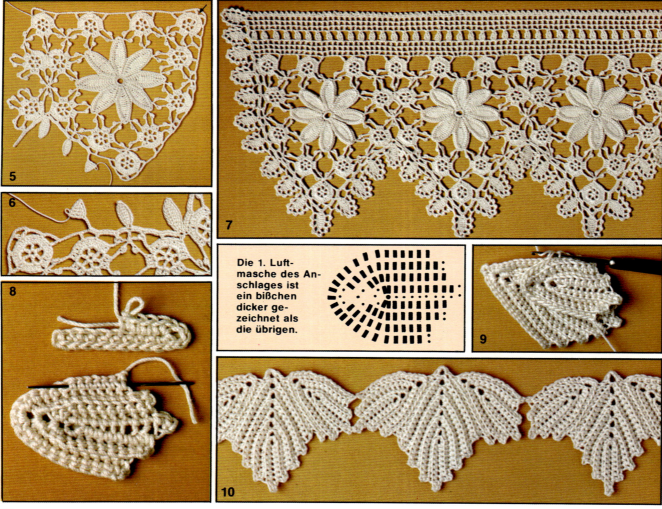

Die 1. Luftmasche des Anschlages ist ein bißchen dicker gezeichnet als die übrigen.

Ab 2. R. nur ins rückwärts liegende Abmaschglied einstechen. ✳✳ Mit 2 Lm. wenden, die 1. f. M. übergehen, in die folg. M. je 1 f. M., um die Lm. wie von ✳ bis ✳ (in letzter R. nur 5 f. M.) häkeln, lt. Häkelschrift weiterarbeiten, am Ende jeder R. 1 f. M. und die Wende-Lm. unbehäkelt lassen, ab ✳✳ wdh. Die kleinen Blätter lt. Häkelschrift, das große Mittelblatt nach 8 R. beenden. In der 8. R. beidseitig je 1 kleines Blatt anhäkeln: Das große unters kleine Blatt legen (rechte Seite innen) und von der 2. bis 14. f. M. des kleinen Blattes auch das rückwärts liegende Abmaschglied auffassen, Abb. 9 (die 1. und die f. M. in der Mitte bleiben also „frei"). Fadenende vernähen, je 2 kleine Blätter mit einigen Stichen verbinden, Abb. 10.

Den oberen Rand lt. Häkelschrift begradigen. Am rechten Rand an der 5. f. M. des kleinen Blattes anschlingen. Das 1. 3fache Stb. durch 5 Lm. ersetzen, dann lt. Häkelschrift weiterarbeiten; in 1. R. Gabel-Stb. und 3fache Stb. nur ins rückw. liegende Abmaschglied häkeln. In der folg. Rück-R. die Stb. über den Stb.-Gruppen nicht ins Abmaschglied, sondern in die senkrechten Maschendrähte darunter häkeln.

Wird die Spitze in Rd. gehäkelt, ist nach der 1. und 2. Rd. zu wenden, und am Ende der 1. Rd. sind je 1 drei- und vierfaches Stb. zus. abzumaschen, die Rd. mit 1 Km. in die 5. Lm. des Rd.-Anfanges schließen.

Blütenspitze aus Filethäkelgarn

Spitzenbreite 6 cm, Mustersatzlänge 6 cm.

Material: Pastellgrünes und rosa MEZ Filethäkelgarn „Liana" Nr. 10, 1 JMRA-Record-Garnhäkelnadel Nr. 1,25.

Die Blüten einzeln häkeln, und zwar so: In einen doppelten Fadenring 4mal je 3 zus. abgemaschte 3fache Stb. häkeln (Faden je 3mal um die Nadel schlingen, Schl. durchholen, 3mal je 2 Schl. abm., zuletzt 1mal 3 und 1mal 2 Schl. abm. – das 1. dreifache Stb. durch 4 Lm. ersetzen) dazwischen je 4 Lm. einfügen. Wenden mit ✳ 5 Lm., 1 f. M. um den Lm.-Bogen, 3mal wechselnd 5 Lm., 1 Km. in die f. M., dann 5 Lm., 1 f. M. in die Stb.-Gruppe, ab ✳ 2mal wdh. Fadenanfang strafziehen und vernähen.

Nun wird die Blattborte gehäkelt, mit die Spitze am unteren Rand abschließt. Für 1 Mustersatz 36 Lm. anschlagen und 1 Lm. extra, rückgehend wie folgt überhäkeln: ✳ 1 Km., ✳✳ je 1 f. M. + 2 Stb., ein 1½faches Stb., 5 Dstb., ein 1½faches Stb., 2 Stb. + 1 f. M. ●, 5 Km. ●●, von ● bis ✳ – also rückgehend – wdh., dann von ✳✳ bis ●● häkeln und wieder rückgehend von ● bis ✳ usw., so daß also zwischen den f. M. abwechselnd 5 Km. und 1 Km. gehäkelt werden. Die Blattborte entweder gegengleich zum Anfang oder – für einen runden Rand – mit abgeschlossenem Mustersatz beenden.

Die Blätter zu beiden Seiten des Stiels werden um einen Faden, nicht in einen Lm.-Anschlag gehäkelt. An der 3. von den 5 Km. anschlingen, Faden ca. 35 cm hängenlassen und um diesen + 6 f. M., Abb. 12a, dann das Blatt wie links von + bis +, 15 f. M., das Blatt von + bis + – dabei jedoch mit dem 2. bis 4. Dstb. auch den Faden zwischen 1. bis 4. Dstb. des 1. Blattes erfassen, siehe Abb. 12b, es folgen 4 f. M. ++ – Faden hängen lassen – und 1 Stb., das in die 3. Km. zu häkeln ist (in dieser M. wurde der Faden angeschlungen). Für den Stiel 12 Lm. häkeln, mit 1 f. M. die Blüte erfassen (von unten einstechen), wenden, in jede Lm. 1 Km. häkeln, Faden wieder aufnehmen und das 2. Blatt von ++ bis + rückgehend wdh. Mit 1 Km. in die Einstichstelle des Stieles anschlingen, Faden abschneiden (den überhäkelten Faden zuvor strafziehen, darauf achten, daß beide Blätter dieselbe Form haben) und vernähen.

Danach Blüten und Blätter mit einigen Überwendlingsstichen verbinden (Abb. 13a) und schließlich mit grünem Garn die Wickelstege einnähen (zuvor die Spitze auf festes Papier heften oder wenigstens aufstecken); für jeden Steg einen Faden vorspannen und rückgehend zur Hälfte umwickeln, gleichzeitig die Abzweigungen einfügen, Abb. 14a, b. Fadenanfang mit 1 Rückstich sichern und Fadenende sehr sorgfältig vernähen.

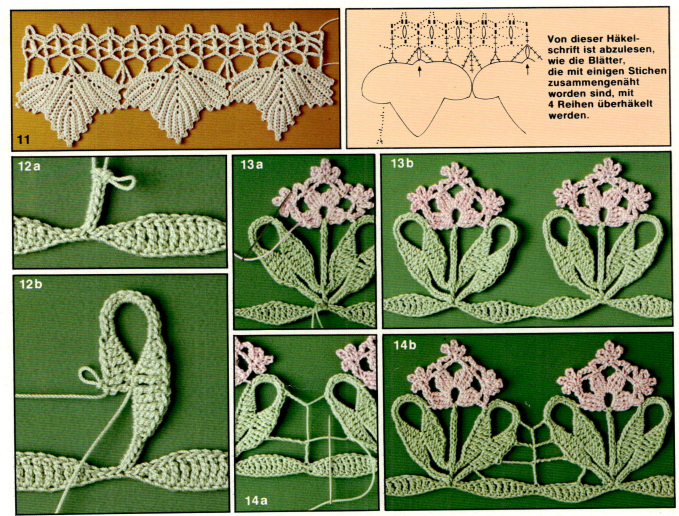

Von dieser Häkelschrift ist abzulesen, wie die Blätter, die mit einigen Stichen zusammengenäht worden sind, mit 4 Reihen überhäkelt werden.

Blütenspitze, 7,5 cm breit

Mustersatzlänge 8 cm (von Stiel zu Stiel).

Material: Für Bogen und Stiele pastellgrünes, für die Blüten weißes oder blaßrosa MEZ Filethäkelgarn „Liana" Nr. 10, 1 JMRA-Record-Garnhäkelnadel Nr. 1,25.

Blüten: Allgemeines siehe Seite 77. In einem Ring aus 7 Lm. in 1. Rd. 20 Stb., in 2. Rd. in jedes Stb. 1 Stb., dazwischen 1 Pikot, d. h. 3 Lm., 1 f. M. zurück ums Stb. häkeln; Fadenanfang einhäkeln, -ende vernähen, siehe Abb. 15a und 15b.

Vier Stiele verbinden die 4 Blüten. Den Anfang bildet wieder ein Ring aus 7 Lm., 13

Lm., 1 f. M. ins Pikot einer Blüte, wenden, die 13 Lm. rückgehend mit f. M. überhäkeln. ✶ Es folgt 1 f. M. um den Ring. Wenden, 4 Lm., 1 Stb. in die 5. f. M. des 1. Stieles, 4 Lm. (Abb. 16), 1 Dstb. in die 5. folg. f. M., 7 Lm., 1 f. M. in ein Pikot der 2. Blüte, wenden; rückgehend in jede M. 1 f. M. = 17 f. M. Ab ✶ 2mal wdh. Bei der 2. Wiederholung nach dem Dstb. jedoch nur 3 Lm. häkeln, ehe an der 4. Blüte angeschlungen wird.

Nun sind die „viertelmondförmigen" Bogen an der Reihe: An einem Ring, der die 4 Stiele zus.-hält, anschlingen, 30 Lm., am folg. Ring anschlingen. Wenden, die Lm. mit 1 Km., 3 f. M., 1 Stb. in die 5. f. M. des Stiels, 4 h. Stb., 1 Dstb. in die 10. M. des Stiels, 4 Stb., 1 dreifaches Stb. ins 3. Pikot (ab Stiel gezählt), die folg. 3 Lm. mit 3 Stb. überhäkeln – den Bogen gegengleich be-

enden. Faden abschneiden und vernähen.

Das Häkelschema ist in 3 verschiedenen Farben gezeichnet, damit sind auch die 4 Arbeitsgänge getrennt: 1. Blüten häkeln, 2: Stiele ausführen, 3. Stiele und Blüten mit Bogen verbinden.

Im 4. Arbeitsgang kann die Spitze an den Stoffrand gehäkelt werden, zwischen h. Stb., Stb. und Dstb. sind f. M. um den Stoffrand zu häkeln, der versäubert und schmal umgeheftet oder -gebügelt ist.

Man kann die Bogen jedoch auch für sich umhäkeln – dann sind anstelle der f. M. Lm. auszuführen, die man dann entweder zusätzlich mit f. M. umhäkelt oder aber über dem Stoffrand aufheftet und mit Langettenstich dicht übersticht, wobei der Stoffrand natürlich mitzufassen ist.

15 a

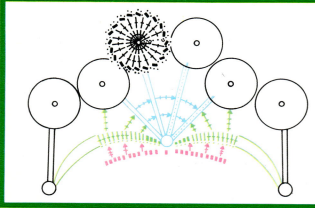

Als Ergänzung zu den Detailabbildungen und zum Beschreibungstext hier noch eine dreifarbige Häkelschrift. Von den Blüten ist nur eine in Maschen aufgegliedert.

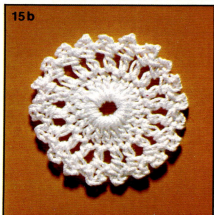

15 b

Erklärung der Häkelschrift

- • = 1 Lm.
- | = 1 h. Stb.
- ┼ = 1 Stb.
- ∩ = 1 Km.
- ▮ = 1 f. M.
- ⊤ = 1 Dstb.

◊ = 1 Büschelmasche (Bm.): 3mal 1 U., 1 Schl. durchholen, 1mal 6 Schl., 1mal 2 Schl. abmaschen

⅄ = 1 Gabel-Stb.: 2 U., Schl. durchholen (ins rückw. Abmaschglied ein-, im folg. Abmaschglied von unten nach oben ausstechen), 2 Schl. abm., 1 U., Schl. aus den folg. 2 M. wie vorher beschrieben durchholen, mit je 1 U. 2, 3 und 2 Schl. abm. 1½faches Stb.: 2 U., Schl. durchholen, 1mal 2 Schl., 1mal 3 Schl. abmaschen

✕ = zwischen 2 dreifachen Stb. 1 Bm., die 3fachen Stb. bis auf die letzte Schl. abm., dann alle auf der Nadel liegenden Schl. auf 1mal abm.

16

⍦ = je 1 drei-, vier- und dreifaches Stb. zus. abm. (jedes Stb. bis auf die letzte Schl. abm., dann alle auf der Nadel liegenden Schl. auf 1mal abm.).

Sind Stb.-Zeichen mit Pfeilen ergänzt, so zeigen diese auf den Einstichpunkt der betr. Masche.

17 a

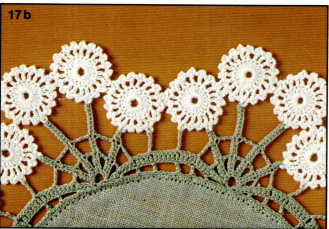

17 b

Die Möglichkeiten der Musterbildung sind beim Häkeln schier unbegrenzt. Eine von vielen ist das Einhäkeln voluminöser Büschelmaschen und reliefartiger Noppen.

LEHRGANG
Häkeln

Die bekanntesten und daneben weniger bekannte Ausführungen erläutern wir diesmal im Lehrgang – wie immer ergänzt durch eine Reihe interessanter Musterbeispiele.

Büschelmaschen und Häkelnoppen

Die Büschelmasche ist verwandt mit dem einfachen Stäbchen, für welches 1 Umschlag aufzunehmen und 1 Schlinge durchzuholen ist, so daß 3 Schlingen auf der Nadel liegen, die dann „paarweise", mit je 1 Umschlag abzumaschen sind. Für die Büschelmasche dagegen ist es ein ganzes „Büschel" von Schlingen, das man in einem Zug abmaschen muß. Je nachdem, ob die Büschelmasche eine Häkelarbeit aus weicher flauschiger Wolle oder aus glattem Garn mustern soll, wird die Anzahl der Schlingen bemessen. Vor dem Durchholen jeder Schlinge muß stets ein Umschlag aufgenommen werden. Nach-

dem man den Umschlag fürs Abmaschen aufgenommen hat, zeigt das Häkchen der Nadel exakt nach unten, damit man es mühelos durch die Schlingen hindurchziehen kann, und zwar bis auf die letzte Schlinge. Diese und die „Abmaschschlinge" wieder mit 1 Umschlag abmaschen – die Büschelmasche ist fertig.

Man kann die Nadel auch durch alle Schlingen ziehen; danach aber die Büschelmasche mit einer straff gehäkelten Luftmasche „schließen", um damit die Schlingen „am Kopf" zus.-zufassen.

In den Texten wird wie folgt gekürzt: M. = Masche; R. = Reihe; Rd. = Runde; Schl. = Schlinge; U. = Umschlag; Bm. = Büschelmasche; abm. = abmaschen; folg. = folgende; zus. = zusammen.

· = 1 Luftmasche/Lm.
∩ = 1 Kettmasche/Km.
╎ = 1 feste Masche/f. M.
╀ = 1 Stäbchen/Stb.
╪ = 1 Doppelstäbchen/Dstb.
V = 2 Dstb. in 1 Einstichstelle
Λ = 2 zus. abgemaschte Dstb. (jedes Dstb. nur 2mal abm., dann alle Schl. mit 1 U. abm.)

Die 1. f. M. einer R. durch 2 Lm., das 1. Stb. durch 3 Lm., das 1. Dstb. durch 4 Lm. ersetzen. Die letzte M. einer R. stets in die oberste dieser „Ersatz-Lm." häkeln, siehe Häkelschriften! Pfeile begrenzen jeweils Mustersatz, der fortl. zu wdh. ist. Hin-R. von rechts nach links, Rück-R. von links nach rechts lesen.

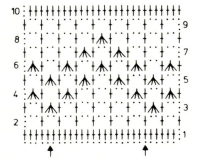

Büschelmaschen im Gittergrund

Abb. 1a bis d: Das Muster lt. Häkelschrift ausführen (lt. Abb. mit Nadel Nr. 2 aus Schürer Seidenglanzgarn „JSA", siehe auch Abb. 9 und 11).

Λ = 1 Bm.: 4mal mit je 1 U. um die Lm. der Vorreihe 1 Schlinge durchholen, siehe Abb. 1a; dann mit 1 U. die Schl. bis auf die letzte Schl. abm., siehe Pfeil in Abb. 1b. Schließlich die letzten 2 Schl., siehe Abb. 1c, mit 1 U. abm. Abb. 1d zeigt das fertige Muster.

Spinnenmuster mit Büschelmaschen

Abb. 2: Das Muster lt. Häkelschrift arbeiten, nach der 8. R. die 3. bis 8. R. fortl. wdh. Das Muster ist mit 1 INOX-Wollhäkelnadel Nr. 2½ aus mittelfeiner Wolle gehäkelt („Gomitolo" von Woll-Service, siehe auch Abb. 4 und 8).

◊ = 1 Bm., siehe Abb. 1a bis c. Die 3 Bm. in die Abmaschglieder der Dstb. bzw. über die zus. abgemaschten Dstb. der Vor-R. häkeln.

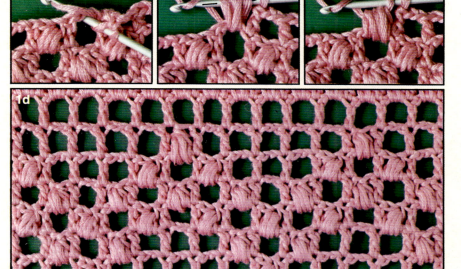

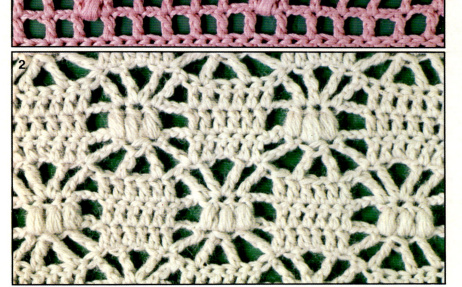

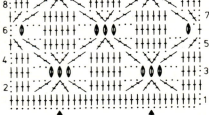

81

Relief-Büschelmasche

Abb. 3a bis d: Lt. Häkelschrift arbeiten, nach der 4. R. die 3. und 4. R. fortl. wdh.

◊ = 1 Relief-Bm., dafür 4mal mit je 1 U. ums Stb. der Vor-R. je 1 Schl. durchholen, siehe Abb. 3a und b. Dann mit 1 U. alle Schl. bis auf die letzte abmaschen und schließlich die übrigen 2 Schl. (Abb. 3c) abm. Abb. 3d zeigt das fertige Muster. Natürlich dürfen es zwischen den Bm. mehr oder weniger Stb. sein.

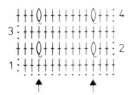

Verschiedene Noppenmuster

Noppen können aus Lm., h. Stb. und Stb. gehäkelt werden, sie können aber auch aus Schlingenbündeln bestehen, die um Stb., Dstb. bzw. h. Stb. auszuführen sind. Noppen aus Lm. werden in der Regel zwischen f. M. gehäkelt.

Zwischen den Noppenreihen können natürlich auch höhere Maschen – z. B. h. Stäbchen oder Stäbchen – liegen. Diese Noppen kommen regelmäßig versetzt oder in Schrägreihen angeordnet am besten zur Geltung.

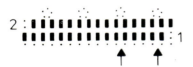

Noppen aus Luftmaschen

Abb. 4a und b: In der 3. und jeder 2. folg. R. nach je 4 f. M. (oder einer geraden Anzahl) 5 Lm. einfügen, Abb. 4a. In den Rück-R. in jede f. M. 1 f. M. häkeln; die Lm. legen sich als Noppe nach vorn. Lt. Abb. 4b ist das Muster in jeder Hin-R. um 2 M. versetzt.

Abb. 5a bis c: Lt. Häkelschrift ausführen, nach der 6. R. die 3. bis 6. R. fortl. wdh. Zwischen den Noppen muß eine ungerade Anzahl an f. M. liegen, lt. Abb. 5c sind es 5 feste Maschen.

○ = 1 Noppe: Durch die folg. M. 1 Schl. durchholen, Abb. 5a, dann 3 Lm. häkeln, Abb. 5b, und mit 1 U. die 2 auf der Nadel liegenden Schl. abm. In der folg. R. die f. M. in dieses Abmaschglied häkeln. Die Noppen entstehen in den Rück-R. Natürlich kann man in den Zwischenreihen, lt. untenstehender Häkelschrift die 1., 3. und 5. R., auch Stäbchen häkeln.

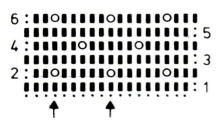

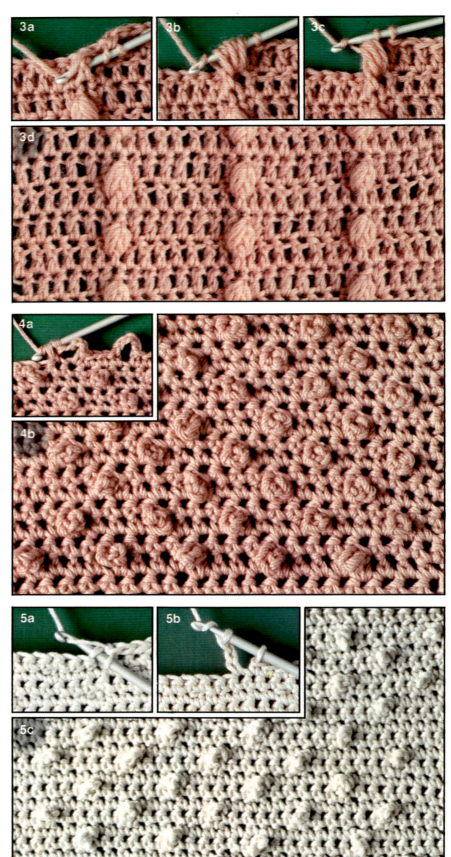

Abb. 6a bis c: In den Hin-R. Stb., in den Rück-R. f. M. häkeln. Nach der 3., dann nach je 6 f. M. 1 Noppe aus 6 Lm. einfügen, Abb. 6a. Nach der 6. Lm. mit 1 Km. an der vorhergehenden f. M. anschlingen, und zwar das vorn liegende Abmaschglied und den senkrecht darunterliegenden Maschendraht erfassen, Abb. 6b. Die Stb. in der folg. R. in die f. M. häkeln, die Lm. legen sich als Noppe nach vorn, Abb. 6c. Die Noppen in jeder folg. Feste-Maschen-Reihe versetzen. Sollen die Noppen Schrägreihen bilden, werden sie jeweils nur um 1 M. versetzt.

Hübsche zusätzliche Effekte kann man mit Farben erzielen, indem man z. B. für die Stäbchenreihe eine Kontrastfarbe verwendet. Die untenstehende Häkelschrift erklärt das Muster 6a bis 6c.

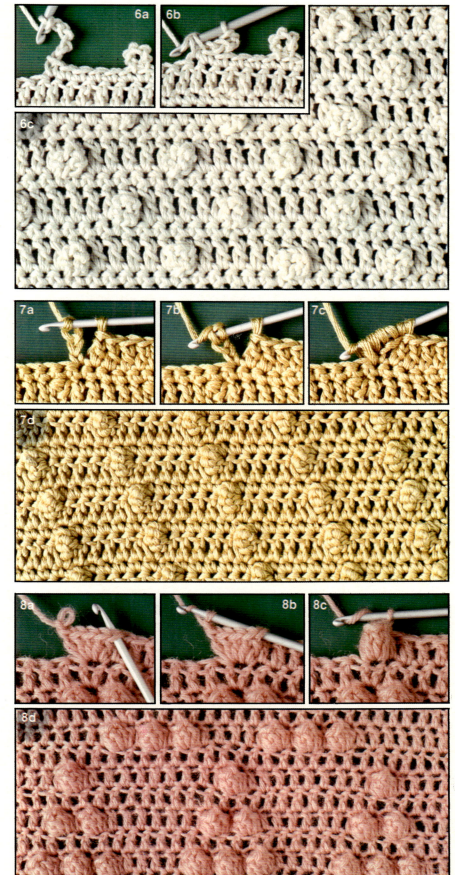

Abb. 7a bis d: In den Hin-R. f. M., in den Rück-R. Stb. und Noppen häkeln, das Muster für nach links gerichtete Schräg-R., siehe Abb. 7d, um je 1 M. nach links versetzen. Die Noppe wie folgt häkeln:
Durch die folg. M. 1 Schl. holen, 4 Lm. häkeln, Abb. 7a, aus der 2. (Abb. 7b) bis 4. Lm. ab Nadel und aus der Einstichstelle der Noppe je 1 Schl. durchholen, Abb. 7c, alle Schl. mit 1 U. abm. In der folg. R. auch ins Abmaschglied der Noppe 1 f. M. häkeln.

Noppen aus Stäbchen

Abb. 8a bis d: Diese voluminösen Noppen eignen sich vor allem für weiche Wolle und lose gedrehtes Handstrickgarn. Lt. Häkelschrift folgt auf jede Noppen-R. 1 Stb.-R., das Muster ist nach je 6 R. zu versetzen, siehe Abb. 8d. Die Noppen wie folgt häkeln:
∇ = 5 Stb. in 1 Einstichstelle, Nadel aus der Schl. nehmen, das 1. der 5 Stb. auffassen, Abb. 8a. Die losgelassene Schl. erfassen, Abb. 8b, den Faden durch diese und das aufgefaßte Abmaschglied ziehen (lt. Abb. 8c ist der Umschlag fürs folg. Stb. bereits auf der Nadel), danach wieder in jede folg. M. der Vor-R. 1 Stb. häkeln.

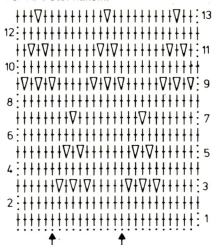

Noppen, um ein oder einige Stäbchen zu häkeln

Bei den folg. Mustern bilden – wie bei Bm. – Schlingenbündel die Noppen. Das letzte Stb. vor dem Durchholen der Schl. darf nur 1mal abgemascht werden; die übrigen 2 Schl. werden erst beim Abmaschen der Noppen-Schl. erfaßt. Für die Muster lt. Abb. 9 bis 11 – die Noppen werden in den Rück-R. eingehäkelt – ist jeweils 4mal mit 1 U. 1 Schl. durchzuholen. Bei dickem Garn genügt's natürlich, nur 3mal mit je 1 U. 1 Schl. durchzuholen.

Abb. 9a bis c: Nach der 7. R. das Muster ab 4. R. lt. Häkelschrift fortl. wdh. 4 R. bilden also einen Mustersatz, siehe Abb. 9c. Die Noppen wie folgt häkeln:

φ = 1 Stb. nur 1mal abm., dann um dieses Stb. 4mal mit je 1 U. 1 Schl. durchholen, Abb. 9a, und alle auf der Nadel liegenden Schl. in einem Zug abm., Abb. 9b (auf der Nadel der Umschlag fürs folgende Stäbchen).

Abb. 10a bis c: Das Muster ist lt. Häkelschrift nach je 2 R. zu versetzen, nach der 7. R. wird die 4. bis 7. R. fortl. wdh. Die Noppe um 2 Stb. häkeln.

⊹ = ums schräg liegende Stb. folgen auf 3 Lm. (= Ersatz für 1 Stb.) 2 Stb., das 2. Stb. nur 1mal abm., Abb. 10a, dann um dieses und das 1. Stb. (bzw. das davorliegende Stb.) 4mal mit je 1 U. 1 Schl. durchholen und alle 10 Schl. mit 1 U. (Abb. 10b) in einem Zug abm. Abb. 10c zeigt das versetzte Häkelmuster.

Abb. 11a bis e: Nach der 10. R. lt. Häkelschrift die 3. bis 10. R. fortl. wdh. Die Noppen umfassen 3 Stb., das 3. Stb. nur 1mal abmaschen, Abb. 11a, dann um dieses und die 2 vorhergehenden Stb.

⊹⊹ 4mal mit je 1 U. 1 Schl. durchholen (Abb. 11b und c); Abb. 11d zeigt die Ausführung des 1. Stb. nach der Noppe, Abb. 11e das fertige Muster.

Spinnenmuster mit Noppe

Abb. 12a bis e: Die Noppen sind in der 5. und jeder 6. folg. R. lt. Häkelschrift um 1 h. Stb. wie folgt zu häkeln:

T = Zwischen die 2 Dstb. 1 h. Stb. häkeln, Abb. 12a (das h. Stb. umfaßt auch die beiden Lm.-Stege der letzten und vorletzten R.). Um die 2 obenaufliegenden M.-Drähte des h. Stb. 5mal mit je 1 U. 1 Schl. durchholen, Abb. 12b. Alle 11 Schl. mit 1 U. in einem Zug abm. Lt. Abb. 12c ist bereits der U. für die folg. Lm. auf der Nadel, lt. Abb. 12d sind bereits die 2 Lm. nach der Noppe ausgeführt. Abb. 12e zeigt 3 Mustersätze.

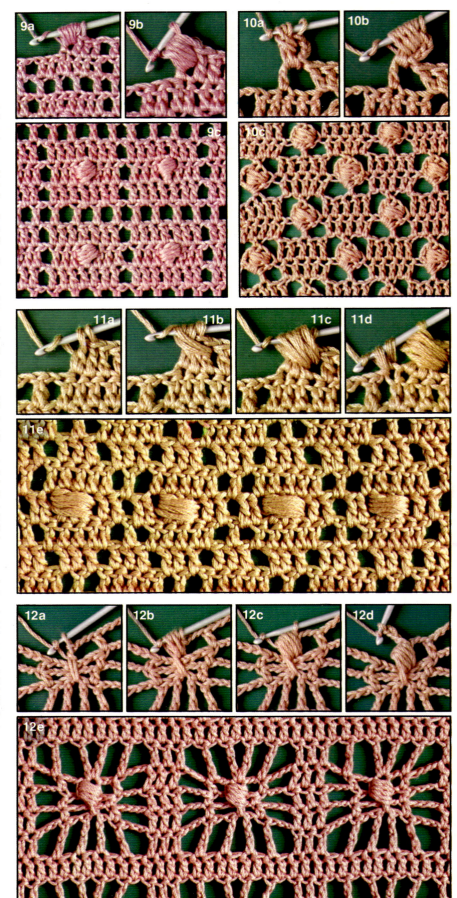

Übrige Häkelschriften auf Bogen A, siehe L 84/9, L 84/10 und L 84/11!

84

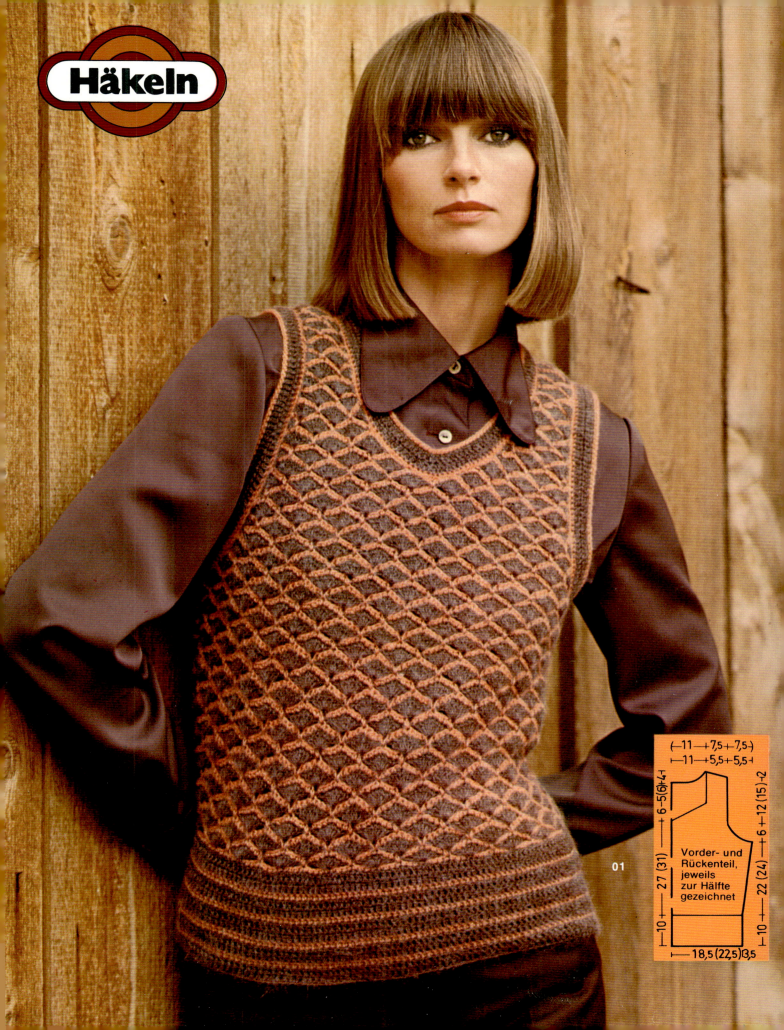

01

‹—11—›‹—7,5—›‹—7,5—›
‹—11—›‹—5,5—›‹—5,5—›

6–5(6)‹4›

27 (31)

10

6 + 12 (15) ‹2›

22 (24)

10

Vorder- und
Rückenteil,
jeweils
zur Hälfte
gezeichnet

‹—— 18,5 (22,5) ›3,5

...und immer wieder Pullunder, um sich komplett zu fühlen

01 Anleitung für Oberweite 92 und 104 cm, Größe 40 und 46

Die eingeklammerten Zahlen gelten für Gr. 46. Steht nur eine Zahlenangabe, so gilt sie für beide Größen.

Material: Feine Schachenmayr Mohairwolle „Nomotta Show": Ca. 150 (200) g Braun, 50 g Orange, außerdem 1 INOX-Häkelnadel Nr. 3.

Streifenmuster: Lm.-Anschlag. **1. und 2. R.** (braun): Stäbchen, das 1. Stb. der 1. R. in die 4. Lm. von der Nadel aus arbeiten. Das 1. Stb. jeder folgenden Stb.-R. durch 3 Lm. ersetzen. **3. R.** (orange): Feste M. **4. und 5. R.** (braun): Stäbchen. Die 3.–5. R. fortl. wdh. und die folgende R. stets an dem Rand beginnen, an dem der entsprechende Faden hängt.

Grundmuster: Auf die letzte Reihe fester M. des Streifenmusters arbeiten (Anzahl der f. M. teilbar durch 8 + 1 f. M. extra). **1. R., Hin-R.** (braun): In die 1. f. M. 1 Km. und 1 f. M., * 3 f. M. überspringen, in die folgende f. M. 7 Stb. (= 1 Musche), 3 f. M. überspringen, 1 f. M. in die nächste f. M.; ab * stets wdh. **2. R., Hin-R.** (orange): In die 1. f. M. 1 Km. und 1 f. M., * je 1 f. M. in die 7 Stb. der nächsten Musche, 1 f. M. in die folgende f. M. der vorletzten R., dabei die braune f. M. der Vor-R. umfassen; ab * stets wdh. **3. R., Rück-R.** (braun): Wenden, 1 Km. in die 1. f. M., 3 Lm. als 1. Stb. und noch 3 Stb. in die 1. f. M. (= 1 halbe Musche), * 3 f. M. überspringen, 1 f. M. in die folgende f. M., 3 f. M. überspringen, 1 Musche in die nächste f. M.; ab * stets wdh., enden mit 3 f. M. überspringen, 1 f. M. in die nächste f. M., 3 f. M. überspringen, in die letzte f. M. 4 Stb.

(= 1 halbe Musche). **4. R., Rück-R.** (orange): In das 1. Stb. 1 Km. und 1 f. M., je 1 f. M. in die 3 folgenden Stb., * 1 f. M. in die folgende f. M. der vorletzten R., dabei die braune f. M. der Vor-R. umfassen, je 1 f. M. in jedes Stb. der nächsten Musche; ab * stets wdh., enden mit 1 f. M. in die folgende f. M. der vorletzten R., je 1 f. M. in die 4 Stb. der letzten halben Musche. Die **1. bis 4. R.** stets wdh.

Häkelproben: 24 M. in der Breite = 11 cm und 15 R. in der Höhe = 10 cm, Streifenmuster. – 3 Muschen in der Breite (= 24 M.) = 11 cm, 16 R. in der Höhe = 10 cm, Grundmuster.

Rückenteil: Mit 83 (99) Lm. Anschlag in Braun für den Bund 15 R. im Streifenmuster häkeln = 81 (97) M. Anschließend im Grundmuster weiterarbeiten = 10 (12) Muschen. Für die Seitenschrägung beidseitig im Verlauf von 30 (32) R. je 1 Musche zunehmen = 12 (14) Muschen. Nach 22 cm = 34 R. (24 cm = 38 R.) ab Bund für die Armausschnitte beidseitig 1mal 1 halbe Musche abnehmen. Dieses Abnehmen noch 2 (3)mal in jeder 2. R. wdh. = 9 (10) Muschen. Nach 16 cm = 26 R. (19 cm = 30 R.) Armausschnitthöhe für den Halsausschnitt die mittleren 4 Muschen unbehäkelt stehen lassen und beide Seiten getrennt beenden. Für die Ausschnittrundung am inneren Rand in jeder 2. R. 2mal 1 halbe Musche abnehmen. Bereits in der 3. und 5. R. des Halsausschnittes am äußeren Rand für die Schulterschrägung je 1 halbe Musche abnehmen. In der letzten R. ist 1 halbe (1 ganze) Musche übrig.

Vorderteil genauso häkeln, jedoch mit tieferem Halsausschnitt. Nach 27 cm = 42 R. (31 cm = 50 R.) ab Bund, nach einer 2. Grundmuster-R., die Arbeit in der Mitte teilen, indem die mittlere Musche nicht ausgeführt wird. Beide Seiten getrennt beenden und am inneren Rand 5mal in jeder folgenden 2. R. 1 halbe Musche abnehmen. Über die restlichen 1½ (2) Muschen zu beiden Seiten gerade weiterhäkeln und nach 18 cm = 30 R. (21 cm = 34 R.) Armausschnitthöhe die Schultern wie am Rückenteil schrägen.

Ausarbeiten: Nähte schließen. Den Halsausschnitt und die Armausschnitte mit 2 Rd. f. M. in Orange, 2 Rd. Stb. in Braun und 1 Rd. f. M. in Orange umhäkeln. In den braunen Rd. das 1. Stb. stets durch 3 Lm. ersetzen und die Rd. mit 1 Km. in die 3. Lm. des 1. Stb. schließen.

02 Anleitung für Ow. 86 bis 88 cm, Größe 38

Material: Ca. 250 g ombrierte und 50 g rohweiße stärkere Busse-Mohairwolle „Düftin"; je 1 INOX-Wollhäkelnadel Nr. 5 und 6.

Grundmuster: Stäbchen. Das 1. Stb. in der 1. R. in die 4. Lm. von der Nadel aus häkeln. In allen folgenden R. mit 3 Lm. als Ersatz für das 1. Stb. wenden.

Abnehmen einer M.: 2 Stb. zusammen abmaschen = von jedem Stb. nur 1mal 2 Schlingen abmaschen, dann mit 1 neuen U. alle 3 auf der Nadel befindlichen Schlingen zusammen abmaschen.

Abnehmen mehrerer M.: Am Beginn der R. die entsprechende Anzahl mit Km. übergehen, am Ende der R. unbehäkelt stehen lassen.

Häkelprobe: 12 M. = 10 cm in der Breite. 5 R. = 9 cm in der Höhe.

| Alle Teile werden quer gehäkelt. |

Rückenteil: An der linken Seitennaht beginnen. Mit Häkelnadel Nr. 6 und ombrierter Wolle 42 Lm. anschlagen und im Grundmuster häkeln = 40 Stb. Bereits in der 2. R. am linken Rand für den Armausschnitt 1 M. zunehmen, dies noch 1mal in der folgenden R. wdh. = 42 M. Am Ende der 3. R. für die Armausschnitthöhe noch zusätzlich 27 Lm. neu anschlagen und diese mit Stb. behäkeln. Das 1. Stb. wieder in die 4. Lm. von der Nadel aus = 67 M. In der nächsten R. für die Schulterschrägung am linken Rand 1 M. zunehmen, dies noch 1mal in der folgenden R. wdh. = 69 M. Nach 12,5 cm (7 R.) ab Anschlag beginnt der Halsausschnitt: Am linken Rand in jeder R. 1mal 3 M., 1mal 1 M. abnehmen. Über 65 M. gerade weiterhäkeln bis 9 cm (5 R.) ab

86

Toll schnell zu häkeln

Beginn des Halsausschnittes. Damit ist die hintere Mitte erreicht. Eine Markierung anbringen und ab hier das Teil gegengleich beenden.

Linkes Vorderteil: An der Seitennaht beginnen. Mit Häkelnadel Nr. 6 und ombrierter Wolle 42 Lm. anschlagen und im Grundmuster häkeln = 40 M. Bereits in der 2. R. am rechten Rand für den Armausschnitt 1 M. zunehmen, dies noch 2mal in jeder R. wdh. = 43 M. Am Ende der 4. R. für die Armausschnitthöhe noch zusätzlich 26 M. neu anschlagen und diese mit Stb. behäkeln. Das 1. Stb. in die 4. Lm. von der Nadel aus arbeiten. Damit sind in der 5. R. 67 M. vorhanden. In den beiden nächsten R. für die Schulterschrägung am rechten Rand je 1 M. zunehmen = 69 M. Nach 8 R. ab Anschlag beginnt die Ausschnittschrägung. **1. R.:** 1 Km., 3 f. M., 3 h. Stb. und 62 Stb. **2. R.:** 55 Stb., 3 h. Stb. und 3 f. M. **3. R.:** 7 Km., 3 f. M., 3 h. Stb. und 48 Stb. **4. R.:** 41 Stb., 3 h. Stb. und 3 f. M. **5. R.:** 7 Km., 3 f. M., 3 h. Stb. und 34 Stb. Damit ist das Teil beendet.

Rechtes Vorderteil gegengleich häkeln. Nach 8 R. ab Anschlag die Ausschnittschrägung wie folgt arbeiten: **1. R.:** 62 Stb., 3 h. Stb. und 3 f. M. **2. R.:** 7 Km., 3 f. M., 3 h. Stb. und 55 Stb. **3. R.:** 48 Stb., 3 h. Stb. und 3 f. M. **4. R.:** 7 Km., 3 f. M., 3 h. Stb. und 41 Stb. **5. R.:** 34 Stb., 3 h. Stb. und 3 f. M. Damit ist das Teil beendet.

Ausarbeiten: Nähte schließen. Mit rohweißer Wolle und Häkelnadel Nr. 5 auf die Außenränder 1 Rd. Km. häkeln und dabei die Ränder ausgleichen. Darüber 1 Rd. f. M. häkeln, jedoch stets nur in die hinteren Maschenglieder der Km. einstechen. In der nächsten Rd. Schlingen arbeiten wie folgt: ✳ Nadel in die folgende M. einstechen und Faden zur Schlinge holen, 1 Lm. häkeln, dann die Schlinge auf der Nadel 4 cm hochziehen, die Nadel aus der Schlinge nehmen und die Lm. am Fuß der Schlingenfranse fest anziehen. Ab ✳ fortlaufend wdh. Die Armausschnitte genauso behäkeln.

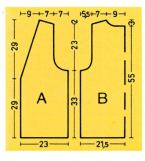

Schnittschema zur Weste:
A = linkes Vorderteil
B = Rückenteil, Hälfte

Bezugsquellen: Fa Busse KG, 886 Nördlingen

Häkeln

02

Häkeln

Weste im Country-Look

**03 Häkelweste, beschrieben
für Ow. 84 und 92 cm, Gr. 36 und 40**

Eingeklammerte Zahlen gelten für Gr.
40, eine Zahl allein gilt für beide Größen.

Material: Ca. 300 g Schnellstrickwolle,
z. B. „Country Wool" von Busse (100%
reine Wolle), 1 INOX-Wollhäkelnadel Nr.
4½ oder 5, 4 Knöpfe, ca. 2 cm Ø.

Grundmuster: Einfacher Luftmaschen-
stich. Dafür durch die Lm. des Anschlages oder das Abmaschglied der M. in der
Vorreihe 1 Schl. durchholen, diese abm.
= 1 Lm., dann die beiden auf der Nadel
liegenden Schl. abm. In der 1. R. die 1. M.
in die 3. Lm. ab Nadel häkeln. Zu jeder
folg. R. mit 2 Lm. wenden – die 2 Lm. sind
Ersatz für 1 M. Die letzte M. einer R. in die
2. Wende-Lm. häkeln.

Maschenprobe: 10 M. x 8 R./10 x 10 cm.

Ausführung: Rückenteil und Vorderteile
zusammenhängend häkeln. Am unteren
Rand beginnen, 83 (91) Lm. anschlagen
und im Grundmuster häkeln = 82 (90) M.
Nach 8 R. = 10 cm in die 21. (23.) und 61.
(67.) M. je 2 M. häkeln = 84 (92) M. Nach
insgesamt 21 R. = 26 cm wird zunächst
das Rückenteil über die mittleren 42 (46)
M. beendet. Mit neuem Faden beginnen,
an der 1. M. anschlingen, über die 41.
und 42. M. die Lm.-Stiche zus. abm. = 40
(44) M. In den 3 (4) folg. R. beidseitig je 1
M. abnehmen, d. h. am Anfang der R. mit
Km. übergehen, am R.-Ende 2 M. zus.
abm. Nach 14 (15) R. = 18 (19) cm ab
Armausschnitt für den Halsausschnitt in
der Mitte 14 M. unbehäkelt stehen lassen. Jede Seite für sich – die 2. gegengleich – beenden. Für die Schulterschrägung am Außenrand in den letzten
3 R. 3mal je 3 (2mal 3 und 1mal 4) M. abn.

Das linke Vorderteil über die übrigen M.
genauso, lediglich mit tieferem Halsausschnitt anhäkeln. Bereits nach 7 (8) R. ab
Armausschnitt am linken Rand 7 M. unbehäkelt lassen. Das rechte Vorderteil
gegengleich anhäkeln.

Ausarbeiten: Das Teil spannen und
leicht dämpfen, Schulternähte schließen. Alle Ränder mit 1 Rd. Km. und 1 Rd.
f. M. umhäkeln, dabei nur in das rückwärtige Maschenglied einstechen – in
den Ecken nach außen 3 f. M. in 1 Einstichpunkt, in den innenliegenden Ekken 3 f. M. zus. abmaschen.

03

Am unteren Rand Fransen aus je 2 à 8
cm langen Fäden einknüpfen, dann die
Fäden aufdrehen. Für den Verschluß je
40 Lm. anschlagen, mit 1 Km. zum Ring
schließen. Je 12 Lm. mit einigen Stichen
zu Schlingen abnähen, diese „Ösen"
und die Knöpfe lt. Modellbild aufnähen.

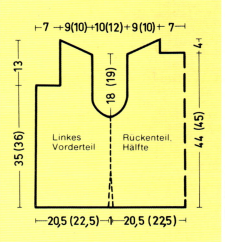

7 ←9(10)→10(12)←9(10)→ 7

13

18 (19)

4

35 (36)

44 (45)

Linkes
Vorderteil

Rückenteil,
Hälfte

20,5 (22,5) ← → 20,5 (22,5)

Busse KG, 8860 Nördlingen, Postfach 1504

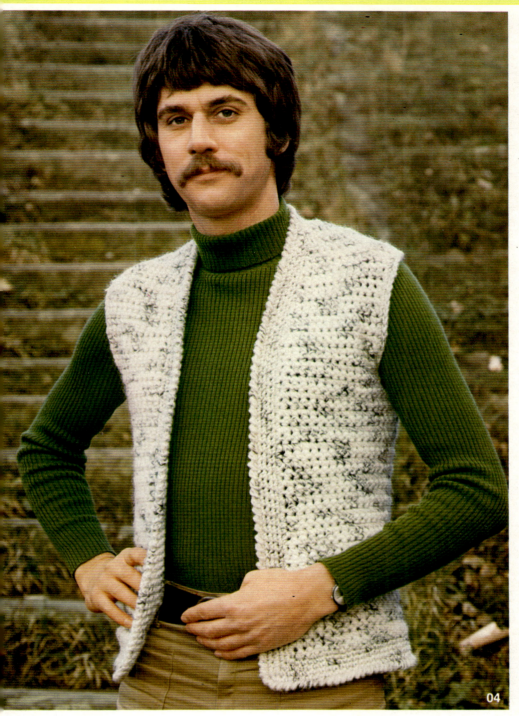

Für den Ausflug übers Land

Eine Schnellstrickwolle, von der man 50 Gramm in knapp einer Stunde verhäkelt hat. Der rustikale Faden bestimmt das Maschenbild!

Das Rückenteil über die mittleren 42 (48) M. beenden. In den folg. 5 (6) R. für die Armausschnitte beiderseits je 1 M. abnehmen = 32 (36) M. Nach 22 (24) R. beginnen Halsausschnitt und Schulterschrägung gleichzeitig. Für den Halsausschnitt in der Mitte 4 (6) M. unbehäkelt lassen, jede Seite für sich – die 2. gegengleich – beenden. Für die Ausschnittrundung 1mal 2 und 3mal je 1 M., am Außenrand für die Schulterschrägung in diesen letzten 4 R. 1 (2)mal 3 und 3 (2)mal je 2 M. abnehmen.

Für das linke Vorderteil 1 M. der 35. (36.) R. frei lassen, über die restlichen 21 M. den Armausschnitt wie am rechten Rand des Rückenteiles ausführen und gleichzeitig mit der Ausschnittschräge beginnen. Dafür gleich in der 1. R. 1 M., dann noch 6mal in jeder 4. folg. R. je 1 M. abnehmen. Die Schulterschrägung wie am Rückenteil ausführen. Das rechte Vorderteil gegengleich häkeln, d. h. am rechten Rand beginnen, sofort 1 M. abnehmen und am linken Rand den Armausschnitt wie am linken Rand des Rückenteils ausführen.

Ausarbeiten: Das Teil spannen, anfeuchten und trocknen lassen. Schulternähte mit Steppstichen schließen, Naht leicht überdämpfen. Die Armausschnitte mit je 1 Rd. f. M. und 1 Rd. Km. umhäkeln. Die Außenkanten mit 5 Rd. f. M. umhäkeln, dabei in den Ecken je 3 f. M. in einen Einstichpunkt arbeiten, über den Ausschnittecken nur in 2. und 4. Rd. je 2 f. M. in einen Einstichpunkt. Als Abschluß noch 1 Rd. Krebsmaschen ausführen, das sind f. M. von links nach rechts gehäkelt. Die Blende ebenfalls von links leicht überdämpfen.

04 Herrenweste, beschrieben für Ow. 100 und 110 cm, Gr. 48 und 52

Die eingeklammerten Zahlen gelten für Gr. 52, steht nur eine Zahl, gilt sie für beide Größen.

Material: Ca. 500 g Schnellstrickwolle, z. B. „Country Wool" von Busse, 1 INOX-Wollhäkelnadel Nr. 4½ oder 5.

Doppelmaschen: Lm.-Anschlag mit ungerader M.-Zahl, sehr locker ausführen. Für jede Doppelmasche (DM.) sind 2 Schl. durchzuholen, die dann in einem Zug abzumaschen sind. In der 1. R. die ersten Schl. durch die 3. und 4. Lm. ab Nadel, für jede folg. DM. die 1. Schl. durch die letzte Einstichstelle, die 2. Schl. durch die folg. M. durchholen. Am Ende der R. in die letzte Lm. 1 f. M. häkeln. Mit 2 Lm. wenden. Am R.-Anfang aus der f. M. und der folg. DM. je 1 Schl. durchholen, dann wie üblich abm. und für jede folg. DM. die 1. Schl. aus der letzten Einstichstelle und die 2. Schl. aus der folg. DM. durchholen. Auch diese R. mit 1 f. M. in die 2. Wende-Lm. beenden.

Abnehmen einer M.: Am R.-Anfang die f. M. übergehen, am R.-Ende zur letzten DM. statt der f. M. auch aus der Wende-Lm. noch 1 Schl. durchholen und in diesem Fall 4 Schl. zus. abmaschen.

Maschenprobe: 9 Doppelmaschen und 10 Reihen messen 10 x 10 cm.

Ausführung: Rückenteil und Vorderteil zusammenhängend häkeln: 87 (97) Lm. anschlagen und über 86 (96) M. 34 (36) R. im Grundmuster häkeln.

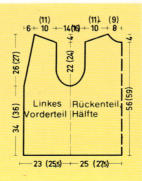

Bei dicker Wolle ist es zweckmäßig, unnütze Nähte zu vermeiden. Wir häkelten deshalb Vorderteile und Rücken zusammenhängend.

Molligweiche Häkelmaschen

Ein Handstrickgarn mit Mohairbeimischung empfehlen wir für dieses Ausgehkleid. Sie haben die Wahl unter vielen Mode-Herbst-Farben!

05–06 Kleid mit Schal, Ow. 84 und 92 cm, Gr. 36 und 40

In der Anleitung stehen die Angaben für Gr. 40 in Klammern, steht nur eine Zahl, so gilt sie für beide Größen. Schnittschemas auf Bogen A.

Material: Mittelstarkes Mohairgarn (1 Kn. = 40 g), z. B. LANG „Angelina" (87% Acryl, 13% Mohair), fürs Kleid 440 (480) g Weinrot, 80 g Hellrot, 40 g Pink, zum Schal 80 g Weinrot, je 40 g oder Reste von Hellrot und Pink, 1 INOX-Wollhäkelnadel Nr. 4.

Halbe Stäbchen: Mit weinrotem Garn in R. häkeln. Lm.-Anschlag locker ausführen. Das 1. Stb. in 1. R. in die 3. Lm. ab Nadel, dann in jede Lm. 1 halbes Stb. In allen folg. R. das 1. h. Stb. durch 2 Lm. ersetzen; diese 2 Wende-Lm. rechnen in der Anleitung als eine Masche.

Rondellborten: Lm.-Anschlag teilbar durch 6; lt. Häkelschrift in 2 R. ausführen. Der Doppelpfeil zeigt auf die 1. Lm. des Anschlages. Die Mustersätze von Pfeil bis Pfeil wdh., nach der letzten Wiederholung mit 1 Km. an der letzten Lm. anschlingen. Die 2. R. über der Gegenseite des Lm.-Anschlages ausführen, die Stb.-Gruppen treffen in dieselben Einstichstellen wie in 1. R.

Maschenprobe: 20 h. Stb. und 15 R. messen 10 x 10 cm; 10 Rondelle sind 30 cm lang, Breite der Borte ca. 3 cm.

Verbinden der Streifen: Mit der Farbe der Rondellborten diese und die Halbe-Stb.-Streifen, linke auf linker Seite liegend, mit f. M. zusammenhäkeln. In jedes h. Stb. 1 f. M., nach je 3 f. M. das 4., 5. und 6. Stb. eines Rondells mitfassen, also jeweils in halbes Stb. **und** Stb. einstechen. Wie die Streifen an den Seiten aneinandertreffen, geht aus dem Schnittschema hervor. Die überstehenden Rondelle werden beim Schließen der Seitennähte abgenäht, siehe Abb. 4.

Rückenteil: 65 (73) Lm. anschlagen und h. Stb. häkeln = 64 (72) M. Für die Seitenschrägung beidseitig 10mal in jeder 3. folg. R. je 1 M. zunehmen = 84 (92) M. Nach 33 (35) R. = 22 (23) cm ab Anschlag

für die Armausschnitte wie folgt abnehmen: 1mal 4 (5) M., dann 3mal in jeder 2. folg. R. je 2 M. = 64 (70) M. Nach 25 (27) R. = 17 (18) cm ab Armausschnitt beginnen Halsausschnitt und Schulterschrägung. Für den Halsausschnitt in der Mitte 22 (26) M. unbehäkelt lassen; jede Seite für sich – die 2. gegengleich – beenden. Für die Rundung am Innenrand in 2. R. 3 und in 4. R. 2 M. abnehmen. Gleichzeitig für die Schulterschrägung am Außenrand 5 (6) M., in 2. R. 6 M. und in 4. R. 5 M. abnehmen.

Vorderteil: Genauso wie das Rückenteil häkeln, lediglich mit tieferem Halsausschnitt. Bereits nach 15 (18) R. = 10 (12) cm ab Armausschnitt in der Mitte 12 (14) M. unbehäkelt lassen. Am Innenrand je 1mal 4, 3, 2 und je 1 (2)mal 1 M. abnehmen; 2. Seite gegengleich beenden.

Rock: Zunächst die Rondellborten arbeiten, damit sie beim Häkeln der Halbe-Stäbchen-Streifen nach und nach eingehäkelt bzw. eingefügt werden können. Nachfolgend Farbvorschlag und Lm.-Anschlag (für ein Rondell 6 Lm.); die Ziffern 1 bis 8 bezeichnen die betreffenden Borten in den Schemazeichnungen, und aus diesen ist auch die Anzahl der Mustersätze abzulesen. Selbstverständlich kann eine vom Modell abweichende Farbfolge gewählt werden.

Pink: 1., 4. und 7. Borte, Anschlag 78 (90), 108 (120), 126 (138) Lm.

Hellrot: 2. und 3. sowie 5., 6. und 8. Borte, Anschlag 90 (102), 96 (108), 108 (126), 120 (126), 132 (144) Lm.

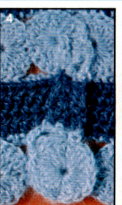
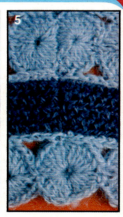

Abb. 1: Die 2. Reihe wird über der Gegenseite des Lm.-Anschlages angehäkelt. **Abb. 2:** So sind die Rondelle mit den Halbe-Stäbchen-Streifen zu verbinden. **Abb. 3:** Ausschnitt aus dem Schal; 4 Rondellborten werden mit festen Maschen zusammengehäkelt, dazwischen ein Steg aus 6 Luftmaschen. **Abb. 4, 5:** Seitennaht, innen und außen.

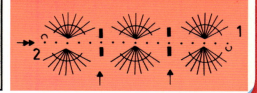

Die Halbe-Stäbchen-Streifen sind in den Schnittübersichten ab Taille in der Reihenfolge a bis h bezeichnet und anschließend auch so beschrieben.

Streifen a, 6 R., über dem Anschlagrand des Rückenteils anhäkeln. Für die Schrägung beidseitig in 1., 3., 5. und 6. R. je 1 M. zunehmen = 72 (80) M.

Streifen b, 9 R., Anschlag 81 (93) Lm. = 80 (92) M. in 1. R., beidseitig in 3., 6. und 8. R. zunehmen = 86 (98) M.

Streifen c, 2 R., Anschlag 93 (105) Lm. = 92 (104) M., in 2. R. beidseitig je 1 M. zunehmen = 94 (106) M.

Streifen d, 9 R., Anschlag 99 (111) Lm. = 98 (110) M. in 1. R. In 3. und 7. R. je 1 M. zunehmen = 102 (114) M.

Streifen e, 9 R., Anschlag 111 (129) Lm. = 110 (128) M. in 1. R.; in 3. und 7. R. je 1 M. zunehmen = 114 (132) M.

Streifen f, 2 R., Anschlag 118 (136) Lm. = 117 (135) M. in 1. R.; in 2. R. beidseitig 1 M. zunehmen = 119 (137) M.

Streifen g, 9 R., Anschlag 123 (141) Lm. = 122 (140) M. in 1. R.; in 3., 6. und 8. R. je 1 M. zunehmen = 128 (146) M.

Streifen h, 9 R., Anschlag 132 (150) Lm. = 131 (149) M. in 1. R.; in 3., 6. und 8. R. je 1 M. zunehmen = 137 (155) M.

Ärmel: 43 Lm. anschlagen und h. Stb. häkeln = 42 M. Für die Schrägung beidseitig 8 (10)mal in jeder 7. (6.) folg. R. je 1 M. zunehmen = 58 (62) M. Nach insgesamt 60 (62) R. = 40 (41) cm ab Anschlag für die Ärmelkugel beidseitig je 3 (4) M. abnehmen, dann in jeder 2. folg. R. wie folgt abnehmen: 1mal 3 M., 2mal je 2 M., 6 (7)mal je 1 M., schließlich noch je 1mal 2, 3 und 4 M. In der Mitte bleiben nach 24 (27) R. ab Ärmelkugel 8 M. übrig. Den 2. Ärmel genauso häkeln.

Ausarbeiten: Teile spannen, anfeuchten und evtl. leicht dämpfen. Seiten-, Schulter- und Ärmelnähte schließen. Halsausschnitt mit 1 R. h. Stb. umhäkeln. Ärmel Naht auf Naht einsetzen.

Schal, ca. 13 x 210 cm
Mit Pink beginnen, 420 Lm. anschlagen und eine Rondellborte häkeln. Am Ende der 2. R. mit Km. bis zur Mitte des 1. Rondells vorgehen und den Rand umhäkeln: * 6 Lm., 1 f. M. in das 5. Stb. des folg. Rondells, ab * stets wdh. Mit Weinrot die 2. Borte arbeiten und – linke auf linker Seite liegend – mit der 1. Borte verbinden, wie beim Umhäkeln wechselnd 6 Lm., 1 f. M. in das 5. Stb. beider Borten arbeiten. Nach der letzten f. M. Faden abschneiden und vernähen. Die 3. Borte hellrot, die 4. wieder weinrot ausführen und ebenso an die vorhergehende anhäkeln. Den Rand der 4. Borte wie den der ersten umhäkeln. Schal korrekt spannen, anfeuchten und trocknen lassen, dann aus der Spannung lösen.

05, 06

Häkeln

**07 Anleitung zum
Bettjäckchen in Motivhäkelei
für Größe 40 (Ow. 92 cm)**

Man braucht ca. 300 g gelbe und 250 g weiße mittelstarke Wolle (z. B. Gebrasa „Cablé fein") und 1 Häkelnadel Nr. 2½. **Motive und halbe Motive werden nach den Häkelschriften A und B in Runden bzw. in Reihen gehäkelt. Siehe S. 93.**

Erklärung der Abkürzungen und der burda-Häkelschriftzeichen:

· = 1 Luftmasche, Lm., R. = Reihe
⌒ = 1 Kettmasche, Km., Rd. = Runde
† = 1 Stäbchen, Stb., f. M. = feste Masche
⫫ = 1 Gruppe, G., aus 3 Stäbchen

Allgemein ist folgendes zu beachten: Die 1. und 4. bis 6. Rd. oder R. weiß, die 2. und 3. sowie 7. und 8. Rd. oder R. gelb häkeln. Fadenanfang und -ende einhäkeln oder auf der Rückseite weiterführen, siehe Abb. 1. Einen neuen Faden um 1 Lm. der Vor-Rd. anschlingen. Bei den beiden halben Motiven im Anschluß an die 8. R. den unteren Rand mit 26 f. M. behäkeln (die Lm. „übergehen"). Am Rd.-Anfang ist die 1. G. stets mit Km. zu überhäkeln (siehe Pfeil in der Abb. 2), um zur folgenden Lm. zu gelangen. Das 1. Stb. jeder Rd. oder R. ist durch 3 Lm. zu ersetzen, siehe Häkelschrift! Wie die Häkelschriften zeigen, folgt auf 1 G. stets 1 Lm., an den Ecken jedoch 2 Lm. Die G. sind in 1. R. oder Rd. um einen Ring aus 4 Lm., der mit 1 Km. zum Ring geschlossen wird, in den folgenden Rd. oder R. um die Lm. der Vor-Rd. zu häkeln. In den Ecken sind also um die 2 Lm. stets 1 G., 2 Lm. und 1 G. auszuführen – dadurch wird pro Seite stets 1 G. zugenommen!

Motivgröße: 15 x 15 cm; die Häkelproben sind in gleicher Größe mit Nadel Nr. 3 aus superweicher Zephirwolle „Gomitolo" von Lana Gatto gehäkelt.

Das 2. und alle folgenden Motive mit dem vorhergehenden Motiv verbinden! Dazu die Abb. 3 und 4! Ab 2. Motiv in der 1. Motivreihe mit dem Verbinden an der 3. Ecke, ab 2. Motivreihe, in welcher auch an die 1. Motivreihe anzuschlingen ist, bereits an der 2. Ecke beginnen. In den Ecken nach der 1. Lm. 1 f. M. um den Lm.-Bogen des angrenzenden Motives häkeln, siehe Abb. 3, dann die 2. Lm. häkeln. Zwischen den G. an Stelle der Lm. 1 f. M. oder 1 Km. um die Lm. im angrenzenden Motiv ausführen, siehe Abb. 4. An denjenigen Verbindungsstellen, an denen in den Ecken 4 Motive zusammentreffen, die f. M. in die vorige f. M. der Verbindungsstelle häkeln!

Das Schnittschema zeigt 1 Viertel! Für Vorderteile und Rückenteil 2 R. aus je 6 Motiven verbinden. Über jedem Vorderteil einschließlich Kimonoärmel je 4 Motive ansetzen – das 2. Motiv ab Mitte am unteren Rand lose lassen! Ebenso 8 Motive für Rückenteil und Ärmel anhäkeln. Nun die Ärmel durch je 3 Motive vervollständigen, d. h. an einer Seite mit

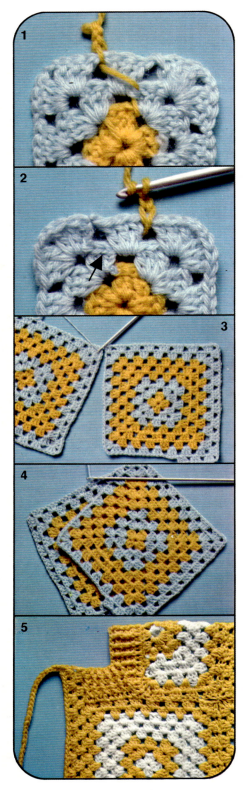

den Vorderteilen, an der 2. Seite mit dem Rückenteil verbinden. Innen je ½ Motiv einsetzen, siehe Abb. 5.

Den Ausschnittrand mit Reliefstäbchen = RStb. in Gelb umhäkeln! Dazu die Zeichnungen, sie erklären, daß nicht in, sondern **um** die Stb. ein- und auszustechen ist. Ein RStb. A erscheint auf der Rückseite als RStb. B und umgekehrt: Das RStb. B gleicht auf der Rückseite dem RStb. A! Den Faden an der rechten Ausschnittecke anschlingen, 3 Lm. (= 1. Stb.) und dann 1 R. Stb. häkeln (die Lm. der Motive übergehen), in den Ecken stets 3 Stb. zusammen abmaschen. Ab 2. R. wechselnd 1 RStb. A, 1 RStb. B häkeln (in die Ecken sollte 1 RStb. A treffen). In den folgenden 3 R. über die A-Stb. wieder RStb. A, über die B-Stb. wieder RStb. B häkeln, so daß eine leicht dehnbare Blende entsteht. In der 3. R. das RStb. in der Ecke zusammen mit dem Stb. danach, in der 5. R. mit dem Stb. davor abmaschen (siehe Abb. 5, links unten). Nach der 5. R. die Vorderkanten und den unteren Rand wie folgt umhäkeln: Wechselnd 1 G., 1 Lm., in den Ecken 1 G., 2 Lm., 1 G. In der 2. R. die Lm. weglassen, also um die G. der 1. R. wieder G. häkeln. Nun kann das Teil exakt gespannt werden! Zuletzt noch die Ärmelränder in Gelb umhäkeln: 1. R. f. M., 2. R. Stb., 3. R. bis 11. R. abwechselnd 1 RStb. A, 1 RStb. B – in der 1. R. mit jedem RStb. 2 Stb. der Vorreihe erfassen. Nun die Ärmelnähte schließen. Aus doppelter gelber Wolle 2 je 90 cm lange Lm.-Ketten häkeln. Als Verzierung an den Enden kleine Pompons anbringen oder aus gelber Wolle 2 Vierecke lt. 1. bis 3. Motiv-Rd. häkeln, diese an den Ecken mit dem Ende jeder Lm.-Kette verbinden; Kordel am Ausschnitt festnähen!

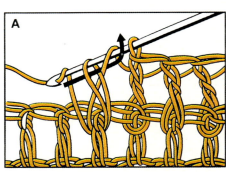

A

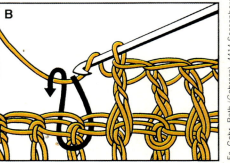

B

Fa. Gebr. Rath (Gebrasa), 4414 Sassenberg, Postfach 1180

Ein Patchwork-Gedicht für die nötige Bettschwere

Die Ziffern 1 bis 8 bezeichnen den Anfang der Runden und Reihen, in der Häkelschrift B stehen sie am unteren Rand!

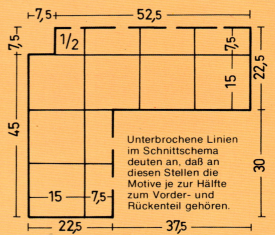

Unterbrochene Linien im Schnittschema deuten an, daß an diesen Stellen die Motive je zur Hälfte zum Vorder- und Rückenteil gehören.

Häkelschrift A

Häkelschrift B

Die Büschelmaschen sind wie Reliefstäbchen um die Maschen der Vorreihe zu häkeln.

08 Damenjacke

Ow. 84 und 96/100 cm, Größe 36 und 42/44
Die Angaben für Gr. 42/44 stehen in Klammern; eine Zahl allein gilt für beide Größen.

Material: 600 (650) g weiße und je 100 g rote und grüne mittelstarke Wolle, z. B. Schoeller „wollspaß" (100 % Schurwolle); 1 INOX-Wollhäkelnadel Nr. 3½ sowie 7 Trachtenknöpfe, 18 mm ⌀.

Grundmuster: Lt. Häkelschrift A in R. ausführen, die 1. R. ist eine Rück-R. Das Muster jeweils von der Mitte aus einteilen, siehe Doppelpfeil. Innerhalb der R. den Mustersatz zwischen den Pfeilen sowie die 2. und 3. R. fortl. wdh. **1 M. abnehmen heißt:** 2 M. zus. abm., bei mehreren M. die M. der Vor-R. mit entsprechend viel Km., f. M. und h. Stb. übergehen, siehe auch R. a der Häkelschrift A.

Erklärung der Häkelschrift, siehe Bogen A.
• = 1 Lm.   ⌒ = 1 Km.   ▌= 1 f. M.
∤ = 1 h. Stb.   ┼ = 1 Stb.
0 = 1 Büschelmasche: 3mal mit je 1 U. 1 Schl. an den Kopf des Stb. der Vor-R. durchholen, dann alle auf der Nadel liegenden Schl. zus. abm.

Maschenprobe: 18 M. x 8 R./10 x 10 cm.

Blütenborte: In 1. R. mit Grün wechselnd 1 Dstb., 2 Lm., das 1. Dstb. durch 4 Lm. ersetzen. Die Anzahl der Dstb. muß durch 7 + 3 teilbar sein. In 2. R. mit Rot – über dem linken Vorderteil beginnend – um 7 Lm.-Bogen je 1 Blatt aus 1 f. M., 1 h. Stb., 2 Stb., 1 h. Stb., 1 f. M. häkeln, danach mit 1 Km. zwischen 2. und 3. Blatt anschl., siehe Abb. 1. Das 3. bis 7. Blatt bilden eine Blüte. ✶ Es folgen wieder 3 Blätter, im 4. Blatt nach dem 1. Stb. mit 1 Km. zwischen den 2 Stb. im 2. letzten Blatt der Blüte anschl., siehe Abb. 2. Nach dem 7. Blatt wieder zwischen dem 2. und 3. Blatt ab ✶ anschl. In dieser Weise die Arbeit fortsetzen, nach der letzten Blüte mit 2 Blättern gegengleich zum Anfang enden!

Rückenteil: Anschlag 81 (95) Lm., das Grundmuster häkeln = 79 (93) Stb. in 1. R. Nach 30 (32) R. = 37,5 (40) cm ab Anschlag beidseitig für die <u>Armausschnitte</u> 6 M., dann jeweils in folg. R. 1mal 3 M., 0 (1)mal 2 M. und 1mal 1 M. abnehmen = 59 (69) M. Nach 7 R. = 9 cm ab Armausschnitt für die <u>Passenrundung</u> die mittleren 23 (33) M. unbehäkelt lassen. Jede Seite für sich – die 2. gegengleich – beenden. Am Innenrand in jeder folg. R. 4mal je 4 M. und 1mal 2 M. abnehmen.

Linkes Vorderteil: Anschlag 43 (49) Lm., das Grundmuster häkeln = 41 (47) Stb. in 1. R. (Für Gr. 42/44 nach 28 R. = 35 cm Anschlag für den Abnäher über 22 M. ab rechtem Rand lt. R. a der Häkelschrift A häkeln – 2mal jeweils in 2. R. Es folgen noch 2 Grundmuster-R. bis zum Armausschnitt.) Armausschnitt am rechten Rand und Passenrundung am linken Rand wie am Rückenteil ausführen, für letztere 13 (17) M. unbehäkelt lassen.

Rechtes Vorderteil gegengleich häkeln.

Ärmel: Anschlag 37 Lm., das Grundmuster häkeln = 35 M. in 1. R. Für die Schrägung in 3. R. und 6 (12)mal jeweils in 4. (2.) R. 1 M. zunehmen = 49 (61) M. Nach 30 (32) R. = 37,5 (40) cm ab Anschlag beidseitig für die Ärmelkugel 0 (1)mal 4 M., dann jeweils in folg. R. 1mal 2 M., 11 (12)mal je 1 M. und 2mal je 2 M. abnehmen; 15 (17) M. bleiben übrig.

Ausarbeiten: Teile spannen, anfeuchten, trocknen lassen. Nähte schließen. Ärmel so einsetzen, daß die 2 letzten R. der Ärmelkugel überstehen.

Passe: Mit Grün den Passenrand mit 1 R. Stb. überhäkeln, am rechten Vorderteil beginnen – Ärmelkugel in je 2 Fältchen legen – = 161 (183) Stb. Anschließend mit Weiß über den 1. grünen Stb. anschl., 6 Stb. häkeln, 0 (1) Stb. übergehen, dann 30 (34)mal wechselnd 4 Stb. häkeln, 1 Stb. übergehen, enden mit 5 (6) Stb. = 131 (148) Stb.

08, 09

Häkeln

Nun folgen 7 (9) R. Grundmuster. Die 2. Grundmuster-R. mit 5 (7) Stb. beginnen und beenden und zwischen den Bm. nur 5 (6) Stb. häkeln. Wie folgt abnehmen: In 3., 5. und 7. (und 9.) R. jeweils vor und nach den Bm. das 2. und 3. Stb. (3. und 4. Stb. – in 5., 7. und 9. R. wieder das 2. und 3. Stb.) zus. abm. Ärmelränder lt. Häkelschrift B mit 2 Rd. h. Stb. überhäkeln, Rd. a rot, Rd. b grün, Ausschnittrand und Vorderränder ebenfalls, über den Ecken je 4 Stb. in 1 Einstichstelle, in 2. R. die 4 Stb. zwischen das 2. und 3. der 4 Stb. häkeln. Unteren Rand mit grünen Stb. überhäkeln, dann folgt 1 Blütenborte mit 143 (164) Dstb. in 1. R. Über den Passenansatz ebenfalls 1 Blütenborte häkeln, die Dstb. in die Einstichstelle der grünen Stb. – in 1. R. 150 (171) Dstb. Für die Kordel 6 Fäden, 4 m lang, eindrehen, Enden verknoten, aufschneiden. Kordel in Taillenhöhe einziehen, Knöpfe annähen.

09 Mädchenjacke

Gr. 128 und 140/146, für 8 und 10/11 Jahre
Die Angaben für Gr. 140/146 stehen in Klammern; 1 Zahl allein gilt für beide Größen. Allgemeine Angaben siehe Damenjacke, jedoch nur 350 (400) g weiße Schoeller-Wolle und 5 Knöpfe sowie 1 Häkelnadel Nr. 3. Daraus ergibt sich folg. Maschenprobe: 16 M. x 10 R./9 x 12 cm.

Rückenteil: Anschlag 65 (69) Lm., das Grundmuster häkeln = 63 (67) Stb. in 1. R. Nach 22 (23) R. = 26 (28) cm ab Anschlag beidseitig für die Armausschnitte 5 M., dann jeweils in folg. R. 1mal 2 M. und 1 M. abnehmen = 47 (51) M. Nach 4 (5) R. = 5 (6) cm ab Armausschnitt für die Passenrundung die mittleren 17 (21) M. unbehäkelt lassen. Jede Seite für sich – die 2. gegengleich – beenden. Am Innenrand 3mal jeweils in folg. R. je 5 M. abn.

Linkes Vorderteil: Anschlag 33 (35) Lm., das Grundmuster häkeln = 31 (33) Stb. in 1. R. Armausschnitt am rechten Rand und Passenrundung am linken Rand wie am Rückenteil ausführen, für letztere 8 (10) M. unbehäkelt lassen.

Rechtes Vorderteil gegengleich häkeln.

Ärmel: Anschlag 31 Lm., das Grundmuster häkeln = 29 M. Für die Schrägung beidseitig in 2. R. und 6 (8)mal jeweils in 4. (3.) R. je 1 M. zunehmen = 43 (47) M. Nach 27 (28) R. = 32 (34) cm ab Anschlag beidseitig für die Ärmelkugel 2 M., dann jeweils in folg. R. 7mal je 1 M. und 2 (3)mal je 2 M. abnehmen. Restl. 17 M. unbehäkelt lassen.

Ausarbeiten, Passe: Allgemeines siehe Damenjacke. Die 1. grüne Stb.-R. der Passe zählt 128 (138) Stb. In der weißen Stb.-R. 6 Stb., ✳ 1 Stb. übergehen, dann 4 Stb. häkeln, ab ✳ 22 (24)mal wdh., enden mit 7 Stb. = 105 (113) Stb. Anschließend folgen 7 R. Grundmuster. Die 2. R. mit 7 Stb. beginnen und beenden, zwischen den Bm. je 5 (6) Stb. häkeln. In 3., 5. und 7. R. abn., s. Modell 08. Ärmel-, Vorderränder und Ausschnitt wie die Damenjacke überhäkeln. Am unteren Rand für die Blütenborte in 1. R. statt Dstb. nur Stb. ausführen = 113 (120) Stb. In 2. R. schon nach dem 6. Blatt zwischen dem 1. und 2. Blatt anschl. Passenansatz wie unteren Rand überhäkeln. In 1. R. sind 127 (134) Stb. vorhanden. Kordel aus 4 Fäden à 3,50 m eindrehen, einziehen und verknoten.

Die Zahlen für die zweite Größe stehen in Klammern

08

Linkes Vorderteil, Gr. 36

Linkes Vorderteil, Gr. 42/44

Rückenteil, Hälfte Gr. 36 + 42/44

Ärmel, Hälfte Gr. 36 + 42/44

09

Linkes Vorderteil

Rückenteil Hälfte

Ärmel Hälfte

Häkeln

10 Dreifarbiger Häkelpulli

Ow. 88 und 100 cm, Größen 38 und 44. Angaben für Gr. 44 stehen in Klammern, 1 Zahl allein gilt für beide Gr. Häkelschriften und Schema Bg. D.

Material: Ca. 200 (250) g grünes sowie je 100 (150) g rosa- und fliederfarbenes mittelfeines Mohairgarn, z. B. Schachenmayr „Show" (70% Polyacryl, 30% Mohair, im Schongang maschinenwaschbar); je 1 INOX-Wollhäkelnadel Nr. 2½ und 3.

Grundmuster: Lt. Häkelschrift A ausführen. Lm.-Anschlag teilbar durch 8 + 2 Lm. zum Wenden. Beginnen mit den M. vor dem 1. Pfeil, den Mustersatz von Pfeil bis Pfeil stets wdh., enden mit den M. nach dem 2. Pfeil. Die Stb. in 4. R. sowie die Bm. in 7. R. stets um die Lm. der Vor-R. häkeln. Nach der 7. R. die 2. bis 7. R. stets wdh., und zwar in folg. Farben: 1. R. rosa, 2. bis 4. R. grün, 5. bis 7. R. flieder, dann fortl. je 3 R. grün, rosa, grün und flieder häkeln.

Maschenprobe: 3 Mustersätze x 13 R./9,5 x 9,5 cm.

Ausführung: Pfeile im Schnittschema geben die Häkelrichtung an. Anschlag 66 (82) Lm., 7 R. Grundmuster mit Nadel Nr. 3 = Aufschlag des linken Ärmels, dann mit Nadel Nr. 2½ häkeln. Nach 37 R. = 27 cm ab Anschlag lt. Häkelschrift B zunehmen – am linken Rand gegengleich = 15 (17) Mustersätze in 64. R. – diese R. markieren. Nach 20 (23) R. = 15 (17) cm ab Markierung für den Halsausschnitt die Arbeit teilen. Zuerst fürs rückw. Passenteil über die ersten 6½ (7½) Mustersätze noch 20 R. = 15 (17) cm – ebenso viele R. fürs vordere Passenteil über die letzten 3½ (4½) Mustersätze häkeln. Danach zwischen vorderer und rückw. Passe 40 Lm. = 5 Mustersätze einfügen und wieder über alle M. häkeln, das Teil gegengleich mit dem rechten Ärmel beenden. Fürs Rückenteil mit Grün über den rückw. Passenrand 112 (128) f. M. und 45 R. Grundmuster häkeln – die 1. bis 4. R. ebenfalls grün. Beidseitig für die Schrägungen in der 1. bis 10. R. je ½ Mustersatz abnehmen = 13 (15) Mustersätze. Vorderteil genauso anhäkeln.

Ausarbeiten: Teil spannen, anfeuchten und trocknen lassen. Nähte schließen. Ausschnittrand grün mit 3 Rd. f. M. umhäkeln, über Eck 3 f. M. zus. abm.

11 Zweifarbiger Häkelpulli

Ow. 80 bis 84 cm für Gr. 34/36 und 88 bis 92 cm für Gr. 38 bis 40. Die Angaben in Klammern stehen für die Größen 38 und 40. 1 Zahl gilt für beide Größen. Häkelschriften A bis C und Schema auf Bogen A.

Material: 200 g grünes, 50 g fliederfarbenes Mohairgarn, z. B. „Nomotta Show" siehe 10, 1 INOX-Wollhäkelnadel Nr. 3.

Grundmuster: Lm.-Anschlag teilbar durch 7 + 1 Lm. extra und 2 Lm. zum Wenden. Locker häkeln! Lt. Häkelschrift A die R. mit den M. vor dem 1. Pfeil beginnen, den Mustersatz von Pfeil bis Pfeil wdh.,

Bunt gemixte Häkelmaschen

12—14

11

enden mit den M. nach dem 2. Pfeil. Nach der 5. R. die 2. bis 5. R. fortl. wdh. Die 1., 2. und 5. R. grün, die 3. und 4. R. flieder, ab 40. R. grün häkeln.

Maschenprobe: 3 Mustersätze x 12 R./10 x 10 cm.

Rückenteil: Anschlag 108 (115) Lm., lt. Grundmuster 65 (67) R. häkeln, dann für Halsausschnitt und Schulterschrägung abnehmen, zuerst die linke Hälfte lt. Häkelschrift B ausführen, Pfeil = Mitte, dann die rechte Hälfte gegengleich beenden.

Vorderteil wie das Rückenteil häkeln, nur schon in der 57. (59.) R. für den Halsausschnitt lt. Häkelschrift C abnehmen. Schulternähte schließen.

Ärmel: Zu beiden Seiten der Schulternähte ab 41. (43.) R., siehe Markierung im Schnittschema, im Grundmuster grün anhäkeln, in der 1. R. 92 f. M. = 12 Mustersätze + je 4 M. an R.-Anfang und -Ende. Nach der 51. R. mit 1 R. f. M. abschließen.

Fertigstellen: Allgemeines siehe 10. Halsausschnitt fliederfarben mit 3 Rd. umhäkeln, und zwar 33mal wechselnd 2 Stb., 1 Relief-Stb. A = 99 M. Unteren Rand mit 4 Rd. grün umhäkeln, wechselnd 3 Stb., 1 Relief-Stb. A – über Vorder- und Rückenteil je 86 Maschen.

12 bis 14 Taschentuchspitzen

Spitzenbreite 2 cm, Häkelschriften A–C Bg. D. Häkelschrift A gilt für die 1., 2. und 5. Spitze, Häkelschrift B für die 3. Spitze und Häkelschrift C für die 4. und 6. Spitze (ab unten gezählt).

Material: Je 5 g Spitzengarn Nr. 80, 1 JMRA-Record-Garnhäkelnadel Nr. 0,60, 1 Taschentuch mit Hohlsaumrand.

Ausführung: Taschentücher in 1. Rd. mit f. M. umhäkeln, über Eck je 3 f. M. in eine Einstichstelle. Lt. Häkelschrift weiterarbeiten, Mustersätze von Pfeil bis Pfeil fortl. wdh. Die Stb. der 2. Rd. nicht in die f. M. der 1. Rd., sondern in die Einstichstellen der f. M. häkeln, so daß die f. M. also „überhäkelt" werden (nicht bei Muster A die einzeln stehenden Stb.). Jede Rd. mit 1 Km. schließen, das 1. Stb. durch 3 Lm., das 1. Dstb. durch 4 Lm., die 1. f. M. durch 2 Lm. ersetzen. Bei der Spitze B zum Anfang der 3. und 4. Rd. mit Km. vorgehen. Lt. Häkelschrift A pro Seite 12 Mustersätze, lt. Häkelschrift B pro Seite 16 Mustersätze, lt. Häkelschrift C pro Seite 14 Mustersätze zwischen den Ecken häkeln.

Erklärung der Häkelschriftzeichen:

• = 1 Lm.   ▮ = 1 f. M.   ∩ = 1 Km.

┼ = 1 Stb.   ⩔ = 2 Stb. in 1 Einstichstelle

A = 2 zus. abgemaschte Stb. (zus. abm.: jedes Stb. bis auf die letzte Schl. abm., dann mit 1 U. alle Schl. in einem Zug abm.)

╪ = 1 Dstb.   ⩓ = 2 zus. abgemaschte Dstb.

⩔ = 1 Stb., 2 Lm., 1 Stb. in 1 Einstichstelle

0 = 1 Bm.: Dafür 2mal mit je 1 U. 1 Schl. durchholen, dann mit je 1 U. 1mal 4 und 1mal 2 Schl. abmaschen.

Häkeln

Mit Häkelmaschen behütet, kommen Sie gut durch den heißesten Sommer!

15 Hütchen, Kopfweite 52 cm
Häkelschrift auf Bogen B.
Material: 100 g dünnes Baumwollgarn, z. B. MEZ Rot-Tulpe, für einfachen Faden 1 INOX-Wollhäkelnadel Nr. 2, für doppelten Faden Nr. 3.
Grundmuster: Für die Kappe mit einfachem Faden über einer Rd. Stb., siehe R. a der Häkelschrift, in Rd. wechselnd 1 Stb., 1 Lm. häkeln. Das 1. Stb. einer Rd. durch 3 Lm. ersetzen, jede Rd. mit 1 Km. schließen. In jeder folg. Rd. die Stb. um die Lm. der Vor-Rd. häkeln, daher mit 1 Km. zur folg. Lm. vorgehen. In Rd. e und g wird erläutert, wie abzunehmen ist. Die Hutkrempe über dem Lm.-Anschlag der Kappe in Rd. mit doppeltem Faden lt. Rd. 1 bis 6 anhäkeln (deshalb stehen die Ziffern auf dem Kopf). Ab 2. Rd. treffen die Stb. zwischen die Stb. der Vor-Rd. In der Rd. 5 wird das Zunehmen 1 Stb. erklärt. Erklärung der Häkelschriftzeichen auf Seite 4.
Ausführung: Für das Kopfteil 138 Lm. anschlagen, mit 1 Km. zum Ring schließen, lt. Rd. a bis d, dann fortl. die Rd. c und d wdh. In der 16. Rd. ab Anfang lt. Rd. e abnehmen. Es folgen 2 Rd. lt. Rd. f, dann je 1 Rd. lt. g, f und g, g. Mit dem Fadenende eine Spinne einnähen und damit die Kappe schließen (je 3 Fäden über Kreuz spannen und mit einigen Rd. durchstopfen, Fadenende vernähen).
Für die Krempe die Häkelschrift um 180 Grad drehen. Die 1. Rd. mit einfachem, ab 2. Rd. mit doppeltem Faden häkeln. In der 5. Rd. das 1. Mal zunehmen, und zwar 6mal wechselnd nach dem 11. und 12. Stb. = 150 Stb. in der Rd. Die 6. Rd. ohne zuzunehmen häkeln, in der 7. Rd. 15mal nach je 10 Stb. 1 Stb. zunehmen = 165 Stb. In 8. Rd. muß 25mal 1 Stb. zugenommen werden, nämlich 5mal wechselnd: 2mal nach 6, 3mal nach je 7 Stb. Die letzte Rd. ist demnach mit 190 Stb. auszuführen.

16 Saloppe Häkelbluse
für 88 bis 96 cm und 100 bis 110 cm, Größe 38/42 und 44/48.
Die unterschiedliche Größe wird durch die Verwendung von sehr dünnem und weniger dünnem Garn erreicht. Die Angaben für M. und R. gelten daher für beide Größen. Schließlich kann auch die Nadelstärke die Größe geringfügig beeinflussen. Häkelschrift siehe Bogen C.
Material: Für Gr. 38/42 ca. 300 g feines Garn, z. B. „cordonnet" von Pingouin, und 1 INOX-Wollhäkelnadel Nr. 2; für Gr. 44/48 ca. 350 g mittelfeines Garn, z. B. „scénario" von Pingouin, 1 INOX-Häkelnadel Nr. 2½; ca. 40 cm Rundgummi.

Afra GmbH, 2000 Hamburg 26, Postfach 260423 (Pingouin-Wolle); MEZ AG, 78 Freiburg, Postfach 1080

15, 16

Junge Maschenmode, betont salopp

Der Pfiff an diesem Modell:
Man beginnt am Halsausschnitt, häkelt nicht
nur Vorder- und Rückenteil,
sondern auch die Ärmel gleich an. Eine Ärmel-
einsatznaht gibt es somit nicht.
Und alles ist auf Bogen .. von einer übersicht-
lichen Häkelschrift abzulesen.

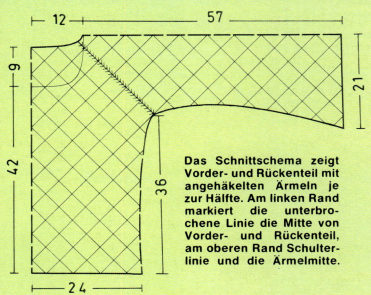

Grundmuster: Lt. Häkelschrift ausführen, von Pfeil bis Doppelpfeil 1 Mustersatz = 21 M. Das Muster wiederholt sich nach je 8 R. (nach je 4 R. versetzt). Der Doppelpfeil bezeichnet gleichzeitig die Mitte des rückwärtigen Ausschnitts.

Maschenprobe: 1 Mustersatz = 21 M. und 9 R. mißt mit „cordonnet" 6 x 6 cm, mit „scénario" jedoch 6,5 x 6,5 cm.

Ausführung: Die Bluse beginnt am Hals-ausschnitt lt. Häkelschrift. Der dicke Punkt bei Pfeil a bezeichnet die 1. Lm. des Anschlages. Es folgen 18 Lm., 1 Lm. für die Ecke, 80 Lm. (= rückwärtiger Ausschnittrand), 1 Lm. für die Ecke und wieder 18 M. (dicker Punkt = 18. M.); dazu 3 Lm. als Ersatz für das 1. Stb. der 1. R., siehe Pfeil b. Nun in hin- und herge-henden R. arbeiten, die Zahlen stehen jeweils am Anfang der R. In 1. R. in den Ecken je 2mal 4 Stb. in 1 Lm. häkeln. In den folg. R. das 1. dieser 8 Stb. in das 4. Stb. der einen Gruppe, das 8. Stb. in das 1. Stb. der 2. Stb.-Gruppe der Ecke ausführen. Die übrigen M. – 3 Stb., 5 Lm., 3 Stb. – sind um den Lm.-Bogen der Ecke zu häkeln. Von den 5 f. M. in den Spinnen (in 2. und 6. Muster-R.) die 1. und 5. f. M. **um** die Lm.-Bogen häkeln. Die Häkel-schrift ist bis einschließlich 10. R. voll-ständig gezeichnet; die 11. und 12. R. jeweils nur über den Ecken, die R. sind dazwischen wie 2. und 3. R. fortzusetzen. Im Anschluß an die 12. R. (R.-Ende siehe Doppelpfeil) mit 61 Lm. die seitlichen Teile verbinden, mit 1 Km. am Anfang der 12. R. anschlingen. Der 3fache Pfeil be-zeichnet die vordere Ausschnittmitte. Es wird in Rd. weitergehäkelt; a = Anfang der 1., b = Anfang der 2. Rd. Jede Rd. mit 1 Km. schließen, **nach jeder Rd. wen-den!** Nach 13 Rd. liegen über vorderem und rückwärtigem Ausschnittrand zwi-schen den Ecken je 9 Mustersätze. Abnehmen eines halben Mustersatzes siehe Häkelschrift 16A, Bogen ..!

Nun für **Vorder- und Rückenteil** die Ar-beit von Ecke zu Ecke in R. fortsetzen. In den folg. 11 R. beidseitig je ½ Muster-satz abnehmen. Genauso 11 R. für das Vorderteil anhäkeln, dann die Arbeit in Rd. fortsetzen – nach jeder Rd. wenden; 1 Rd./16 Mustersätze. Nach 40 Rd. = 5 Mustersätze ab Teilung sind Vorder- und Rückenteil beendet.

Die Ärmel ebenso anhäkeln, zunächst beidseitig je ½ Mustersatz abnehmen, dann 10 R. über 5 Mustersätze häkeln. Anschließend in den folgenden 16 R. beidseitig wieder je 1 Mustersatz zu-nehmen. Im 7. Mustersatz ab Ärmelbe-ginn mit einer 7. Musterreihe enden.

Ausarbeiten: Seiten- und Ärmelnähte schließen. Halsausschnitt wie folgt um-häkeln: **1. Rd.:** f. M., **2. Rd.:** Wechselnd 1 Stb., ✱ 1 Lm., 1 Stb. in die 2. folg. f. M., ab ✱ stets wdh. **3. Rd.:** In jedes Stb. 1 f. M., 1 Pikot (= 3 Lm., 1 f. M. zurück in die 1. Lm.). Die Ärmelränder mit 1 Rd. f. M. um-häkeln, dabei Rundgummi einhäkeln, der zuvor auf Handgelenkweite zusam-mengenäht worden ist. Dann 1 Rd. Pi-kots wie am Ausschnitt ausführen, mit dem Pikot 1 f. M. des Randes übergehen.

Das Schnittschema zeigt Vorder- und Rückenteil mit angehäkelten Ärmeln je zur Hälfte. Am linken Rand markiert die unterbro-chene Linie die Mitte von Vorder- und Rückenteil, am oberen Rand Schulter-linie und die Ärmelmitte.

Diese Rosenranken sind in »Filet« gehäkelt

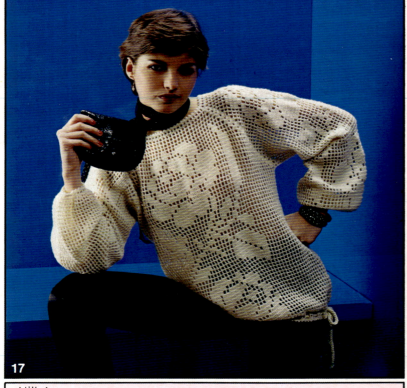

17

Filethäkelei ist auch das Thema des Lehrganges von Seite 29. Wer eines der Modelle nacharbeiten will und im Häkeln ungeübt ist, sollte ihn vorher studieren!

17 Blouson

Ow. 88 bis 96 cm, Gr. 38 bis 42.
Material: 350 g elfenbeinweißes mittelfeines Cablégarn, z. B. Schachenmayr Nomotta „Cordella" (70% Polyacryl, 30% Schurwolle, waschmaschinenfest); 1 INOX-Häkelnadel Nr. 2¹/₂.
Filetmuster: Wechselnd 1 Stb., 2 Lm. in Rd. häkeln. Das 1. Stb. jeder Rd. durch 3 Lm. ersetzen und jede Rd. mit 1 Km. schließen. Das Rosenmuster lt. Zählmuster einhäkeln, fürs Muster 2 Stb. statt 2 Lm. ausführen. Die äußere Begrenzung im Zählmuster gilt für Vorder- und Rückenteil, die innere bzw. gestrichelte Linie für die Ärmel.
Maschenprobe: 13 Karos x 11 R. messen etwa 10 x 10 cm.

Erklärung der Häkelschrift:
· = 1 Lm.   ⌒ = 1 Km.   ▮ = 1 f. M.
† = 1 Stb.   ⋀ = 2 Stb. zus. abm.
▲ = 1 Pikot (3 Lm., 1 f. M. zurück in die feste Masche)
⋎ = 3 Stb., 3 Lm., 3 Stb. in 1 Einstichstelle

Ausführung: Am Ausschnittrand beginnen, in Rd. häkeln. Mit gesondertem Faden 192 Lm. anschlagen (hat man sich verzählt, ist die M.-Anzahl einfacher zu berichtigen); mit 1 Km. zur Rd. schließen. Bereits in der 1. Rd. für die „Ecken" lt. Häkelschrift A zunehmen; Pfeil a zeigt auf den Rd.-Anfang. Zwischen der 1. und 2. sowie der 3. und 4. Ecke je 12 „offene" Karos = Schulterränder, zwischen 2. und 3. sowie 4. und 1. Ecke je 20 offene Karos häkeln = Vorder- und Rückenteil. In der 4. bis 19. Rd. (= Passe) wie bisher zunehmen, in der 5. Rd. das Rosenmuster beginnen. Nach der 19. Rd. = 216 Karos — einschließlich der Stb. über den Ecken — die Passe so zur Hälfte legen, daß Ecke über Ecke liegt. Zunächst Vorder- und Rückenteil in Rd. fertighäkeln. Die Stb. zu beiden

Seiten lt. Rd. a1 und b1, Häkelschrift A, überhäkeln, so daß die 1. Rd. 118 Karos zählt. Über diesen Verbindungsstellen, also seitlich, in 10./11., 19./20., 27./28., 35./36. und 41./42. Rd. je 1 Karo lt. Häkelschrift B zunehmen, wechselnd lt. a/b und c/d. In 41. Rd. sind 128 Karos vorhanden. Nach der 45. Rd. ab Teilung 1 Rd. offenen Filetgrund und 1 Rd. aus wechselnd 1 f. M. um die Lm. und 1 Pikot häkeln. Anschließend die Ärmel in Rd. über je 50 + 1 Karo über der Verbindungsstelle, also über 51 Karos, anhäkeln. In 9./10., 14./15., 18./19. und 23./24. Rd. ab Teilung lt. Häkelschrift B zunehmen (55 Karos in 24. Rd.). Auf die 48. Rd. ab Teilung folgt 1 Rd. Filetgrund, statt 2 jedoch nur 1 Lm. häkeln. Als Abschluß 1 Rd. aus 52 Stb. sowie die Rd. a, b und c lt. Häkelschrift C ausführen.
Wie der Halsausschnitt zu umhäkeln ist, erklärt ebenfalls Häkelschrift C. Die f. M. in Rd. um die Lm. zu häkeln. Aus je 5 Fäden, ca. 5,50 m lang, 2 Lm.-Ketten, à ca. 110 cm lang, häkeln. Diese jeweils über Vorder- und Rückenteil in die letzte Lochreihe einziehen (Anfang und Ende verknoten), seitlich binden, siehe Modellbild.

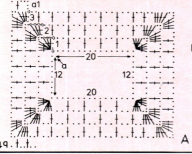

Häkelschrift A erklärt den Anfang der Passe, die in Runden zu häkeln ist.

A

B

C

18 Bluse mit 3/4 langen Ärmeln

Ow. 80/84 cm, Gr. 34/36; mit Häkelnadel Nr. 2¹/₂ passend für Gr. 38/40 (Angaben für Gr. 38/40 in Klammern).

Material: 250 (300) g mittelfeines Baumwollgarn, z. B. MEZ „Rot-Tulpe"; 1 Wollhäkelnadel Nr. 2 (2¹/₂).

Maschenprobe: Mit Nadel Nr. 2 messen 14 Karos x 14 R. 10 x 10 cm, mit Nadel Nr. 2¹/₂ sind es 13 Karos x 14 R.

Ausführung: Siehe Blouson. Jedoch Rückenteil und Ärmel ohne Rosenmuster, also nur im „offenen" Filetgrund häkeln. Die Passe erst nach 20 Rd. abschließen, so daß also Vorder- und Rückenteil mit 122 und die Ärmel mit je 53 Karos beginnen.
Will man das Modell für eine größere Oberweite häkeln, häkelt man für die Passe nicht nur 20 Rd., sondern — je nach gewünschter Weite — mehr Rd. (pro Rd. werden für Vorder- und Rückenteil 4 Karos zugenommen, das sind mit Nadel Nr. 2 ca. 28 mm, mit Nadel Nr. 2¹/₂ ca. 30 mm). Die Rosenranke kann dann um 3 Rd. ergänzt werden, s. Ärmelbegrenzung im Zählmuster!

18

ahlmuster zur Rosen-
nke auf Bogen A, für jedes
euzchen sind an Stelle
r Luftmaschen
Stäbchen zu häkeln

In diesem Netz findet alles Platz, was an Eßbarem für ein 4-Personen-Weekend in den Kofferraum gepackt werden muß. Es ist aus demselben Garn gehäkelt wie die Garnitur auf Seite 134/135. Soll es nicht so riesengroß ausfallen, verhäkeln Sie auch von der 2. und 3. Farbe jeweils nur einen Strang

19 Netztasche

44 cm ∅, 58 cm hoch, Häkelschrift Bogen A.
Material: 1 Str. weinrotes und je 2 Str. orangefarbenes und gelbes „Wihedü" Acryl-Makrameegarn, 1 INOX-Wollhäkelnadel Nr. 5.

Ausführung: Mit Weinrot in einen doppelten Fadenring 11 f. M. häkeln, siehe 1. Rd. lt. Häkelschrift. Ab 2. Rd. lt. Häkelschrift weiterarbeiten. Bis zur 4. Rd. sind die Rd. vollständig, ab 5. Rd. nur Rd.-Übergänge und ein Teil der Rd. gezeichnet. Für letztere den Mustersatz von Pfeil bis Pfeil fortl. wdh. Ab 8. Rd. mit Orange weiterarbeiten. Beim Farbwechsel das „Schluß-Stb." der Rd. mit der folg. Farbe abm. Fürs Grundmuster die 8. und 9. Rd. 1mal wdh. Die 12. Rd. wie die 7. Rd., die 13. bis 16. Rd. wie die 8. und 9. Rd., die 17. Rd. wieder wie die 7. Rd. häkeln. Dann mit Gelb 7 Rd. Grundmuster arbeiten. Die 25. und 26. Rd. wie die 7. Rd. häkeln, jedoch 7 statt 5 Lm. Die f. M. in 26. Rd. stets in die 4. von den 7 Lm. arbeiten. Für die ca. 170 cm lange Kordel 2 Lm. anschlagen, in die 2. Lm. ab Nadel 1 f. M. häkeln, jede folg. f. M. mit „Fußschlinge" anhäkeln: Die Schl. durch die letzte Einstichstelle durchholen, abm. = Fußschlinge. Dann die f. M. wie üblich abm. Jede folg. Fußschl. aus der vorhergehenden durchholen. Die Kordel in die letzte Lm.-Bogen-Rd. einziehen, Anfang und Ende zusammennähen.

Erklärung der Häkelschrift:

· = 1 Lm.   ∩ = 1 Km.   ‡ = 1 3faches Stb.

❘ = 1 f. M., in 5. bis 9. Rd. jeweils in die f. M. der Netzmasche.

⊦ = 1 Stb., am Rd.-Ende stets ins Stb. der Vor-Rd. häkeln, vor dem Abmaschen so lang wie die Netz-M. ziehen

◊ = 1 Netzmasche: 1 Lm. ca. 25 mm langziehen und 1 f. M. in den unteren M.-Draht dieser Lm. häkeln, siehe Abb. auf Musterbogen A.

Bunte Streifen aus Häkelmaschen

Eine problemlose Häkelei: Ärmel, Vorder- bzw. Rückenteil – alles ist in einem Stück auszuführen

20 Damenpulli mit Streifen

Ow. 80/84 und 92/96 cm, Größe 34 bis 36 und Größe 40 bis 42. Die Angaben für Gr. 40/42 stehen in Klammern, 1 Zahl allein gilt für beide Größen.

Material: 250 (300) g beigefarbenes sowie je 50 g mittel-, dunkelgrünes und orangefarbenes mittelfeines Handstrickgarn mit Cablédrehung, z. B. Gebrasa „Residenz" (55% Polyamid, 45% Polyacryl); 1 INOX-Wollhäkelnadel Nr. 2½ und Nr. 5.

Die Häkelschrift erklärt, wie zu- und abzunehmen ist.

Grundmuster: Maschenzahl teilbar durch 3 + 1 Lm. extra + 3 Lm. zum Wenden. Mit Nadel Nr. 2½ lt. Häkelschrift A in R. ausführen. Die R. mit den M. vor dem 1. Pfeil beginnen, die Gruppe zwischen den Pfeilen fortl. wdh., enden mit den M. nach dem 2. Pfeil. Nach der 2. R. die 2. R. stets wdh., R. a bis c erklären beiderseits das Zunehmen einer Gruppe, R. e und f das Abnehmen einer Gruppe. R. d zeigt, wie über den zugenommenen Gruppen weiterzuhäkeln ist.

Farbfolge: Nach 5 R. beige ✳ je 1 R. orange, beige, mittel-, dunkel-, mittelgrün, beige und orange ✳, anschließend 6 R. beige, je 1 R. dunkel-, mittelgrün und orange, 14 (18) R. beige häkeln, Farbfolge

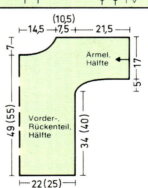

von ✳ bis ✳ wdh., dann 10 R. beige und je 1 R. orange, mittel-, dunkelgrün, orange, beige, mittel- und dunkelgrün ausführen. Die folg. beigefarbene R. bildet die rückw. Mitte. Die Farben ab Mitte gegengleich wdh.

Erklärung der Häkelschrift:

· = 1 Lm.   ⊦ = 1 Stb.

∨ = 2 Stb. in 1 Einstichstelle

∨∨ = 2 Stb., getrennt durch 1 Lm. in 1 Einstichstelle bzw. um die Luftmaschen der Vorreihe = 1 Gruppe

Maschenprobe: 12 Gruppen = 36 M. x 15 R./11,5 x 11 cm.

Rückwärtiges Teil: Der Pfeil im Schema gibt die Häkelrichtung an! Mit Beige für den Ärmel 58 Lm. anschlagen, das Grundmuster in der Farbfolge häkeln = 18 Gruppen in 1. R. Für die Ärmelrundung am linken Rand in der 15. R. mit dem Zunehmen lt. R. a bis c beginnen, dies bis zur 29. R. = 21,5 cm fortl. wdh. = 23 Gruppen in der R. Anschließend am linken Rand für das Rückenteil 110 (128) Lm. anhäkeln. In 30. R. sind 59 (65) Gruppen vorhanden. Nach 10 (14) R. = 7,5 (10,5) cm ab Rückenteil für den Halsausschnitt am rechten Rand in den folg. 14 R. 7 Gruppen lt. R. e und f abnehmen = 52 (58) Gruppen. Die 21. R. ab Halsausschnitt bildet die rückw. Mitte; danach das Teil gegengleich beenden. **Vorderes Teil** wie das rückwärtige Teil häkeln.

Ausarbeiten: Teile spannen, anfeuchten und trocknen lassen. Nähte schließen – seitlich 10 cm lange Schlitze offenlassen. In Taillenhöhe über den Seitennähten Gürtelösen anbringen: 6 Lm. mit 8 f. M. überhäkeln. Alle Ränder mit je 1 Rd. beige f. M. – über den Ecken 3 f. M. ausführen – umhäkeln, Halsausschnitt und unteren Rand zusätzlich mit 2mal wechselnd 1 R. bzw. Rd. Stb. und f. M. überhäkeln – über den Rundungen in jeder Rd. 4mal je 2 Stb. bzw. 2 f. M. zus. abm. Für den Bindegürtel mit Nadeln Nr. 5 eine 1,60 m lange Lm.-Kette aus je 1 dunkel-, mittelgrünen, beige- und orangefarbenen Faden ausführen. Diese beidseitig mit Nadel Nr. 2½ und beige f. M. überhäkeln, jeweils an R.-Anfang und -Ende die Fäden 15 cm hängen lassen und verknoten.

Schema:

(10,5)
14,5 — 7,5 — 21,5
7
Ärmel, Hälfte
17
5
49 (55)
Vorder-, Rückenteil, Hälfte
34 (40)
22 (25)

Häkeln

21 Mädchenpulli

Gr. 92/98 und 110/116, passend für 2/3 und 5/6 Jahre. Die Angaben für Gr. 110/116 stehen in Klammern, 1 Zahl allein gilt für beide Größen. Allgemeine Angaben siehe Damenpulli, jedoch nur 100 (150) g beigefarbenes Gebrasa-Handstrickgarn und Reste der übrigen Farben, 10 Knöpfe.

Farbfolge: Nach 3 R. beige * je 1 R. orange, dunkel-, mittelgrün und orange *, anschließend 11 (14) R. beige, Farbfolge von * bis * wdh., dann 5 (8) R. beige und noch je 1 R. orange, dunkelgrün, beige und mittelgrün ausführen. Die mittelgrüne R. bildet die rückw. Mitte. Die Farben gegengleich wiederholen.

Rückwärtiges Teil: Mit Beige für den Ärmel 31 (37) Lm. anschlagen, das Grundmuster häkeln = 9 (11) Gruppen in 1. R. Für die Ärmelrundung am linken Rand in der 8. R. mit dem Zunehmen lt. R. a bis c beginnen, dies bis zur 13. R. = 10 cm ab Ärmel 1mal wdh. = 11 (13) Gruppen in der R. Anschließend am linken Rand fürs Rückenteil 74 (80) Lm. anhäkeln. In 14. R. sind somit 35 (39) Gruppen vorhanden. Nach 10 (13) R. = 7 (9) cm ab Rückenteil für den Halsausschnitt am rechten Rand 3 Gruppen unbehäkelt lassen. In den folg. 4 R. verteilt 2 Gruppen abnehmen = 30 (34) Gruppen. Noch 4 R. häkeln, die 4. R. bildet die Mitte; danach das Teil gegengleich zur rechten Hälfte beenden.

Vorderes Teil genauso wie das rückwärtige Teil ausführen.

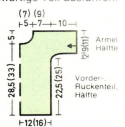

Ausarbeiten: Allgemeines siehe Damenpulli, jedoch Schlitze nur 5 cm offenlassen und die Schulternähte nicht schließen. Ausschnittrand, Schulter- und obere Ärmelränder an Vorder- und Rückenteil mit je 5 R. f. M. überhäkeln, dabei über den Schulter-Ärmel-Rändern des Vorderteils in 3. R. für die Knopflöcher 5mal in gleichmäßigen Abständen je 3 f. M. mit Lm. übergehen, diese in 4. R. wieder mit f. M. behäkeln. Unteren Pullirand und Schlitze mit 1 Rd., Ärmelränder mit je 1 R. f. M., dann untere Pulliränder – ohne Schlitzränder – zusätzlich mit je 4 R. f. M. überhäkeln. Knöpfe annähen. Für die Kordel von jeder Farbe 1 Faden, 4 m lang, eindrehen, Enden verknoten, aufschneiden, lt. Modellbild einziehen.

20, 21

Abb. 1: Effektgarn HEC „linacryl" gibt's in vielen Sommerfarben. **Abb. 2:** Anfang einer verkürzten R., die für die Abnäher bei Gr. 44 zu häkeln sind. Anfang und Ende der verkürzten R. markieren, 6 M. frei lassen, erst Km., f. M. und h. Stb. statt Stb. häkeln.

Links: Linker Rand der Spitzenärmel; Anfang u. Ende der R.

• = 1 Luftmasche

■ = 1 feste M.

┼ = 1 Stb. (in die Stb. bzw. um die Lm. häkeln)

Maschen für den Freizeitspaß

Der Strandkittel ist in einem Stück zu häkeln. Für die dekorative Spitze finden Sie unten eine Häkelschrift, von der Sie das Muster Masche für Masche ablesen können.

22 Kimonokittel in versetzter Filethäkelei mit Spitzenärmeln

für Ow. 86–88 cm, 90 cm und 100 cm. Größen 36/38, 40 und Größe 44. Die Zahlen in den Klammern gelten vor dem Gedankenstrich für Gr. 40, nach dem Gedankenstrich für Gr. 44; steht nur eine Zahl, gilt sie für alle drei Größen.

Material: 400 (450 – 500) g mittelfeines Effektgarn, z. B. „linacryl" von HEC (70% Synthetik, 30% Leinen), 1 Perl-INOX–Wollhäkelnadel Nr. 3, 1 Knopf.

Grundmuster: Lockerer Lm.-Anschlag mit gerader M.-Zahl. In der **1. R.** das 1. Stb. in die 6. Lm. ab Nadel, dann fortl. 1 Lm., 1 Stb. in die 2. folg. Lm. **2. R.:** Mit 3 Lm. wenden, ✳ 1 Stb. um die Lm., 1 Lm., ab ✳ wdh., die R. mit 1 Stb. um den letzten Lm.-Bogen und 1 Stb. in die 3. Wende-Lm. beenden. **3. R.:** Mit 3 Lm. wenden, ✳ 1 Lm., 1 Stb. um die folg. Lm., ab ✳ wdh. Das letzte Stb. in die 3. Wende-Lm. häkeln. Die 2. und 3. Reihe stets wiederholen.

Maschenprobe: 34 M., das ist 17mal wechselnd 1 Stb., 1 Lm., sind 10 cm breit, 4 Reihen messen 3 cm in der Höhe.

Spitzenmuster: Lt. Häkelschrift A arbeiten. Die 2. bis 17. R. insgesamt 5mal ausführen, siehe Schnittschema. Die Häkelschrift B zeigt lediglich, wie am linken Rand zu wenden ist.

Ausführung: Man beginnt am unteren Rand des Rückenteils mit 154 (162–180) Lm. und häkelt im Grundmuster = 75 (79–88)mal 1 Stb., 1 Lm. Nach 44 (47–51) R. = 33 (35–38) cm nach dem letzten Stb. für die Ärmel 74 Lm. + 5 Lm. zum Wenden anschlagen, an der Gegenseite mit gesondertem Faden 74 Lm. an der 3. Wende-Lm. anschlingen. Am rechten und am linken Rand die Spitze lt. Häkelschrift, dazwischen das Grundmuster ausführen. Für den Halsausschnitt nach 28 R. = 21 cm ab Spitzenmuster in der Mitte 49 (55–61) M. unbehäkelt lassen, jede Seite für sich, die 2. Seite gegengleich, weiterhäkeln. Nach 16 (19–21) R. = 12 (14–16) cm ab Halsausschnitt für die Begrenzung des vorderen Ausschnittrandes 23 (26–29) Lm. anschlagen bzw. an der Gegenseite mit gesondertem Faden häkeln und anschlingen.

Nach 20 R. ab vorderem Ausschnittrand wieder über beide Teile weiterhäkeln; an der Verbindungsstelle 3 Lm. einfügen. Diese 3 Luftmaschen in der folg. R. mustergemäß überhäkeln.

Sobald der 5. Mustersatz der Spitze abgeschlossen ist, beidseitig die 74 M. der Ärmel unbehäkelt lassen. Für das Vorderteil noch 45 (47–49✳) R. häkeln. (✳Für Gr. 44 nach der 1. R. beidseitig Abnäher durch 4 verkürzte R. einhäkeln: Jede R. mit neuem Faden beginnen und nach jeder R. wenden. Die 1. R. über die mittleren 81 M., die 2. über 105, die 3. über 129 und die 4. R. über 153 M. häkeln. Von den 12 M. zu beiden Seiten zunächst 6 M. der Vorreihe unbehäkelt lassen, dann um die betreffende Lm. anschlingen und als Übergang 1 Lm., 1 Km., 1 Lm., 1 f. M., 1 h. Stb., dann wieder Stb. häkeln. Das R.-Ende gegengleich beenden. In der 1. durchgehenden R. darauf achten, daß die M.-Zahl die gleiche ist wie in den vorhergehenden R., siehe dazu die Abb.).

Ausarbeiten: Nähte schließen. Den Halsausschnitt einschließlich Schlitzränder mit 1 Rd. f. M. umhäkeln, in den Ecken die M. vor und nach der Ecke zus. abmaschen. Den Ausschnitt noch mit 2 R. f. M., für den Verschluß am Schlitz 1 Öse aus 4 Lm. anhäkeln, diese mit 5 f. M. umhäkeln. Knopf an der Gegenseite annähen.

◀ So beginnen und enden die Reihen vor und nach der Ärmelspitze

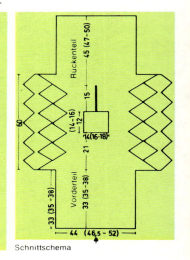

Schnittschema

Häkeln

Naturweiß bleibt im Rennen

23 Ärmelloser Pulli

Ow. 88/92 und 104 cm, Größen 38/40 und 4
Die Angaben für Gr. 46 stehen in Klammer
eine Zahl allein gilt für beide Größen.
Häkelschrift auf Bogen C.

Material: 200 (250) g beiges mittelfeines Ha
kelgarn, z. B. Pingouin „Scénario" (100% Po
lyacryl); 1 INOX-Wollhäkelnadel Nr. 2¹/₂.

Grundmuster: Lt. Häkelschrift in R. häkel.
Die R. mit den M. vor dem 1. Pfeil beginne
den Mustersatz zwischen den Pfeilen ste
wdh., enden mit den M. nach dem 2. Pfe
Nach der 8. R. die 2. bis 8. R. fortl. wdh.

Maschenprobe: 3 Mustersätze = 36 M. x 14
messen 10 x 8,5 cm.

Rückenteil: Anschlag 161 (197) Lm., da
Grundmuster häkeln = 13 (16) Mustersätze
der R. Die 58. (65.) R. = 35 (39) cm ab A
schlag für die Armausschnitte beidseitig üb
12 (14) M. mit Km., f. M. und h. Stb. abschr
gen. Über 135 (167) M. weiterhäkeln. Nach
(14) R. ab Armausschnitt beidseitig für d
Schulterverbreiterung 1 M., dann 5mal jewe
in 3. folg. R. 1 M. zunehmen – nur Stb. bz
Lm. und Stb. zunehmen = 141 (173) M. Nac
27 (34) R. ab Armausschnitt für den Halsau
schnitt die mittleren 41 (49) M. unbehäke
lassen. Zunächst die linke Hälfte beende
Nach 1 R. für die Schulterschrägung am A
ßenrand 8 M. unbehäkelt lassen. Die letzte
R. lt. R. a bis f der Häkelschrift abschräge
Die rechte Schulter gegengleich beenden.

Vorderteil wie das Rückenteil häkeln, jedo
mit tieferem Halsausschnitt (und Brustabn
hern für Gr. 46. Dafür nach 57 R. verkürzte
lt. R. a bis g der Häkelschrift einfügen. Die
gegengleich zum Anfang beenden, d. h. zu
Anfang der folg. R. entweder mit Km. vorg
hen oder die 3, 4, 5 Lm. durch Stb., Dstb. u
3fache Stb. ersetzen. Die 1. durchgehende
ist die 58. R. lt. Häkelschrift). Für den Halsau
schnitt schon nach 13 (20) R. ab Armau
schnitt in der Mitte 41 (49) M. frei lassen.

Ausarbeiten: Teile spannen, anfeuchten u
trocknen lassen. Nähte schließen. Alle Ränd
mit 3 Rd. f. M. und 1 Bogen-Rd. wie folgt u
häkeln: 1 f. M., ∗ 5 Stb. in die 3. folg. M., 1 f.
in die 3. folg. M., ab ∗ fortl. wdh., enden mit
Stb. in die 3. folgende Masche.

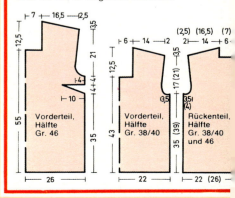

4 Trägerpulli aus Motiven mit Ananasmuster

Ow. 80 bis 84 cm, Größe 34/36

Das Modell zu vergrößern ist einfach: Es werden seitlich eine oder einige Reihen hinzugefügt. Häkelschriften auf Bogen A.

Material: Ca. 150 g mittelfeine Cabléwolle, z. B. Neveda „Primula Fine" (100% Schurwolle); eine INOX-Wollhäkelnadel und eine Rundstricknadel Nr. 2, 60 cm lang.

Motiv mit Ananasmuster: 8 Lm. anschlagen und mit 1 Km. zum Ring schließen. Lt. Häkelschrift in Runden arbeiten, die 1. Rd. ist noch vollständig, die Rd.-Übergänge sind am linken Rand eingezeichnet. Kleine Pfeile geben die Richtung an, in welcher die Rd. zu vervollständigen sind. Häkelschrift A zeigt von Pfeil zu Pfeil 1/4 des Motives. F. M. innerhalb des Motives um die Lm. der Vor-Rd. häkeln. Nach der 22. Rd. in Pfeilrichtung wenden, mit 9 Km. über 1 1/2 Lm.-Bogen vorgehen und die Ecke in R. beenden. Die übrigen 3 Ecken ab 23. R. genauso abschließen. Das Motiv mit f. M. und Stb. umhäkeln, siehe 31. und 32. Rd.

Maschenprobe: Bis einschließlich 3. Rd. hat das Viereck eine Seitenlänge von ca. 5 cm.

Ausführung: Zunächst das Motiv bis einschließlich der 32. Rd. häkeln. Danach den oberen Rand lt. R. a bis e anhäkeln; in der Häkelschrift ist die Schrägung des Armausschnittes am rechten Rand eingezeichnet — am linken Rand gegengleich abnehmen. Anschließend den 1. Träger aus 17 Stb.-R. anhäkeln, siehe R. f bis h, die Stb. zwischen die Stb. der Vor-R. häkeln. Über den Seitenrändern 3 Lm.-Bogen anhäkeln, siehe R. i bis k. Wie die R. am unteren Rand zu beginnen und beenden sind, zeigt die Häkelschrift B. Das 2. Teil genauso häkeln.

Fertigstellen: Teile spannen, anfeuchten und trocknen lassen. Träger verbinden, danach die Teile mit wechselnd 1 f. M., 2 Lm. zus.-häkeln, siehe Häkelschrift innerhalb der Umrenzung (über R. k). Ausschnittränder mit f. M., Träger mit wechselnd 1 f. M. um 1 Rand-Stb. bzw. die 3 Lm. und 1 Pikot (3 Lm., 1 f. M. zurück in die 1. Lm.) behäkeln. Für den und den unteren Rand mit ca. 190 f. M. umhäkeln. Danach aus jeder f. M. mit der Rundstricknadel 1 M. auffassen, wechselnd 1 M. rechts, 1 M. links str. Nach 25 Rd. die M. locker abk., wie sie erscheinen.

Erklärung der Häkelschriftzeichen

= 1 Lm.	∩ = 1 Km.	I = 1 f. M.

= 1 h. Stb.   = 1 Stb.   = 1 Dstb.

= 1 Pikot

= 1 dreifaches Stb.   = 1 vierf. Stb.

= 1 Bogen aus 3 Lm.

= 1 Bogen aus 7 Lm. (86)

= 1 Bogen aus 15 Lm. (86)

= 9 Stb. um die Lm. der Vor-Rd.

= zus. abgemaschte Stb. Die Anzahl der kurzen Querstriche gibt die Höhe der Stb. an; jedes Stb. bis auf die letzte Schl. abm., dann mit J. alle auf der Nadel liegenden Schl. abm., die Gruppe evtl. mit einer straff gehäkelten Luftmasche „schließen".

= so viel Stb. in eine Einstichstelle, teils durch Lm. getrennt, wie das Zeichen vorschreibt; Höhe der Stb. siehe oben!

24

Häkeln

Zeigen Sie sich dem Sommer von Ihrer schönsten Seite!

An beiden Tops fallen die dekorativen Noppen auf. Wie man sie ins Stäbchenmaschenbild einfügt, wird im Lehrgang Seite 81 in Wort und Bild ausführlich erklärt

25 Hellblaues Top

Ow. 84 und 92 cm, Größen 36 und 40
Die Angaben für Gr. 40 stehen in Klammern, 1 Zahl allein gilt für beide Größen. Häkelschrift auf Bogen A.

Material: Siehe kornblumenblaues Top, jedoch 200 (250) g „100% Coton" in Hellblau von Georges Picaud, Paris, und 3,30 m hellblaue Seidentresse.

Grundmuster: M.-Zahl teilbar durch 8 + 3 Lm. extra. Lt. Häkelschrift arbeiten. Die 1. R. ist eine Rück-R. Die R. mit den M. vor Pfeil a beginnen, den Mustersatz von Pfeil bis Pfeil stets wdh., enden mit den M. nach dem 2. Pteil. Nach der 9. R. die 2. bis 9. R. fortl. wdh. Erklärung der Häkelschrift s. S. 84.

Maschenprobe: 3 Mustersätze = 24 M. mal 9 R. messen 8 x 8 cm.

Rückenteil: Anschlag 123 (139) Lm., das Grundmuster häkeln = 15 (17) Mustersätze. Nach 34 R. = 30 cm ab Anschlag folgt noch 1 R. aus wechselnd 1 Stb., 1 Lm., siehe Häkelschrift Pfeil b bis c.

Vorderteil wie das Rückenteil beginnen und nach der 29. R. die folg. 8 R. beidseitig abschrägen, siehe R. a bis h, die R. jeweils gengleich zum Anfang beenden. Dann zunächst die rechte Hälfte fortsetzen. In R. i nur bis zur Vorderteilmitte häkeln, siehe Pfeil d, wenden, es folgt R. k. Linke Hälfte gegengleich beenden, in der Mitte die Reihen lt. Reihen i1 und k1 abschrägen.

Ausarbeiten: Teile spannen, anfeuchten und trocknen lassen. Teile mit wechselnd 1 f. M., 1 Lm. verbinden, die f. M. abwechselnd um ein Rand-Stb. bzw. die Wende-Lm. des Vorder- und Rückenteils häkeln. Oberen Rand lt. Rd. l und m abschließen, die Zackentiefe in vorderer Mitte in Rd. l mit f. M., in Rd. m mit Km. überhäkeln. Über dem unteren Rand Rd. 1a bis 4a anhäkeln. Beidseitig für die Träger je 80 cm Tresse lt. Modellbild einziehen. Enden zus.-nähen, dann am Rückenteil festnähen. Restliche Tresse halbieren, je 1 Band in den oberen Rand und in Taillenhöhe ab vorderer Mitte einziehen, siehe Modellbild.

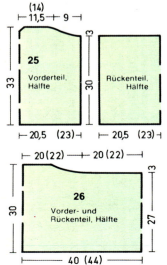

26 Top, kornblumenblau

Ow. 80 und 88 cm, Größen 34 und 38
Die Angaben für Gr. 38 stehen in Klammern, 1 Zahl allein gilt für beide Größen. Häkelschrift auf Bogen A.

Material: 150 (200) g mittelfeines Baumwollcablégarn, z. B. „100% Coton" von Georges Picaud, Paris; 1 INOX-Wollhäkelnadel Nr. 2½ oder 3 sowie 3 m Seidentresse, 5 mm breit.

Grundmuster: Maschenzahl teilbar durch 12. Lt. Häkelschrift in Rd. arbeiten. <u>Nach jeder Rd. wenden!</u> Den Mustersatz zwischen den Pfeilen fortl. wdh. Rd.-Übergänge sind eingezeichnet. Die 5. Rd. wie die 4. Rd. häkeln. Nach der 5. Rd. die 1. bis 5. Rd. stets wdh. – Stb. in die Stb. oder um die Lm. der Vor-Rd. häkeln. Erklärung der Häkelschrift s. S. 84.

Maschenprobe: 3 Mustersätze = 36 M. mal 10 R. messen 11 x 8 cm.

Ausführung: Rücken- und Vorderteil zus.-hängend in Rd. häkeln. Anschlag 264 (288) Lm., das Grundmuster arbeiten = 22 (24) Mustersätze pro Rd. Nach 34 Rd. = 27 cm ab Anschlag das Teil vordere auf rückw. Mitte treffend exakt zur Hälfte legen, der Rd.-Übergang liegt an der linken Seite. Fürs Vorderteil ab Rd.-Übergang (mit neuem Faden 6 M. vor dem Rd.-Übergang) lt. R. a bis d abnehmen – am linken Rand gegengleich. Die 1. Lm. für R. c ist besonders „fett" eingezeichnet (für Gr. 38 in R. a mit 6mal statt 3mal 1 f. M., 1 Lm. beginnen) – in vorderer Mitte bleiben 5 Mustersätze übrig. Zum Schluß oberen und unteren Rand lt. Rd. 1a und 2a abschließen.

Ausarbeiten: Top exakt zur Hälfte legen, leicht dämpfen. Je 1,50 m Tresse über dem Rückenteil beiderseits der mittleren 5 Mustersätze um 2mal 2 zus.-abgem. Stb. durchziehen, dann bis zur Taille ins Vorderteil einziehen, siehe Pfeile a und b, jeweils 1 R. auffassen, 1 R. übergehen, zu Schleifen binden, siehe Modellbild.

25, 26

Collier: Corocraft, Ohrclips: Adolf, Armband: Adolf, Harer

Häkelmaschen für die Badezeit

Häkelschriften, alle auf Bogen D, erklären neben dem Grundmuster auch wie der Keil im Rückenteil einzuhäkeln ist.

Vorderes Teil: Wie das rückw. Teil beginnen, lt. Häkelschrift B zunehmen (für Gr. 40 nach der 5. R. noch 3 R. häkeln, wie in 4. bis 6. R. zunehmen). Nach 18 (21) R. ab Anfang 16 (17) Lm. anhäkeln – an der Gegenseite mit gesondertem Faden anschlingen und nur 14 (15) Lm. anhäkeln, Fadenenden vernähen. In der 19. (22.) R. diese Lm. lt. Häkelschrift B überhäkeln. Die letzten 5 R. lt. Häkelschrift A ausführen.

Ausarbeiten: Teile spannen, anfeuchten und unter feuchtem Tuch dämpfen. Nähte schließen. Beinausschnitte und oberen Rand mit f. M. dicht umhäkeln – am oberen Rand um jedes „Loch" 3 f. M., dabei Rundgummi zwischenfassen. In die Beinausschnitte Gummifaden einziehen.

Oberteil: 2 Teile lt. Häkelschrift C ausführen, jeweils mit einem doppelten Fadenring beginnen, in diesen in 1. Rd. 15 Stb. häkeln, nach je 5 Stb. 1 Lm. einfügen. Alle Rd. mit 1 Km. schließen, die Rd. in Pfeilrichtung ergänzen – die Häkelschrift zeigt am rechten Rand den Rd.-Übergang und ab 2. Rd. 1/3 – siehe Pfeile innerhalb der 9. Rd. (für Gr. 40 die 8. und 9. Rd. wdh., in der letzten Rd. statt 4 evtl. 5 Lm. und in der Stb.-Rd. wechselnd 6 und 7 Stb. um 1 Lm.-Bogen häkeln).

Ausarbeiten: Beide Teile – rechte auf rechter Seite – übereinanderlegen und über 6 Stb. zus.-nähen. Am unteren Rand zu beiden Seiten der Naht über ca. 40 bis 45 Stb. f. M. häkeln, dabei Rundgummi, leicht gedehnt, zwischenfassen, Gummi beidseitig festnähen. Im Anschluß daran zu beiden Seiten ca. 70 cm lange Bänder anhäkeln: Zwischen 2 Stb. anschlingen, 3 Lm., 1 Stb., ✳ wenden, 3 Lm., 1 Stb. in die 3. der vorhergehenden Lm., ab ✳ fortl. wdh. Die Bindeträger über dem 7. Lm.-Bogen ab vorderer Mitte genauso anhäkeln. Evtl. in die vorderen und seitlichen Ränder der BH-Teile Gummifaden einziehen.

27 Bikini

Ow. 84 und 92 cm, Größen 36 und 40
Die Angaben für Gr. 40 stehen in Klammern, eine Zahl allein gilt für beide Gr. Häkelschriften auf Bogen D.

Material: Ca. 100 (150) g mittelfeines Seidenglanzgarn, doppelt verhäkeln, z. B. Schürer „JSA" (100% Baumwolle); 1 INOX-Wollhäkelnadel Nr. 2½, roten Gummifaden und Rundgummi.

Grundmuster: Stb. in R. häkeln, das 1. Stb. jeder R. durch 3 Lm. ersetzen. Beim Zunehmen muß an den Schrägungen stellenweise 1 Dstb. gehäkelt bzw. am R.-Anfang durch 4 Lm. ersetzt werden, siehe Häkelschriften A, B.

Maschenprobe: 24 Stb. und 10 R. messen etwa 10 x 8 cm.

Erklärung der Häkelschriftzeichen:

• = 1 Lm.   ⌒ = 1 Km.   ▮ = 1 f. M.
│ = 1 h. Stb.   ┼ = 1 Stb.   ‡ = 1 Dstb.

= soviel Stb. oder Dstb. bzw. Stb. und Dstb. in 1 Einstichstelle häkeln, wie Zeichen unten zus.-treffen.

Slip – rückw. Teil: Anschlag 13 Lm., Stb. lt. Häkelschrift A ausführen. Nur die ersten R. sind vollständig gezeichnet. Die übrigen R. ab Mitte = Pfeil gegengleich beenden bzw. beginnen. Nach 18 R. sind 87 M. vorhanden (für Gr. 40 noch 2 R. häkeln, beidseitig wie in 17. und 18. R. zunehmen = 97 M.). Das Teil lt. Häkelschrift beenden (für Gr. 40 auch in 22. R. beidseitig wie in 19. R. zunehmen) = 89 (99) M.

28 Badetasche

Musterzeichnung und Schnitt auf Bg. D. Teil 16 vord. und rückw. Taschenteil im Stoffbruch, auch aus Futter und Vlieseline zuschneiden.

Schnittkontur: ━━━

Material: Bei 140 cm Breite je 0,45 m Effektstoff (z. B. Zweigart-Art. 3711 „Ariosa", pflegeleicht) und Futterstoff; 1,10 m aufbügelbare Vlieseline H 250; für den Boden 30 x 10 cm steifen Karton. Zur Applikation bunte Stoff-, Filz- (Baumstamm, Figur) und Garnreste, Bügel-Vlieseline H 200.

Zuschneiden: Für 2 Henkel = 2 Streifen aus Stoff und Vlieseline je 41 x 6 cm fadengerade zuschneiden.

Applizieren: Auf die Stoffrückseite Vlieseline bügeln, auf die Oberseite das Motiv mit Kopierpapier oder DEKA-Bügelstift übertragen (Muster zuvor vom Bogen auf Transparentpapier durchzeichnen). Auf Filz- und Stoffreste, die auf der Rückseite mit Vlieseline verstärkt sind (damit die Ränder nicht ausfransen), die Motivausschnitte übertragen, dann exakt aus-

28

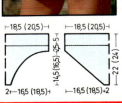

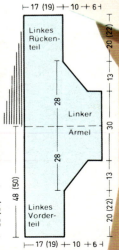

schneiden und aufs Taschenteil heften. Lt. Modellbild applizieren, Details aufsticken.

Nähen: Nähte in Stoff und Futter steppen. Henkel, mit Vlieseline verstärkt, verstürzen, wenden, bügeln, Kanten knappkantig absteppen, dann zeichengemäß über dem Taschenrand aufheften. Futtertasche über dem oberen Taschenrand gegensetzen. Karton in den Ecken lochen, mit einigen Stichen am Nahtrand anheften. Tasche wenden, oberen Rand knappkantig und 8 mm breit absteppen.

29 Jäckchen

Größen siehe Bikini 27.

Material: Mittelfeines Baumwollgarn, z. B. aarlan „alice" von H. E. C., und zwar 150 g Hellrot = a, je 100 g Weiß = b, Türkis = c und Helltürkis = d, 1 Häkelnadel Nr. 2½.

Grundmuster: Lt. Häkelschrift ausführen, das 1. Stb. in die 8. Lm. ab Nadel häkeln, in jeder folg. R. durch 3 Lm. ersetzen. Die Häkelschrift zeigt die Musterfolge bis zur 41. (43.) R., dabei den Mustersatz zwischen den Pfeilen innerhalb der R. fortl. wdh., die Buchstaben erklären die Farbverteilung. In 8. bis 14. R. wird das Zunehmen einer Stb.-Gruppe bzw. 1 Karos erklärt.

M.-Probe: 27 M. x 14 R./9,5 x 11,5 cm.

Ausführung: Mit dem linken Teil, und zwar mit dem Ärmel beginnen. Anschlag mit Pink 95 Lm., das Grundmuster häkeln = 30 Karos in 1. R. Farbwechsel siehe Häkelschrift. Beidseitig für die Ärmelschrägungen ab 8. bis 20. R. je 1 Stb.-Gruppe bzw. 1 Karo zunehmen = 56 Karos in 20. R. Daran anschließend beidseitig für Vorder- bzw. Rückenteil je 58 (64) Lm. anhäkeln. Die 21. bis 41. (43.) R. beidseitig mit je 5 Stb. lt. Häkelschrift A begrenzen, dazwischen das Grundmuster häkeln. Das rechte Teil gegengleich häkeln. Nun zwischen beide Rückenteile einen Keil lt. Häkelschrift B einhäkeln, 2 R. Helltürkis, 6 R. Hellrot, siehe auch Rückansicht. Für die 1. R. mit Helltürkis im 1. Stb. der 23. (24.) Vierer-Stb.-Gruppe im rechten Rückenteil anschlingen, den Mustersatz lt. Häkelschrift, R. a, 16 (17)mal ausführen. Nach der 2. f. M. die R. über dem linken Rückenteil gegengleich wdh. Zum Anfang der 2. R. = R. b mit Km. vorgehen. Die folg. 6 R. wechselnd mit 7 und 4 Stb. beginnen und beenden und in jeder R. vor dem Drehen 2 Mustersätze weniger ausführen. Nach dem letzten Stb. der letzten R. mit 1 Stb. an der 3. Wende-Lm. derselben R. anschlingen; die hellroten R. begrenzen also den Halsausschnitt. Für den Schalkragen Vorderteile und Halsausschnitt mit 8 „verkürzten" R. überhäkeln, siehe R. a und b. Häkelschrift C. Jede R. mit neuem Faden beginnen, gegengleich zum Anfang beenden. Fadenanfang und -ende in den M. gleicher Farbe vernähen. Die 1. und 2. R. Helltürkis – über dem Halsausschnitt 7mal je 4 Stb. – die 3. bis 8. R. Hellrot häkeln. Als Abschluß 3 R. mit Hellrot wie die 38. bis 40. (40. bis 42.) R., Häkelschrift A, ausführen, in der 1. R. in jede M. 1 Stb., um die Lm. je 2 Stb. häkeln.

Ausarbeiten: Jacke auf der Innenseite unter feuchtem Tuch sorgfältig bügeln. Seitliche Nähte schließen, Nähte ebenfalls überbügeln. Vorderteil- und Kragenrand sowie die Ärmel mit wechselnd 1 Lm., 1 Krebs-M. – in jedes 2. Stb. – Hellrot umhäkeln. Die Kordel aus 6 hellroten Fäden, à 5 m, eindrehen, Enden verknoten, aufschneiden. Kordel in Taillenhöhe einziehen, siehe Modellbild.

Sonnenanbeterinnen
wissen die hervorragenden Eigenschaften
reiner Baumwolle zu schätzen

30
Pinkfarbener Bikini

Ow. 80 und 92 cm, Gr. 34 und 40
Die Angaben für Gr. 40 stehen in Klammern; 1 Zahl allein gilt für beide Größen.

Material: Ca. 100 g mittelfeines Häkelgarn in Pink und einen weißen Rest, z. B. aarlan „alice" von H. E. C. (100% Baumwolle); 1 INOX-Wollhäkelnadel Nr. 2¹/₂; Fadengummi.

Grundmuster: Lt. Häkelschrift in R. ausführen. Den Mustersatz von Pfeil bis Pfeil und nach der 3. R. die 2. und 3. R. stets wdh. Die R. a bis e zeigen das Abnehmen an den seitlichen Rändern. In R. b und c werden je 3 M. abgenommen.

Häkelschriftzeichen s. Seite 4.

Maschenprobe: 25 M. x 13 R. messen 10 x 10 cm.

Oberteil: Mit Pink 83 (105) Lm. anschlagen, in der 1. R. in die 3. Lm. ab Nadel 1 f. M., dann 2 (4) h. Stb., 34 (42) Stb., 1 (2) h. Stb. und 2 f. M. häkeln = vordere Mitte; die R. gegengleich beenden = 82 (104) M. Faden abschneiden, vernähen.
Zunächst das linke BH-Teil über dem 4. bis 31. (8. bis 39.) Stb. lt. 1. R. der Häkelschrift anhäkeln (für Gr. 40 nach der 8. Lm. 2mal je 2 Stb. in 1 Stb. der Vor-R. häkeln) = 40 (50) M. in 1. R. Nach 9 (10) R. ab Anfang eine Markierung anbringen. Mit dem Abnehmen lt. R. a bis c beginnen, dann fortl. lt. R. b und c abnehmen. Nach 8 (9) R. ab Markierung noch 2 R. lt. R. d und e ausführen. Faden abschneiden, vernähen. Das rechte BH-Teil gegengleich anhäkeln.
Das Oberteil ringsum mit 1 Rd. f. M. in Pink umhäkeln – die 1. f. M. durch 2 Lm. ersetzen, die Rd. mit 1 Km. schließen. Die letzte R. der BH-Teile jeweils mit 10 Lm. übergehen. Mit Weiß für den Bindeverschluß 45 cm Lm. mit f. M. überhäkeln, an der 1. Stb.-R. anschlingen, den unteren Rand des Oberteils mit f. M. überhäkeln, es folgen wieder 45 cm Lm., die rückgehend mit f. M. zu überhäkeln sind. Anschließend die BH-Teile umhäkeln, um die 10 Lm. 12 f. M. ausführen. An den Innenrändern beiderseits der 6. (8.) R. – ab unterem Rand – für die Bindebänder 20 cm Lm. einfügen und mit f. M. überhäkeln. Schließlich den unteren Rand mit 1 R. f. M. behäkeln. Für den Träger ca. 40 cm Lm. mit f. M. überhäkeln, Anfang und Ende durch die Ösen ziehen und festnähen. In alle Ränder und in die Träger Fadengummi, leicht gespannt, einziehen.

Slip: Fürs rückwärtige Teil 101 (113) Lm. anschlagen, 3 R. Stb. häkeln, das 1. Stb. der 1. R. in die 4. Lm. ab Nadel = 99 (111) M. Das 1. Stb. jeder folg. R. durch 3 Lm. ersetzen. Dann nur noch über die mittleren 53 (59) M. das Grundmuster häkeln. In der 1. R. mit jeder Lm. 1 Stb. der Vor-R. übergehen. In der 11. bis 24. (25.) R. beidseitig lt. R. a bis c, dann fortl. lt. R. b und c abnehmen. Über die restlichen 11 M. noch 2 R. Stb. häkeln. Das vordere Teil wie das rückw. Teil beginnen. Das Mittelteil nur über 35 (41) M. häkeln. In der 11. bis 18. (20.) R. abnehmen. Über die restlichen 11 M. noch 3 (2) R. Stb. häkeln. Nähte schließen. Die Beinausschnitte in Pink mit je 1 Rd. f. M. umhäkeln. Dann Taillenrand und Beinausschnitte mit je 1 Rd. weißer f. M. umhäkeln. Fadengummi, leicht gespannt, in alle Ränder einziehen.

31
Türkis Häkelbikini

Ow. 84 und 96 cm, Gr. 36 und 42
Die Angaben für Gr. 42 stehen in Klammern; 1 Zahl allein gilt für beide Größen.

Material: Ca. 100 g dunkeltürkis mittelfeines Häkelgarn und Reste in Mittel-, Helltürkis und Weiß, z. B. aarlan „alice" von H. E. C. (100% Baumwolle); 1 INOX-Wollhäkelnadel Nr. 2¹/₂; Fadengummi; 1 Plastikring, 35 mm ∅.

Stäbchen in R. oder Rd. ausführen. Das 1. Stb. jeder R. bzw. Rd. durch 3 Lm. ersetzen. Jede Rd. mit 1 Km. schließen.

Maschenprobe: 24 M. mal 14 R. messen 10 x 10 cm.

Oberteil: Mit dunklem Garn 110 (126) Lm. anschlagen. In 1. R. in die 3. Lm. ab Nadel 1 f. M. arbeiten, es folgen bis zur vorderen Mitte 2 f. M., 2 h. Stb., 44 (52) Stb., 2 h. Stb., 3 f. M., die R. gegengleich beenden = 108 (124) M. Die 3 folg. R. genauso häkeln. In der 5. R. zwischen dem 22. und 23. (26. und 27.) Stb. jeder Hälfte je 3 Lm. einfügen. Darüber die BH-Teile lt. Häkelschrift A mit neuem Faden beginnen. Die 4. bis 8. (10.) R. wie die 3. R., die 9. und 10. (11. und 12.) R. wieder lt. Häkelschrift ausführen. Dann noch 1 (2) R. Stb.-Gruppen wie in 10. (12.) R. ausführen. Nach jeder Stb.-R. die Farbe wie folgt wechseln: * dunkel-, mittel-, helltürkis, weiß, ab * fortl. wdh. Nie wenden, sondern immer auf der gleichen Stelle des Oberteiles anschlingen. Die Stb.-Gruppen nur dunkeltürkis häkeln. Nach insgesamt 11 (14) R. sind die Teile beendet.
Das Oberteil mit 1 Rd. f. M. dunkeltürkis umhäkeln, die Rd. mit 1 Km. schließen. Bindeverschluß und Träger siehe Modell 30. Ums Oberteil und in die Träger Gummifaden einziehen. Den Plastikring in 2 Rd. mit weißen f. M. umhäkeln, lt. Modellbild aufnähen.

Slip: Fürs rückw. Teil mit Dunkeltürkis 100 (114) Lm. anschlagen, 5 R. Stb. häkeln = 98 (112) M. In der folg. R. (den folg. 4 R.) lt. R. a, Häkelschrift B, dann in weiteren 21 (20) R. beidseitig lt. R. b und c abnehmen. Das vordere Teil genauso beginnen. In der 6. und 7. R. ab Anschlag am R.-Anfang jeweils 10 Stb. mit Km. übergehen, es folgen 1 f. M. und 1 h. Stb., dann nur Stb. häkeln, die R. gegengleich zum Anfang mit 1 h. Stb., 1 f. M. beenden, die 10 letzten Stb. der R. unbehäkelt lassen = 50 (64) M. In den 8 (13) folg. R. beidseitig lt. R. b und c abnehmen. Anschließend noch 5 (2) R. Stb. häkeln und dabei beidseitig in jeder R. je 1 Stb. abnehmen, 8 Stb. bleiben übrig. Nähte schließen. Mit Dunkeltürkis um alle Ränder f. M. häkeln. Über dem oberen Rand folgen je 1 Rd. Stb., und zwar weiß, hell-, mittel- und dunkeltürkis, als Abschluß noch 1 Rd. dunkeltürkis f. M. ausführen. Gummifäden in alle Ränder einziehen.

Schnittschemas und Häkelschriften für beide Modelle auf Bogen A

30

Häkel-Bikinis für Badenixen

31

Sommerlicher Sportpulli aus Baumwollmaschen

Ganz gleich, ob Elefanten herdenweise oder Scharen von Fischen (oder gar Löwen?) im Maschengrund eingefangen sind, in Filethäkelei kommt jedes Muster gut zur Geltung!

32 Pulli, Ow. 90 und 98 cm

Die Angaben für 90 cm Ow. stehen in Klammern; steht nur eine Zahl, gilt sie für beide Größen.

Material: Ca. 400 g mittelstarkes, mercerisiertes LANG Baumwollgarn, 1 INOX-Wollhäkelnadel Nr. 3, 1 IMRA-Plastikrundstricknadel, 70 cm lang, und Spielstricknadeln Nr. 2½.

Bundmuster: In Rd. wechselnd 1 M. rechts, 1 M. links str.; M. abk., wie sie erscheinen.

Filetmuster: Lehrgang Seite 29. Beim Häkeln in Rd. nach jeder Rd. wenden. Das 1. Stb. jeder Rd. durch 3 Lm. ersetzen. Jede Rd. mit 1 Km. in die 3. Lm. des Rd.-Anfanges schließen. Das Muster lt. Zählvorlage einhäkeln, ab Mitte einteilen, siehe Doppelpfeil (Pfeil).

□ = 1 Stb. und 1 Lm.
✕ = 2 Stb., entweder in die Stb. der Vor-Rd. bzw. Vor-R. oder um die Lm. der Vor-Rd. bzw. Vor-R. häkeln. Die 1. bis 10. Rd. oder R. fortl. wdh.

Maschenprobe: 10 Karos/20 Maschen und 10 Reihen messen 8 × 8 cm.

Rücken- und Vorderteil: Für den Bund 300 (280) M. anschlagen, zur Rd. schließen und 26 Rd. = 6 cm str., M. abk. Die letzte M. mit der Häkelnadel erfassen, 3 Lm. als Ersatz für das 1. Stb. häkeln, dann im Filetmuster in Rd. häkeln, wechselnd in die 2. und die 3. Abkett-M. einstechen = 120 (112) Karos in der Rd. Ab 3. Rd. das Muster einhäkeln, jeweils ab Mitte einteilen. Dafür vor dem 1. und nach dem 60. (56.) Karo eine Markierung anbringen. Die Mitte für Vorder- und Rückenteil liegt jeweils zwischen dem 30. und 31. (28. und 29.) Karo, auch diese Punkte markieren. Im Zählmuster bezeichnet ein Doppelpfeil die Mitte (für das Rückenteil für Ow. 90 cm, beidseitig des einfachen Pfeiles je 2 Motive wdh.). 40 (38) R. = 32 (30) cm ab Bund beginnen die Armausschnitte. Zunächst das Rückenteil über 60 (56) Karos beenden. Für die Armausschnitte beidseitig 2 Karos unbehäkelt lassen (siehe Lehrgang, auf Seite 32). In den folg. 4 R. beidseitig noch 1mal je 2 und 3mal je 1 Karo abnehmen, siehe Häkelschriften und Zählmuster auf Bg. A. Über die 46 (42) Karos weiterhäkeln. Nach 26 (25) R. = 21 (20) cm ab Armausschnitt beginnt die Schulterschrägung. Dafür in den folg. 5 R. beidseitig 2 (1)mal 3, 3 (4)mal je 2 Karos abnehmen. Gleichzeitig mit dem 3. Abnehmen für den Ausschnitt in der Mitte 12 (10) Karos unbehäkelt lassen, jede Seite für sich beenden. Für die Rundung in den beiden letzten R. 1mal 3 und 1mal 2 Karos abnehmen. Nun das Vorderteil

fertigstellen. Armausschnitte und Schulterschrägungen wie am Rückenteil ausführen. Für den tieferen Halsausschnitt nach 16 (15) R. = 13 (12) cm ab Armausschnitt in der Mitte 6 (4) Karos unbehäkelt lassen, jede Seite für sich, die 2. gegengleich, beenden. In den folg. 6 R. für die Rundung je 1 Karo, dann noch 2mal in 2. folg. R. je 1 Karo abnehmen.

Wenn man sich für die Löwen entscheidet, häkelt man das Rückenteil über 61 (57), das Vorderteil über 59 (55) Karos, denn das Muster ist 35 Karos breit; Pfeil = Mitte. Die Differenz im Halsausschnitt ausgleichen: Im Rückenteil daher 13 (11), im Vorderteil 7 (5) Karos unbehäkelt lassen, für die Rundung nur 7mal abn.

Deutlichere Vorlagen auf Bogen A.

Ärmel: Auf den Spielstricknadeln 110 (104) M. anschlagen, auf 4 Nadeln verteilen, zur Rd. schließen und 10 R. = 2 cm im Bundmuster str. Dann – wie für Vorder- und Rückenteil – im Filetmuster weiterhäkeln, 14 (14)mal wechselnd: 2mal in die 2. und 1mal in die 3. (für Ow. 98 cm noch 3mal in jede 4. M.) Abkett-M. einstechen = 45 (43) Karos in der Rd. Ab 3. Rd. das Muster einhäkeln, ab Mitte = Doppelpfeil einteilen. Den Rd.-Anfang markieren und darüber in 4. Rd. ab Bündchen und noch 4mal in jeder 2. Rd. je 1 Karo zunehmen = 50 (48) Karos. Nach 15 Rd. ab Bündchen die Arbeit in R. fortsetzen. Für die Ärmelkugel beidseitig der Markierung 2 Karos unbehäkelt lassen. In den folg. 18 (16) R. noch 1mal je 2 Karos, 16 (14)mal je 1 Karo und noch 1mal 2 Karos abnehmen. In der Mitte bleiben 6 (8) Karos übrig.

Ausarbeiten: Teile, außer Bund und Bündchen, spannen, anfeuchten und trocknen lassen. Nähte schließen. Um den Halsausschnitt mit Spielstricknadeln 148 (136) M. auffassen, 10 Rd. Bundmuster str., M. abk., Ärmel einsetzen.

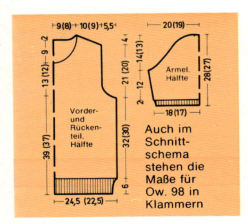

Abb. 1: Nachdem im Vorderteil für die Armausschnitte abgenommen ist, die Bordüre, im übrigen nur die „Tüpfelchen" einhäkeln. **Abb. 2:** Von den Fischen sind mit 3 (2) Karos Abstand in der Rd. 6 unterzubringen (bei Ow. 90 beidseitig nur 1 Karo frei lassen). **Abb. 3:** Übergang vom Bund zur Filethäkelei. **Abb. 4:** Nicht nur die Elefanten, auch die anderen Muster kann man einstopfen.

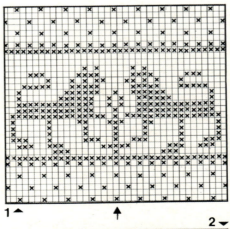

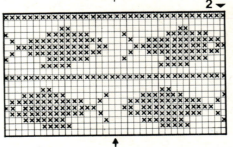

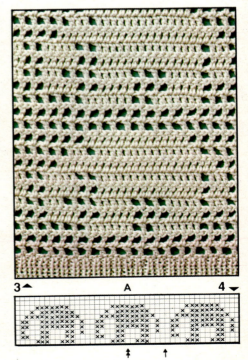

33

34

35

36

Supereinfach und schnell geht Ringhäkelei

33 Die rote Beuteltasche

ist ca. 37 x 25 cm groß – natürlich kann man sie größer und auch kleiner arbeiten. Außer 112 Weichplastikringen von FALAG braucht man ca. 100 g dickes Handstrickgarn (wir verwendeten „Monsieur Pingouin" – 100% synth. Garn) und 1 INOX-Wollhäkelnadel Nr. 4½; zum Abfüttern 60 x 55 cm Futterstoff, 27 x 50 cm dicke Vlieseline und 1 Reißverschluß.

Nur wenige Stunden braucht man für die Ring-Häkelei: Es geht deshalb so schnell, weil man die Ringe zusammenhängend umhäkeln kann (siehe Abbildung, Lehrgang auf Seite 8). Man beginnt zunächst damit, daß man 14 Ringe mit je 9 festen Maschen umhäkelt; zwischen den Ringen als Verbindung 1 Lm. einfügen. Rückgehend wieder je 9 f. M. um die Ringe und um die Lm. ebenfalls 1 f. M. häkeln. Ab 2. Streifen in der Rückreihe jeweils am vorhergehenden Streifen anschlingen, und zwar mit 1 Km. nach der 5. f. M. in die 5. f. M. im angrenzenden Streifen. Insgesamt 8 Streifen verbinden.

Maschenprobe: 3 x 3 umhäkelte Ringe messen etwa 10,5 x 10,5 cm.

Ausarbeiten: Das Teil spannen, danach das Futter zuschneiden, dieses doppeln, die Einlage zwischenfassen. Das Ringteil zur Hälfte falten, unten und seitlich mit je einigen Stichen verbinden (innerhalb der Maschen weiterstechen). Das Futter einheften, zuletzt den Reißverschluß mit der Hand einnähen. Aus dreifädiger Wolle eine Kordel drehen und seitlich durch je 2 Ringe ziehen, die Enden sorgfältig vernähen.

34 Der rote Bolero ist für

10 bis 12 Jahre passend (Weite 74 cm) Außer 156 FALAG-Weichplastikringen und 100 g Handstrickgarn „Monsieur Pingouin" 1 Häkelnadel Nr. 4½. **Es wird genauso gehäkelt wie für den roten Beutel beschrieben!**

Es sind zunächst 3 Reihen aus je 20 Ringen zu verbinden. In der 4. Reihe sind für die Oberweite beidseitig zwischen 5. und 6. Ring je 2 Lm. einzufügen, die rückgehend mit 2 f. M. überhäkelt werden. Im 5. und 6. Streifen auch zwischen dem 6. und 7. Ring 2 Lm. und in der Rückreihe 2 f. M. einfügen. Für die Träger beidseitig über dem 3. Ring 9 Ringe anfügen, den 9. Ring am 5. folgenden Ring (über dem Rückenteil) anschlingen. Dann um 2. Streifen über dem 2. Ring ab vorderer Mitte anhäkeln, natürlich auch mit dem 1. Streifen verbinden und für die Schulter-

Die Ringhäkelei ist eine ideale Handarbeit für größere Mädchen. Wie kinderleicht die Sache ist, erklären wir sehr ausführlich auf Seite 8 im Lehrgang. Aber auch hier zeigen wir's noch mal.

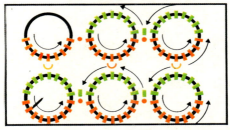

Wie die Ringe in Hin- und Rückreihe zusammenhängend zu umhäkeln sind, erklärt die Zeichnung allgemeinverständlich. Als Verbindung zwischen den Ringen 1 Lm., rückgehend 1 f. M.

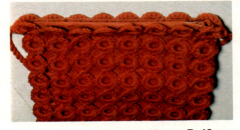

Die rote Tasche ist mit einem Reißverschluß gesichert. Daß er ins Futter einzunähen ist, zeigt diese Abbildung.

schrägung zwischen dem 3. und 4., 4. und 5. sowie 5. und 6. Ring statt einer je 2 Lm. einfügen, diese dann rückgehend wieder mit je 2 f. M. überhäkeln. Und schon ist der Bolero ausgehfertig!

35 Der gelbe Bolero paßt für 9 bis 11 Jahre

Man braucht 160 FALAG-Weichplastikringe, 100 g mittelfeines Handstrickgarn (z. B. Schoeller „fleur" – vollsynth., daher pflegeleicht), 1 INOX-Wollhäkelnadel Nr. 3 oder 3½.

Wie für den roten, werden auch für den gelben Bolero 6 Ringreihen aus je 20 Ringen umhäkelt und zusammengefügt, jedoch in Hin- und Rückreihe je 12 f. M., dazwischen je 1 Lm. bzw. 1 f. M. ausführen; anschlingen nach der 6. f. M. zwischen der 6. und 7. f. M. im Ring des angrenzenden Streifens!

3 x 3 umhäkelte Ringe messen 10 x 10 cm. Für die Oberweite in der 4. bis 6. Reihe beidseitig zwischen 5. und 6. Ring 2 Lm. einfügen und diese natürlich auch mit 2 f. M. in der Rückreihe überhäkeln. Für die Träger je 2mal 20 Ringe über dem 1. und 2. sowie dem 8. und 9. Ring (5 Ringe bleiben also frei) einfügen. In der äußeren Reihe für die Schulterschrägung nach dem 4., 5. und 6. Ring je 2 Lm. einfügen und rückgehend mit 2 f. M. überhäkeln.

36 Für den gelben Beutel, 16,5 cm ⌀ und ca. 30 cm hoch, braucht man 200 g Handstrickgarn (siehe Bolero) und nur 126 Ringe, für den Boden eine Pappeinlage mit 16 cm ⌀, 55 x 55 cm Futter.

Es werden 14 Reihen aus je 9 Ringen umhäkelt und untereinander verbunden, siehe Bolero – die letzte auch mit der 1. Reihe. Für den Boden 2 Kreise aus f. M. mit je 16,5 cm ⌀ häkeln (Lehrgang Seite 7): In einer Rd. aus 4 Lm. 8 f. M., in 2. Rd. 16, in 3. Rd. 24 f. M. häkeln. Gleichmäßig verteilt auch in den folgenden Runden zunehmen (das Teil ab und zu flach auflegen, darauf achten, daß es sich weder wellt noch daß der Rand sich hochstellt). Zwischen beide Häkelkreise die Pappeinlage schieben, am Außenrand mit f. M. zusammenhäkeln und dabei die Ringe jeweils zwischen 6. und 7. Masche mitfassen.

Das Futter zur Hälfte falten und an einer Seite durch Naht verbinden, dann die Nahtränder auseinanderbügeln und das Teil zur Hälfte legen, bügeln und auch die unteren Ränder gegenseitig eingeschlagen umbügeln (ca. 24 cm hoch). Beim gewendeten Beutel das Futter mit der umgebügelten Kante über dem Bodenteil ansäumen, am oberen Rand soll es mit der 7. Ringreihe abschließen. Aus 7fädigem Garn eine ca. 160 cm lange Kordel drehen (Fadenlänge ca. 4,50 bis 4,80 m), diese durch die obere Ringreihe ziehen, die Enden einfach verknoten!

37
Pullunder, kinderleicht aus lauter Stäbchen gehäkelt, die Anleitung gilt für 3 bis 4 und für 5 bis 6 Jahre

Loom-Rosetten stehen hoch im Kurs

Die Angaben für 3–4 Jahre stehen in Klammern; steht nur eine Zahl, gilt sie für beide Größen.

Material: Es genügen 100 g mittelstarke Wolle – nähere Angaben auch für das übrige Zubehör – siehe 38! Zum Umhäkeln und für die Loomblüte Wollreste in 2 verschiedenen Tönungen, die sich von der Grundfarbe abheben.

Stäbchenmuster und Maschenprobe siehe ebenfalls 38.

Rückenteil:
Über 78 (73) Lm. Stb. häkeln. Nach 25 (24) R. für die Armausschnitte beidseitig je 9 Stb. unbehäkelt lassen. Über 58 (53) M. bis zum Halsausschnitt noch 13 (12) R. häkeln und dann in der Mitte 28 (23) Stb. unbehäkelt lassen. Jede Seite für sich beenden. Über 15 M. 4 R. häkeln – die Schulter wie bei der Weste 38 abschrägen (in der 1. R. nach den halben Stb. statt 7 jedoch 8 Stb. und in der Rück-R. nach den Wende-Lm. noch 1 Stb. ausführen).

Vorderteil: Es wird wie Rückenteil gearbeitet. Für den Halsausschnitt bleiben die Stb. in der Mitte schon nach 9 (8) Reihen ab Armausschnitt unbehäkelt.

Ausarbeiten: Nachdem Seiten- und Schulternähte geschlossen sind, werden Arm- und Halsausschnitt zunächst mit der dunkleren Wolle mit f. M. umhäkelt, dabei in den Ecken immer 3 f. M. zusammen abmaschen. Darüber mit der helleren Wolle „Mäusezähnchen" wie folgt häkeln: Faden an 1 f. M. anschlingen, in dieselbe M. 1 f. M. * 3 Lm., 1 f. M. zurück in die 1. Lm., 1 f. M. in die 3.folg. f. M. Ab * stets wdh. Für die Doppelrosette ist es praktischer, 2 INOX-Loomgeräte zu verwenden (eine Anleitung liegt bei den Geräten dabei). Für die größere Rosette werden die Stifte auf dem Loomgerät in jedes Loch des Kreises C gesteckt. Je nach Wollstärke werden die Stifte 6–8mal umwickelt, dabei in den ersten 2 oder 3 Runden den Faden jeweils um 3 Stifte führen, sonst um 2. Die fertige Rosette auf dem Gerät lassen. Die kleine Rosette wird nach dem Grundmuster in einer 2. Farbe über die Lochrunde A gearbeitet, wobei in jedes Loch Stifte gesteckt werden. Je nach Wollstärke die Stifte 3–5mal umwickeln. Die Rosetten werden aufeinandergelegt und durch eine 3. Farbe im gleichseitigen Sternstich zusammengenäht. Mit kurzen Überfangstichen, die die Mitte jedes äußeren Schlingenbündels erfassen, auf den Pullunder applizieren.

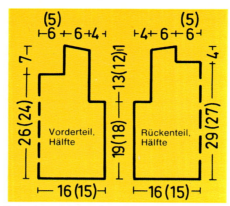

Schnittschema für den Häkelpullunder

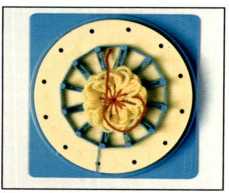

Die große Rosette ist noch auf dem Loomgerät. Bevor sie heruntergenommen wird, muß die kleine Rosette über dem Mittelpunkt so aufgenäht werden.

38
Die verschlußlose Weste ist für 7 bis 8 und für 9 bis 10 Jahre beschrieben

Die Angaben für 9–10 Jahre stehen in Klammern; steht nur eine Zahl, gilt sie immer für beide Größen.

Material:
100 (125) g mittelstarke Wolle (z. B. Stahl'sche „Hobby" oder „Wesüta" Sportwolle – auch die superweiche „Gomitolo" von Lana Gatto ist zu empfehlen), 1 INOX-Wollhäkelnadel Nr. 2½. Für die Loomblüten ein INOX-Loomgerät und einen flauschigen Wollrest (Baby- oder Zephirwolle, damit die Blüten so voluminös wie im Original ausfallen).

Stäbchen in Reihen häkeln.
In der 1. R. das 1. Stb. in die 4. Lm. ab Nadel, in allen folgenden R. das 1. Stb. durch 3 Lm. ersetzen und das letzte in die 3. „Wende-Lm." häkeln.

Maschenprobe: 24 Stäbchen x 13 Reihen messen ca. 10 x 10 cm.

Für das Rückenteil 81 (84) Lm. anschlagen. Nach 26 (29) Stb.-Reihen für die Armausschnitte beidseitig je 11 Stb. unbehäkelt lassen. Über die restlichen 57 (60) Stb. 14 R. häkeln. Dann für den Halsausschnitt in der Mitte 29 (32) M. unbehäkelt lassen – jede Seite für sich über je 14 M. beenden. Nachdem 4 R. gehäkelt sind, ab Außenrand für die Schulterschrägung über 7 M. 3 Km., 2 f. M. und 2 h. Stb. häkeln, dann 7 Stb. und in der Rückreihe nach den Wende-Lm. noch je 2 halbe Stäbchen und 2 f. M. häkeln, mit 2 Km. enden. Die 2. Schulter gegengleich schrägen.

Linkes Vorderteil: Mit 42 (45) Lm. beginnen. Armausschnitt und Schulterschrägung am rechten Rand genau wie am Rückenteil ausführen. Für den Halsausschnitt bereits nach 9 R. ab Armausschnitt am linken Rand 15 (18) M. unbehäkelt lassen. Das rechte Vorderteil gegengleich häkeln, d. h. Armausschnitt und Schulterschrägung am linken und den Halsausschnitt am rechten Rand ausführen!

Ausarbeiten: Teile spannen und evtl. leicht dämpfen, Nähte schließen. Über die Lochrunde B eines INOX-Loomgerätes 52 Blütensterne vierfach wickeln, dann mit dem Fadenende ab Mitte abnähen und lt. Modellbild aufnähen (den rückwärtigen Ausschnittrand ganz einfassen, um die Armausschnitte auf dem Rückenteil je 4 Motive aufnähen).

Abkürzungen: Lm. = Luftmasche, f. M. = feste Masche; Stb. = Stäbchen, h. Stb. = halbes Stäbchen, R. = Reihe

Schnittschema für die Kinderweste

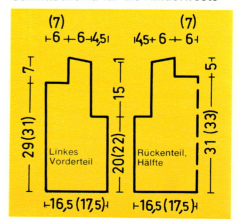

INOX-Handarbeitshilfe, 599 Altena, Postfach 117 für alle Strick- und Häkelnadeln sowie für das Loom-Gerät. Gebr. Stahl, 7334 Süßen.

**39 Eine Umhängetasche,
die besonders leicht zu häkeln ist**

Sie ist 24 x 24 cm groß, der Schulter-
riemen 3 cm breit und 84 cm lang, was
natürlich nicht heißt, daß man diese
Maße nicht verändern könnte.
Material: 1 INOX-Wollhäkelnadel Nr.
3½, ca. 200 g dickes Handstrickgarn (z.
B. Schoeller „Cablé Sport"), rote und
braune Reste für die Blüten und 1
INOX-Loomgerät, außerdem 25 x 50 cm
Vlieseline und 30 x 55 cm Futterstoff.
Grundmuster: Feste Maschen, die ganz
besonders fest gehäkelt werden müssen. Die Maschenprobe soll auf 10 x 10
cm 21 Maschen und 20 Reihen ergeben!
Den Faden am besten 3mal um den
Zeigefinger der linken Hand wickeln!
Die Tasche besteht aus 2 Vierecken:
Man beginnt in einer Ecke mit 3 f. M., die
in einen Fadenring zu häkeln sind. Stets
nur mit 1 Lm. wenden, dann in jede M.
der Vor-R. wieder 1 f. M., in die Mittel-

masche jedoch stets 3 f. M. häkeln (in 2.
R. in die 2., in 3. R. in die 3. M. usw.); auf
diese Weise wird in jeder R. vor und nach
der Ecke je 1 M. zugenommen. Nach 48
R. sollte das Teil 24 x 24 cm groß sein.
Über Runde C des Loomgerätes 5 Blüten
5- oder 6fach wickeln (je nach Wollstärke). Von der Mitte aus mit dunkler
Wolle abnähen und über der Diagonale
eines Taschenteiles aufnähen. Beide
Teile so zusammennähen, daß jeweils
eine Seite der letzten R. den oberen
Rand bildet. Vor dem Schließen der
Seitennähte die Vlieseline aufhexen und
das Futter aufsäumen.
Für den Tragriemen 8 Lm. anschlagen,
darüber R. mit je 7 f. M. häkeln, bis erforderliche Länge erreicht ist (immer mit
1 Lm. wenden und je in die M. der Vor-R.
einstechen). Beiderseits über den Seitennähten festnähen.

**Anstatt Loomblüten können Häkelro-
setten auf die Tasche gesetzt werden.**

Lustiges Jackentrio in bunten Stäbchen gehäkelt

In den Schnittschemas deuten kurze Pfeile die Häkelrichtung an, Zahlen nennen die Maße in Zentimetern, man könnte also danach einen originalgroßen Schnitt zeichnen!

Material: Alle Modelle sind aus mittelstarkem Cablégarn Britanica „Mignon" (100% Synth.) gehäkelt, Mengen s. Modellanleitungen!

Grundmuster: Stb. in R. häkeln. Das 1. Stb. der 1. R. in die 4. Lm. ab Nadel häkeln, in jeder folg. R. durch 3 Lm. ersetzen. Das letzte Stb. stets in die 3. dieser Lm. häkeln. Beim Farbwechsel die letzte M. mit der folg. Farbe abm. Fäden am Rand weiterführen; das Knäuel, mit dem gehäkelt wird, soll immer links liegen. Pfeile im Schema geben die Häkelrichtung an.

40 Verschlußlose Jacke

Gr. 122/128 und 146/152, für 7/8 und 11/12 J. Die Angaben für Gr. 146/152 stehen in Klammern, 1 Zahl allein gilt für beide Größen.

Streifen: Wechselnd je 1 R. blau, weiß und grün häkeln, siehe Modellbild!

Material: Je 100 (150) g blaues, weißes und grünes Cablégarn, 1 INOX-Häkelnadel Nr. 3.

Maschenprobe: 26 Stb. x 15 R. / 11 x 11 cm.

Für Vorderteile und Rücken mit Blau 82 (92) Lm. anschlagen, 88 (100) R. = 64 (74) cm häkeln, siehe Schema, pro R. 80 (90) Stäbchen. **Für die linke Passe mit Ärmel** 62 (73) Lm. dunkelblau anschlagen, das Grundmuster häkeln = 60 (71) Stb. Nach 13 R. = 9,5 cm ab Anschlag am linken Rand für den Halsausschnitt 11 Stb. unbehäkelt lassen und über 49 (60) Stb. noch 17 R. = 12,5 cm häkeln. Anschließend die **rechte Passe mit Ärmel** gegengleich häkeln. Dann beide Teile mit einem Steg aus 30 dunkelblauen Lm. verbinden und über alle M. 22 R. = 16 cm Stb. häkeln; pro R. 128 (150) Stb.

Ausarbeiten: Teile spannen, anfeuchten und trocknen lassen. Vordere Passenteile über den Vorderteilen über 14 (16,5) cm, rückw. Passe über die mittleren 36 (41) cm in der dunkelblauen Stb.-R. aufnähen. Ärmelnähte schließen. Vorderränder mit 2 R., Ärmelränder mit je 3 Rd., anschließend Ausschnitt, Vorderränder und unteren Rand mit 3 Rd. f. M. dunkelblau überhäkeln, über den Ecken je 3 f. M. in 1 Einstichstelle bzw. 3 f. M. zus. abm. 4 Kordeln aus je 4 Fäden à 80 cm drehen, annähen.

41 Jacke mit langen Ärmeln

Gr. 134/140, für 9/10 Jahre.

Maschenprobe und Streifen (statt 1 R. jedoch stets 2 R. blau häkeln) **sowie Material** (von Blau jedoch 100 g) siehe Modell 42. Für den Verschluß 3 Knebelknöpfe.

Rückenteil: Anschlag 93 Lm. mit Blau, das Grundmuster häkeln = 91 Stb. Beidseitig für die <u>Seitenschrägung</u> in 15. und 30. R. je 1 M. abnehmen = 87 Stb. Nach 40 R. = 32 cm ab Anschlag beidseitig für die <u>Armausschnitte</u> 5 Stb. unbehäkelt lassen = 77 Stb. Nach 19 R. = 15 cm ab Armausschnitt für den Halsausschnitt die mittleren 41 Stb. unbehäkelt lassen. Jede Seite für sich – die 2. gegengleich – beenden. Zunächst über die rechte Hälfte noch 3 R. häkeln, dabei die <u>Schulter</u> in 2. und 3. R. über je 9 Stb. mit Km., f. M., h. Stb. und Stb. verlaufend abschrägen.

40

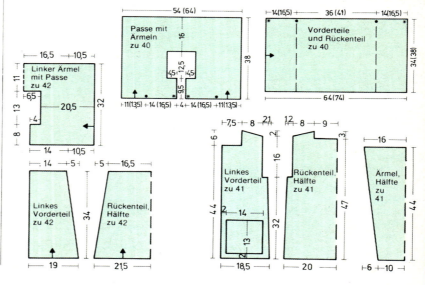

Linkes Vorderteil: Anschlag 44 Lm. mit Blau, das Grundmuster häkeln = 42 Stb. Seitenschrägung, Armausschnitt und Schulterschrägung am rechten Rand wie am Rückenteil ausführen. Nach 15 R. = 12 cm ab Armausschnitt für den Halsausschnitt am linken Rand 17 M. unbehäkelt lassen.

Rechtes Vorderteil gegengleich häkeln.

Ärmel: Anschlag 25 Lm. mit Blau, das Grundmuster häkeln = 23 Stb. Beidseitig für die Schrägung in 2. R. und 13mal jeweils in 4. R. je 1 M. zunehmen = 51 Stb. Nach 56 R. = 44 cm ab Anschlag das Teil beenden.

Taschen: Anschlag je 34 Lm. mit Blau, das Grundmuster häkeln = 32 Stb., mit 11 R. Blau beginnen. Nach 17 R. folgt noch 1 R. grüne f. M. Seitlich und unten mit f. M. blau umhäkeln.

Ausarbeiten: Allgemeines siehe 40. Vorderteilränder mit je 5 R. dunkelblauen f. M. und ab Ausschnitt für den 16 cm langen Unter- und Übertritt je 4 R. f. M. häkeln. In letzter R. über den rechten Vorderteil mit 8 cm Abstand 2 Ösen aus Lm. einhäkeln. Nähte schließen. Halsausschnitt mit 4 R. blauen f. M. überhäkeln, über den Ecken je 3 f. M. zus. abm. In der letzten R. am rechten Rand noch 1 Knopföse anhäkeln. Über den Taschen je 4 bunte Fransen aus je 2 Fäden, 20 cm lang, einknüpfen. Taschen lt. Modellbild bzw. Schema aufnähen. Ärmel einsetzen. Knöpfe annähen.

42 Jacke mit kurzen Ärmeln

Größe 116 für 6 Jahre

Material: Je 50 g blaues, rotes, oranges, gelbes und grünes Cablégarn, 1 INOX-Wollhäkelnadel Nr. 3½ und 3 Knöpfe, 15 mm ⌀.

Streifen: Nach 2 R. Blau ✳ je 1 R. Rot, Orange, Gelb, Grün und Blau; ab ✳ stets wdh.

Maschenprobe: 25 Stb. x 14 R. / 11 x 11 cm.

Rückenteil: Mit Blau 100 Lm. anschlagen, das Grundmuster häkeln = 98 Stb. Für die Seitenschrägung beidseitig in 2. R. und 10mal jeweils in 4. R. je 1 M. abnehmen = 76 Stb. Nach 41 R. (grüne R.) = 32 cm folgen noch 2 R. Blau.

Linkes Vorderteil: Anschlag 45 Lm. mit Blau = 43 Stb. in 1. R. Wie das Rückenteil häkeln, die Seitenschrägung natürlich nur am rechten Rand ausführen = 32 Stb.

Rechtes Vorderteil gegengleich häkeln.

Kurze Ärmel mit Passe: Anschlag 75 Lm. mit Blau, das Grundmuster häkeln = 73 Stb. Nach 26 R., einer grünen R. = 20,5 cm ab Anschlag die 26. bis 55. M. für den Halsausschnitt unbehäkelt lassen. Zunächst die rückw. Passe über die 1. bis 25. M. fortsetzen. Nach der 8. R. = Mitte das Teil mit 8 R. gegengleich beenden. Über die 56. bis 73. M. für die vord. Passe noch 5 R. häkeln. Für die rechte vordere Passe mit Grün 20 Lm. anschlagen und mit 18 Stb. gegengleich überhäkeln. Nach der 5. R. zwischen vordere und rückw. Passe 30 grüne Lm. einfügen und wieder über alle M. arbeiten. Das Teil mit 2 blauen R. beenden.

Taschen: Je 29 Lm. mit Blau anschlagen, das Grundmuster häkeln = 27 Stb. Nach jeder 11. R. folgen 2 R. Blau.

Ausarbeiten: Allgemeines siehe 40, jedoch die Passe erst annähen, nachdem die Seitennähte geschlossen worden sind. Vorderränder und Halsausschnitt mit 4 R. h. Stb. überhäkeln, über den Ecken je 3 h. Stb. in 1 Einstichstelle bzw. zus. abm. In der 2. R. am rechten Rand 3 Knopflöcher einhäkeln, fürs 1. nach 24 cm ab unterem Jackenrand 3 h. Stb. mit 3 Lm. übergehen. Dies noch 2mal im Abstand von je 7 cm wdh. Taschen lt. Schema aufnähen. Knöpfe annähen. Die bunten Fransen um die grünen Stb. aus je 5 Fäden, 10 cm lang, im Abstand von je 2 cm einknüpfen.

41, 42

43

Abb. 1 zeigt die 1. Rd. Abb. 2 die 1. und 2. Rd. eines Motives.

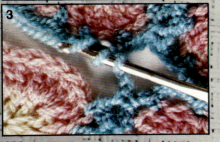

Abb. 3: Ab 2. Motivrunde wird das Verbinden an der 4. Seite ausgeführt. Abb. 4: Die Lücken mit 8 halben Stb. schließen. Abb. 5: Musterausschnitt mit umhäkeltem Rand. Die Träger kann man an die oberste Motivreihe anhäkeln oder annähen.

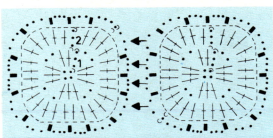

Hübsche Pullunder aus sechsundsechzig Motiven

Beide Pullunder sind in gleicher Weise zu häkeln. Sie unterscheiden sich lediglich in der Zusammenstellung der Farben.

43 Vierfarbiger Pullunder

Die unterschiedlichen Größen, nämlich Gr. 110 bis 116 (5 bis 6 Jahre) und 122 bis 128 (7 bis 8 Jahre) erreicht man durch die unterschiedliche Stärke der Häkelnadel. Die Angaben für 7 bis 8 Jahre stehen in Klammern, steht nur eine Zahl, gilt sie für beide Größen.

Material: Bunte Wollreste, insgesamt ca. 120 (135) g mittelfeine Cabléwolle, z. B. „Cameo Crêpe" von Patons (100% reine Schurwolle), lt. Modellbild in den Farben Dunkelblau, ca. 50 g, Rot, Gelb und Türkis (Petrolgrün, ca. 60 g, Rot, Gelb, Dunkelblau), 1 INOX-Wollhäkelnadel Nr. 2½ (3), 1 Perl-INOX-Rundstricknadel Nr. 2½ (3), 50 cm lang.

Motiv: Mit Nadel Nr. 2½ (3) lt. Häkelschrift die 1. Rd. gelb, die 2. Rd. rot häkeln. Die 3. Rd. dunkelblau (petrolgrün) wird erst dann ausgeführt, wenn alle Motive mit 1. und 2. Rd. fertig sind, denn in der 3. Rd. werden ab 2. Motiv alle folgenden Motive auch mit dem vorhergehenden bzw. ab 2. Motivreihe auch mit der angrenzenden Motivreihe verbunden, siehe Schnittschema und Abb. 3. Um 4 Lm., die mit 1 Km. zum Ring geschlossen sind, in 1. Rd. 4mal wechselnd Gruppen aus 3 Stb. und 2 Lm. häkeln, Fadenanfang einhäkeln. Das 1. Stb. – auch in 2. Rd. – durch 3 Lm. ersetzen, die Rd. mit 1 Km. in die 3. Lm. des Rd.-Anfangs schließen. In 1. Rd. die Km. mit der Farbe der 2. Rd. abmaschen. Fadenende sorgfältig auf der Rückseite vernähen. In der 2. Rd. das 1. Stb. zwischen 2. und 3. Stb., die folg. * 3 Stb. um die Lm., die folg. 2

Stb. zwischen die Stb. der Gruppe häkeln, ab * wdh. Die f. M. der 3. Rd. sind in der Mitte jeder Seite zwischen 2 Stb., die übrigen in die betreffenden Stb. der 2. Rd. zu häkeln. Ab 2. Motiv an den Verbindungsstellen statt der 2. Lm. 1 f. M. um den Lm.-Bogen des angrenzenden Motives häkeln; siehe Pfeile in der Häkelschrift.

Motivgröße: 4,5 x 4,5 (5 x 5) cm.

Ein Tip für Mütter mit 11- bis 12jähriger Tochter (Gr. 146 bis 152): Mit etwas dickerem Faden, z. B. Handstrickgarn Britanica „Mignon" (in vielen Unis und in Ombré-Farben zu haben) und einer INOX-Wollhäkelnadel Nr. 3 fallen die Motive 5,5 x 5,5 cm groß aus. Sie können sich dann nach demselben Schnittschema richten!

Ausführung: Zunächst 66 Motive mit 1. und 2. Rd. häkeln. Dann 14 Motive mit der 3. Rd. untereinander verbinden, das 14. auch mit dem 1. Motiv. Die 2., 3. und 4. Motivrunde immer auch an die vorhergehende Runde anschließen. Für die Träger je 5 Motive häkeln, in der 3. Rd. verbinden und gleichzeitig auch das 1. und 5. Motiv lt. Schema an die 4. Rd. anschließen. Natürlich kann man die Träger auch mit einigen Stichen annähen.

Die Lücken zwischen den Motiven mit halben Stb. schließen. Mit dunkelblauem (petrolgrünem) Faden um einen Lm.-Bogen anschlingen, das 1. halbe Stb. durch 2 Lm. ersetzen, dann um die folg. 7 „freien" Lm.-Bogen je 1 halbes Stb. häkeln. Das Fadenende durch die 2. Lm. des Anfanges vernähen. Für den Bund mit der Rundstricknadel Nr. 2½ (3) 168 M. anschlagen und wechselnd 2 M. rechts, 2 M. links str. Nach ca. 6 cm die M. abk., wie sie erscheinen. Den Bund mit dem Abkettrand an die untere Motivreihe nähen. Ausschnittränder und Träger in der Farbe der 3. Rd. mit je 1 Rd. f. M. umhäkeln.

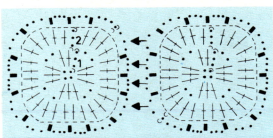

In der Häkelschrift sind die 4 festen Maschen an den Verbindungsstellen als Pfeile gezeichnet.

- · = 1 Luftmasche
- ∩ = 1 Kettmasche
- ▌ = 1 feste Masche
- † = 1 Stäbchen

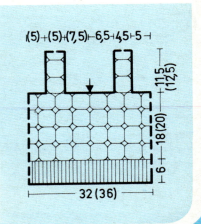

Mädchen wissen, was schick ist

Da bei diesem Pulli weder an den Armausschnitten noch an der Ärmelkugel Rundungen folgend abzunehmen ist, fällt es leicht, Längen- und Weitenmaße auf die erforderliche Körpergröße abzuändern.

44 Pulli mit gestreifter Passe, Größen 134 und 152

Die eingeklammerten Zahlen gelten für Gr. 152; steht nur eine Zahl, gilt sie für beide Größen.

Material: Ca. 200 (250) g orange und 50 g weißes mittelfeines Handstrickgarn, z. B. Britanica „Estrella" (100% Polyacryl), 1 INOX-Wollhäkelnadel Nr. 3½, 3 Knöpfe, 1 cm ∅.

Das **1. Grundmuster** für Vorder- und Rückenteil ist nach der Häkelschrift in Rd. zu häkeln. **Nach jeder Rd. mit 3 Lm. wenden,** welche das 1. Stb. ersetzen. Jede Rd. mit einer Km. schließen, siehe Häkelschrift. Die 2. Rd. bzw. den Mustersatz von Pfeil bis Pfeil fortl. wdh. Der Lm.-Anschlag ist teilbar durch 9. Im **2. Grundmuster** für Passe und Ärmelbündchen ist die M.-Zahl teilbar durch 4. Es wird in R. gehäkelt. Dafür in den Hin-R. abwechselnd je 2 Stb. in Weiß und Orange häkeln. Beim Farbwechsel das 2. Stb. mit der folg. Farbe abmaschen, siehe Abb. 1. Den 2. Faden **hinter** der Arbeit weiterführen. In den Rück-R. die Stb. in derselben Farbe häkeln. Den 2. Faden jedoch **vor** der Arbeit weiterführen.

Maschenprobe: 3 Mustersätze = 27 Maschen und 13 Reihen im 1. Grundmuster messen 11,5 x 11 cm.

Für **Rücken- und Vorderteil** 162 (180) Lm. anschlagen und mit einer Km. zur Rd. schließen. Nach der Häkelschrift arbeiten, den Mustersatz 18 (20)mal in der Rd. wdh. Nach 32 (37) Rd. zunächst das Rückenteil über 9 (10) Mustersätze = 81 (90) M. beenden. Im 2. Grundmuster in R. weiterhäkeln. Das Muster ab Mitte = Pfeil a (b) einteilen. Für die Armausschnitte an R.-Anfang und -Ende 12 M. = 5 cm unbehäkelt stehenlassen, also nur über die mittleren 57 (66) M. häkeln. Dafür mit Weiß an der 13. M. anschlingen und enden mit Weiß an der 57. (66.) M. Nach 16 (18) R. = 13,5 (15) cm für die Schulterschrägung in den 2 folg. R. beidseitig je 8 (1mal 8 und 9) M. abn. Es bleiben 25 (28) M. übrig. Für die **linke Vorderteilpasse** an der 13. M. mit Weiß anschlingen und insgesamt 24 (28) M. im 2. Grundmuster häkeln; das 1. Stb. durch 3 Lm. ersetzen. Am Ende der 13. (15.) R. = 10 (11,5) cm für den Halsausschnitt 2 M. unbehäkelt lassen. In den folg. 5 (6) R. je 1mal 2 und 4 (5)mal je 1 M. abnehmen. Die Schulter in den letzten beiden R. wie am Rückenteil schrägen. Die **rechte Passe** gegengleich häkeln, dabei in der Mitte 9 (10) M. unbehäkelt stehenlassen und mit Orange an der folg. M. anschlingen. Für **den Untertritt** mit Orange 9 (10) Lm. + 3 Wende-Lm. anschlagen und 12 (14) R. Stb. häkeln. Für **den Übertritt** 10 (12) M. + 3 Wende-Lm. anschlagen, 14 (16) R. häkeln, und für die Knopflöcher in der 3., 7. und 11. (4., 8. und 12.) R. die Mittelm. mit 1 Lm. übergehen. Jeweils in der folg. R. um die Lm. 1 Stb. häkeln. In der 15. (17.) R. die Spitze aus 2 Km., 1 (2) f. M., 1 h. Stb., 1 Stb. (+ 1 Dstb., 1 Stb.), 1 h. Stb., 1 (2) f. M., 2 Km. bilden.

Ärmel: Je 52 (62) Lm. anschlagen und Stb. in Rd. häkeln, **nach jeder Rd. wenden.** Die 1. und 27. (32.) M. markieren. In diese M. werden in der 2. Rd. je 2 Stb. gehäkelt. Über den Markierungen auch in 4., 7., 9. und 12. (5., 8., 11. und 14.) Rd. so zunehmen. Nach 13 (15) Rd. = 11 (13) cm ab Anschlag = 62 (72) M. noch 5 R. häkeln, siehe Abb. 2.

Ausarbeiten: Schulternähte schließen, Unter- und Übertritt an die Passenränder annähen, Abb. 3. Für den Kragen 54 (62) Stb. über den Ausschnitt häkeln. Die 9., 18., 27., 36. und 45. (11., 22., 32., 42. und 52.) M. markieren. In der 2. R. jeweils 3 Stb. in diese M. häkeln. Dies in der 3. und 4. R. wdh. Die 5. R. zählt 84 (92) Stb. Über den unteren Ärmelrändern 3 Rd. im 2. Grundmuster häkeln, und zwar auf der Innenseite. Den 2. Faden stets auf der Rückseite weiterführen. Über den unteren Pulloverrand 1 Rd. Stb. mit Weiß häkeln. Knöpfe annähen. Ärmel einsetzen.

Abb. 1: Das 2. Stäbchen im Passenmuster mit der folgenden Farbe abmaschen, das 2. orange Stb. also weiß, das 2. weiße Stb. orange. Abb. 2: Die letzten 5 R. bilden die Ärmelkugel und passen in den rechtwinkeligen Armausschnitt. Abb. 3: Verschlußblende und Untertritt sind für sich zu häkeln und dann an die Passe zu nähen.

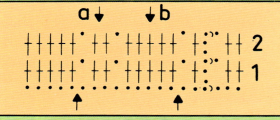

Häkelschriftzeichen:
- • = 1 Luftmasche
- ⌒ = 1 Kettmasche
- † = 1 Stäbchen

In der Rd. häkeln, den Mustersatz von Pfeil bis Pfeil, das sind 9 Maschen, fortlaufend wiederholen.

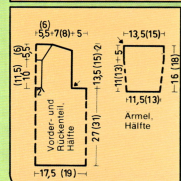

45 bis 50
1/2 Dtzd. Spitzen

je 2 aus gelbem, rotem und blauem Garn.

Allgemeines

Wenn man die Taschentücher selber säumt, ist es nützlich, als Saumbegrenzung, ca. 6 mm innerhalb des fadengeraden Stoffrandes, 1 Gewebefaden auszuziehen. Stoff bis zu dieser Fadenrinne einrollen und den Rand mit f. M. dicht umhäkeln, in der Fadenrinne einstechen. Da es eine sehr mühsame Sache ist, die vielen f. M. über jeder Seite zu zählen, raten wir, f. M. und 1. Musterrunde gleichzeitig, also mit 2 Knäueln zu häkeln (für die f. M. etwas Garn vom Knäuel abwickeln, falls ein Knäuel für die Spitze ausreicht). Man häkelt einige f. M. und anschließend wieder einige Mustersätze der 1. Rd. Nützlich, wenn man mit dünnen Bleistiftpunkten die regelmäßigen Abstände der Mustersätze markiert – das erleichtert die Übersicht und man hat die Garantie, daß das Muster zwischen den Ecken „aufgeht". Über den Ecken treffen 3 f. M. in 1 Einstichpunkt – bei der Angabe der f. M. pro Seite gilt die 2. dieser 3 f. M. als die f. M. über der Ecke. Wie die Ecken in den Musterrunden zu bilden sind, ist von den Häkelschriften – bei den Filethäkelspitzen von den Zählmustern – abzulesen. Vorschriftsmäßig ist es, zuletzt die Spitzen korrekt zu spannen.

Material: Gesäumte Batisttaschentücher, Seitenlänge 29 cm; je 1 Knäuel – für die gelbe und rote Spitze in Filethäkelei 2 Knäuel – MEZ Spitzengarn Nr. 80, 1 JMRA-Record-Garnhäkelnadel Nr. 0,6; für die blaue Spitze Nadel Nr. 0,75.

Drei Spitzen in Filethäkelei, 2 bzw. 3 cm breit (blaue Spitze). Jede Spitze ist in 6 Rd. lt. Zählmuster über dem Feste-Maschen-Rand zu häkeln. Zwischen den Karos über den Ecken (im Zählmuster dick umrandet) für die gelbe Spitze an jeder Seite 96, für die rote 91 und für die blaue 69 Karos, d. i. das Dreifache an f. M. häkeln. Die Mustersätze lt. Zählmuster sind über jeder Seite bei der gelben Spitze insgesamt 10mal (ab Mitte = Doppelpfeil jedoch gegengleich), bei der roten 22mal und bei der blauen 10mal auszuführen. Als Abschluß je 1 Rd. aus Lm., Stb. und Pikots lt. Einzeichnung über den Zählmustern häkeln, ab Mitte gegengleich arbeiten.

Drei 15 mm breite Spitzen: Für die gelbe Spitze zwischen den Ecken je 193 f. M., für die rote 197 f. M. und für die blaue 216 f. M. häkeln. Die Mustersätze zwischen den Pfeilen fortl. häkeln, bei der gelben 23mal, der roten 31mal und der blauen 41mal.

51 bis 56
1/2 Dtzd. Spitzen

Spitzenbreite 17 bis 20 mm

Material: Je 1 Knäuel Schürer Spitzengarn, 1 JMRA-Record-Garnhäkelnadel Nr. 0,75, je 1 handgesäumtes Taschentuch, 32 x 32 cm (Fisba Stoffels).

Allgemeines: Der eingerollte Stoffrand ist in 1. Rd. mit wechselnd 1 Lm., 1 f. M. umhäkelt, wieviel f. M. pro Mustersatz, ist von der Häkelschrift abzulesen (1 Mustersatz von Pfeil bis Pfeil), ebenso die Ergänzung vor und nach den Ecken. Am rechten Rand jeder Häkelschrift ist der Übergang von Runde zu Runde eingezeichnet.

Lila Spitze: In 5 Rd. über dem umhäkelten Rand ausführen, über jeder Seite 11 Mustersätze. Für die großen Dreiecke sind in 2. Rd. lt. Häkelschrift 8 Lm. rückgehend ab 2. Lm. – mit f. M., h. Stb., Dstb., 3-, 4- und 5fachen Stb. zu überhäkeln, es folgt 1 f. M. in die Stb.-Gruppe der 1. Rd. Für die kleinen Dreiecke in 4. Rd. 5 Lm. rückgehend ab 2. Lm. mit f. M., h. Stb., Stb. und Dstb. überhäkeln.

Gelbe Spitze: In 6 Rd. über dem umhäkelten Rand ausführen, den Mustersatz von Pfeil bis Pfeil über jeder Seite 29mal.

Orange Spitze: In 4 Rd. über dem umhäkelten Stoffrand ausführen, pro Seite 29 Mustersätze. Die Dreiecke in 3. Rd. über 7 Lm. wie bei der lila Spitze (ohne 5faches Stb.) zu häkeln, s. Häkelschrift.

Türkis Spitze: In 5 Rd. über dem umhäkelten Rand an jeder Seite 27 Mustersätze ausführen. In 5. Rd. die Km. für die Ösen in die 1. der 7 Lm. häkeln.

Rosa Spitze: Nur 2 Rd. bilden über dem umhäkelten Stoffrand diese hübsche Blütenspitze, über jeder Seite 14 Mustersätze. In der 1. Rd. entstehen nicht nur die Stb. und die Lm.-Bogen, sondern auch die Mitte aller Blüten, die dann in 2. Rd. nur noch mit f. M., Km. und Lm. überhäkelt werden. Folg. Reihenfolge ist in 1. Rd. zu beachten – siehe auch „Richtungspfeile" in der Häkelschrift und Häkelprobe.
Auf ● 5 Stb. folgen 18 Lm. (bei den Wiederholungen statt der 10. Lm. 1 Km. zurück in die Lm. lt. Häkelschrift) in die 5. Lm. ab Anfang 1 Km., 4 Lm., 5 Stb., 16 Lm. (die 13. bildet die Mitte der Blüte, in die die 5 Km. zu häkeln sind), in die 8. Lm. ab Nadel 1 Km., 3 Lm., 1 Km. zurück in die 5. Lm. vor der 4. Lm., dann wenden und die 3 Lm. mit f. M., h. Stb. und Stb. überhäkeln. Es folgen * 3 Lm., 1 Km. in die Blütenmitte, 3 Lm., 1 Km. in die 1. der vorhergehenden 3 Lm., 4 Lm., diese rückgehend ab 2. Lm. mit f. M., h. Stb. und Stb. überhäkeln, ab * noch 3mal wdh. Es folgen 3 Lm., 1 Km. in die Blütenmitte, 3 Lm., 1 Km. in die 1. der vorhergehenden 3 Lm., 4 Lm., 1 Km. in die 5. der 16 Lm., 4 Lm., ab ● wdh. Wie aus der Häkelschrift hervorgeht, sind in der 2. Rd. die Spitzen der „Blütenblätter" zwischen je 3 f. M. mit 1 Lm. zu übergehen. In Zackentiefe jeweils 1 Km. einfügen.

Lachsrosa Spitze: In 5 Rd. auszuführen, über jeder Seite 20 Mustersätze. In der 2. Rd. sind um die der 1. Rd. 1 f. M., 2 h. Stb., 5 Stb., 2 h. Stb. und 1 f. M. zu häkeln, in der 4. Rd. werden die f. M. in die Dstb. der Vor-Rd. ausgeführt. In der 5. Rd. die f. M. der 4. Rd. übergehen, dazwischen f. M., um jeden Lm.-Bogen 11, häkeln.

Erklärung der Häkelschrift

· = 1 Lm.   ∩ = 1 Km.   ▮ = 1 f. M.

▲ = 1 Pikot, das sind 3 Lm., 1 f. M. zurück in die 1. Lm. häkeln

V W = 2 bzw. 3 f. M. in 1 Masche

von links nach rechts: h. Stb., Stb., Dstb., 3-, 4- und 5faches Stb.

von links nach rechts: 2 und 3 Stb., 2 und 3 Dstb. in 1 Masche bzw. 1 Einstichpunkt; treffen die Linien unten nicht zus., sind Stb. od. Dstb. um die Lm. zu häkeln.

2, 3 oder 9 (siehe rechts) M. bzw. Stb., Dstb. oder 3fache Stb. in 1 M. jeweils zus. abm. (nur bis auf die letzte Schl. abm., erst zuletzt alle auf der Nadel liegenden U. in einem Zug abm.); am Rd.-Anfang das 1. Stb. bzw. 4fache Stb. durch Lm. ersetzen, siehe Zeichen!

□ = wechselnd 2 Lm., 1 Stb., fürs Muster ⊠ = Stb. statt Lm. häkeln. Über den Ecken 1 Stb., 5 Lm., 1 Stb., die Stb. in 1 f. M., ab 2. Rd. in die 3. der 5 Lm.

Zu jeder Farbe eine zarte Häkelspitze

45 46 47 48 49 50 51 52 53

53

Umhäkelte Batisttücher sind
als Geschenk immer beliebt. Von Zeit
zu Zeit avancieren sie, und
die Mode rückt sie ins „Blickfeld".
Die Filethäkelspitzen sind
nach Zählmustern, die übrigen nach
Häkelschriften auszuführen.
Diese Vorlagen finden Sie auf Bg. A.

54—56

Tasche: Adolf

Häkelspitzen als Schmuck an Decken

Beide Spitzen sind in hin- und hergehenden Reihen zu häkeln, man kann also nach jedem Mustersatz aufhören.

57

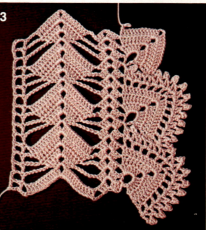

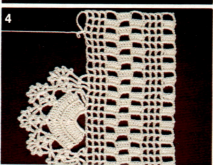

Abb. 1: Anfang der Spitze, die 3. Reihe in Arbeit. **Abb. 2:** In der 7. Reihe ist die Zacke abgeschlossen. **Abb. 3:** Zwei Zacken am Außenrand stehen über 3 Mustersätzen am Innenrand, daher lt. Häkelschrift die 3. bis 14. Reihe fortlaufend wiederholen. **Abb. 4:** Hier beginnt die 10. bzw. 26. Reihe. **Abb. 5:** die 30. Reihe in Arbeit (siehe 14. Reihe im 1. Mustersatz). **Abb. 6:** Die festen Maschen in der letzten Reihe jedes Mustersatzes umfassen je 2 Luftmaschenbogen.

Häkeln

Allgemeines

Beide Spitzen sind in hin- und hergehenden Reihen zu häkeln. Bedingt durch die Musterung eignen sie sich in erster Linie als Abschluß für runde und ovale Decken. Eckbildungen würden die Musterfolge unschön unterbrechen. Anfang und Ende der Spitzen werden lückenlos aneinandergenäht. In den Häkelschriften auf Bogen C zeigt der Doppelpfeil auf die 1. Lm. des Anschlages.

Bei der Berechnung der Länge für eine runde Decke ist nicht der Stoff-, sondern der Deckenumfang einschließlich Spitze maßgebend. Ein Beispiel: Die rosa Decke hat einen Stoffdurchmesser von ca. 140 cm, die Spitze ist etwa 10 cm breit, insgesamt also 160 cm ∅, Umfang 502 cm (160 x 3,14). Geringe Differenzen kann man ausgleichen, indem man die fertige Spitze vor dem Ansetzen halbrund spannt, also den Außenrand etwas dehnt und den inneren gerade verlaufenden Rand leicht einhält. Ansonsten ist die Differenz beim Aufheften der Spitze gleichmäßig auf den Umfang einzuhalten (beim oben genannten Beispiel sind's immerhin 60 cm – Stoffumfang der Decke 440 cm). Ein Tip: Lehrgang übers Zuschneiden runder und ovaler Decken sowie das Ansetzen der Spitze in Heft 11/78 Spaß an Handarbeiten! Erklärung der Häkelschrift S. 57.

57 Decke aus Karostoff

170 cm ∅, Spitzenbreite ca. 13,5 cm, Häkelschrift Bogen C.

Material: Ca. 250 g mercerisiertes Baumwollgarn, z. B. „Coton" von Georges Picaud, Paris, 1 INOX-Wollhäkelnadel Nr. 2; 1,45 m kariertes Baumwollstoff, 145 cm breit, z. B. Zweigart-Art. 1535 „Gerda" (auch gelb-, kornblumenblau-, rot-, sowie hell- und dunkelgrün-weiß kariert erhältlich – farbecht und pflegeleicht ausgerüstet, 100 % Baumwolle).

Ausführung: Allgemeine Angaben siehe Decke 58, den Kreis mit 71,5 cm langer Fadenschlinge vorzeichnen. Anschlag 38 Lm., die folg. 5 Stb. in die 6. Lm. ab Nadel häkeln. Ca. 5,30 m Spitze häkeln.

58 Decke

160 cm Ø, Spitzenborte ca. 10 cm, Häkelschrift Bogen C.

Material: 1,40 m Effektgewebe, z. B. „Ariosa" (Zweigart-Art. 3711) – in vielen Farben erhältlich, teils auch in 160 cm Breite, 250 g mercerisiertes Baumwollhäkelgarn, z. B. „Fil d'Ecosse Nr. 16", Farbe 18, von Georges Picaud, Paris; 1 Garnhäkelnadel Nr. 1,25 oder 1,0.

Ausführung: Anschlag 45 Lm., das 1. Stb. der 1. R. (= Rück-R.) in die 12. Lm. ab Nadel häkeln. Die Arbeit lt. Häkelschrift fortsetzen. In der 32. R. und dann in jeder folg. 16. R. 1. Pikot ans letzte Pikot des vorhergehenden Mustersatzes (anstelle der 2. Lm. im Pikot 1 Km. ins Pikot des angrenzenden Mustersatzes) und das 2. Pikot ans vorletzte Pikot anschlingen (jedoch mit 1 f. M. statt der Km.). Nach der 32. R. die 17. bis 32. R. fortl. wdh. (insgesamt ca. 5 m).

In Stoffmitte eine 70 cm lange Fadenschlinge befestigen, in dieser bei exakt senkrechter, straffer Haltung einen Bleistift führen und damit in regelmäßigen, kurzen Abständen den Kreisumfang markieren. Über dieser Markierung eine Zickzacknaht ausführen, einen Faden mitführen und übersteppen, damit sich der Stoff an den Rundungen nicht ausdehnen kann. Überstehenden Stoff abschneiden und nochmals mit Zickzacknaht übersteppen. Die Spitze zunächst über dem flach aufliegenden Stoff mit Stecknadeln aufstecken, dabei die überschüssige Weite gleichmäßig einhalten. Spitze mit kurzen Stichen aufheften und -steppen. Die Lm. des Anschlages und die M. der letzten R. mustergemäß zus.-nähen.

58

Filet-häkeln

Wird Filethäkelei mit dünnem Faden ausgeführt, ähneln die Spitzen den echten Filetmustern, für die das Netz zuerst geknüpft und die Motive eingestopft werden.

59 und 60 Vorhang und Lampenschirm mit Spitze und Einsatz

Zählmuster und Schema auf Bogen B.
Breite des Einsatzes 16 cm,
Spitzenbreite 13,5 cm (12 Karos/8 cm); Länge eines Mustersatzes 11,5 cm, siehe dazu rechts die Maschenproben!

Material: Feines Baumwollhäkelgarn mit Seidenglanz, zum Stoff passend, z. B. Schürer ISA fein (in mehr als 20 Farben erhältlich), 1 IMRA-Record-Garnhäkelnadel Nr. 1,25, 1,5 oder 1,75 (siehe Maschenproben). Aus 50 g Garn häkelt man 105 cm Einsatz mit Nadel Nr. 1,75.

Für die Lampe 1 FALAG-Schirmgestell (Art. 96219), ca. 33 cm hoch, unten 35 cm ∅, oben ca. 30 cm ∅; 115 x 45 cm Stoff, zum Ansetzen passendes Maschinenstickgarn Nr. 50.

Ausführung: Spitze und Einsatz lt. Zählmuster häkeln. Für „offene" Karos je 1 Stb. und 2 Lm., für „gefüllte" Karos 3 Stb. häkeln, wobei das 1. Stb. in das Stb. der Vorreihe, die folg. 2 Stb. entweder **in** Stb. oder **um** Lm. der Vor-Reihe zu häkeln sind. Das 1. Stb. einer R. durch 3 Lm. ersetzen, das letzte Stb. der R. in die 3. der Lm. des R.-Anfangs häkeln. Siehe auch Lehrgang!

Maschenproben: Mit Nadel
Nr. 1,25 12 Karos x 13 R. = 6 x 6 cm
Nr. 1,5 12 Karos x 13 R. = 7 x 7,5 cm
Nr. 1,75 12 Karos x 14 R. = 8 x 8,5 cm

Vorhang: Die Spitze über einem Anschlag aus 40 Lm. + 3 Lm. zum Wenden lt. Zählmuster häkeln. Die dicke Linie gilt für die Begrenzung der Spitze am rechten Rand. Wie dafür zu- und abzunehmen ist, wird im Lehrgang erläutert. Die fertige Spitze korrekt spannen, mit Sprühstärke leicht steifen und dann an den Stoff ansetzen. Den Stb.-Rand der Spitze möglichst fadengerade auf den Stoff heften und mit Geradstich aufsteppen. Den Stoffrand auf 5 mm Breite beschneiden, umbügeln und über dem Geradstich noch einmal Zickzackstich steppen, dabei den umgelegten Stoffrand mit in die Naht fassen.

Den Einsatz über 73 Lm. + 3 Lm. zum Wenden beginnen und lt. Zählmuster häkeln. Nach je 19 R. den Mustersatz wdh. Die Länge so bemessen, daß der Einsatz nicht nur die seitlichen Stoffränder, sondern auch die Spitze begrenzt. Den Einsatz wie die Spitze ansetzen, längs der Spitze mit überwendlichen Stichen annähen.

Lampenschirm: Den Einsatz wie für den Vorhang beschrieben häkeln; bei der angegebenen Schirmgröße sind 9 Mustersätze zu wiederholen. Um den Ausgleich zwischen unterem und oberem Durchmesser zu erreichen, wird der Einsatz beim Spannen am unteren Rand auf 109 cm gedehnt, wobei man gleichzeitig erreicht, daß der obere Rand enger ausfällt, er soll ca. 100 cm weit sein.

Den Stoff lt. Schnittschema, Bg. B, zuschneiden (1 Karo/1 qcm; oben und unten je 5 cm, seitlich je 1,5 cm Nahtrand zugeben). Den gespannten Einsatz korrekt aufheften und wie für den Vorhang beschrieben einsetzen. Dann die Längsnaht schließen. Am oberen und unteren Rand Nahtband ansetzen, dieses umlegen und aufsteppen, so daß ein Zugsaum entsteht. Gummiband einziehen, so daß der Bezug über das Schirmgestell gespannt werden kann. Mit einigen Stichen am oberen Rand festhalten. Ein Tip: Die runde Form kommt am besten zur Geltung, wenn Sie das Schirmgestell zuvor mit einem Futterstoff beziehen.

59, 60

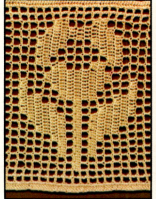

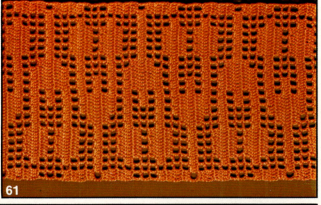

61

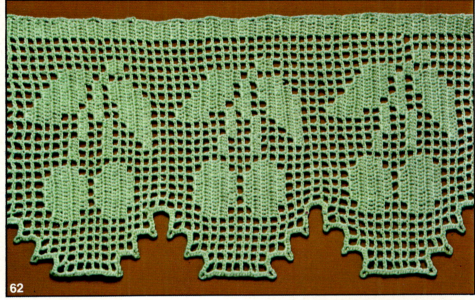

62

61 bis 64
Einsätze und Spitzen in Filethäkelei

Zu allen Mustern die Zählvorlagen auf Musterbogen B. Maschenproben siehe Modell 59 und 60. Die folgenden Angaben entsprechen den Originalen. Mit dünnerer oder dickerer Häkelnadel sind Länge und Breite zu verändern.

61 Einsatz, 12 cm breit

Material: 50 g Baumwollhäkelgarn mit Seidenglanz Schürer ISA fein für 95 cm Einsatz; 1 Garnhäkelnadel Nr. 1,5.

Ausführung: Über einem Anschlag aus 64 Lm. + 3 Lm. zum Wenden lt. Zählmuster häkeln; nach je 12 R. den Mustersatz wdh. (von Pfeil bis Pfeil im Zählmuster).

62 Grüne Spitze, 14 cm breit

Material: 50 g Baumwollhäkelgarn mit Seidenglanz Schürer ISA fein für 95 cm Spitze, 1 IMRA-Record-Garnhäkelnadel Nr. 1,25.

Ausführung: Über einem Anschlag aus 61 Lm. + 3 Lm. zum Wenden beginnen, lt. Zählmuster häkeln. Nach je 18 R. den Mustersatz wdh. Wie an den Stufenrändern zu- und abzunehmen ist, wird im Lehrgang erklärt. Zum Schluß den Stufenrand mit f. M. umhäkeln, über den Ecken je 5 Lm. einfügen, siehe Häkelschrift. Beim Spannen jede dieser Lm.-Ösen mit einer Stecknadel erfassen.

63 Einsatz, 14 cm breit

Material: 50 g Baumwollhäkelgarn mit Seidenglanz ISA fein für 110 cm Spitze; 1 IMRA-Record-Garnhäkelnadel Nr. 1,75.

Ausführung: Über einem Anschlag aus 61 Lm. + 3 Lm. zum Wenden lt. Zählmuster häkeln. Das Motiv nach je 20 R. in gegengleicher Richtung wdh.

64 Einsatz und Spitze

Einsatz 11 cm breit, Spitze 12,5 cm breit.
Material: 50 g Baumwollhäkelgarn mit Seidenglanz Schürer ISA fein für 110 cm Spitze oder Einsatz, 1 IMRA-Record-Garnhäkelnadel Nr. 1,25.

Ausführung: Den Einsatz über 62 Lm. lt. Häkelschrift ausführen. Zu beiden Seiten des Randes demnach in 3 aufeinanderfolg. R. 7 Lm., 6 Lm. und 3 Lm., 1 f. M. um die Lm. der beiden Vor-R., 3 Lm. – beidseitig der Lm.-Stege 2 Stb. bzw. 3 Wende-Lm., 1 Stb. häkeln. Die Blattmotive nach je 16 R. wdh.

Die Spitze mit einem Anschlag aus 57 Lm. beginnen, dann nach der Häkelschrift weiterhäkeln. Den Mustersatz von Pfeil bis Pfeil = 16 R. fortl. wdh. Beim Spannen jede Zacke des Stufenrandes mit einer Stecknadel erfassen.

Erklärung der Häkelschrift:

- • = 1 Luftmasche
- ∩ = 1 Kettmasche
- ▮ = feste Masche
- ┼ = 1 Stäbchen

63

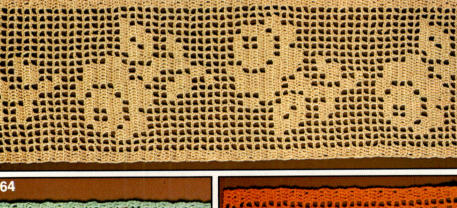

64

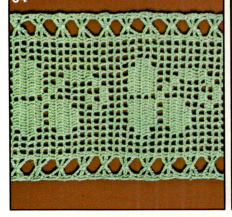

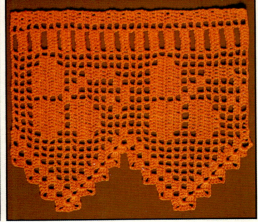

Gehäkeltes aus Garn

65

65 Vorhangspitze in Filethäkelei, 22,5 cm breit, 97 cm lang

1 Mustersatz / 30 R. mißt 23 cm.

Material: Ca. 50 g feines ekrüfarbenes Baumwollgarn, z. B. „Rotstrang" von Melchior; 1 INOX-Wollhäkelnadel Nr. 2, ca. 0,45 m Handarbeitsstoff, z. B. Zweigart-Art. 3678/330 „Universal" — 140 cm breit.

Filetmuster: Maschenzahl teilbar durch 3 + 5 Lm. extra (= 3 Wende-Lm. + 2 Lm. für Filet-

grund). Lt. Häkelschrift in hin- und hergehenden R. häkeln. Den Mustersatz von Pfeil bis Pfeil und die 1. und 2. R. fortl. wdh. Das Zunehmen am Stufenrand erklärt R. a und b der Häkelschrift, das Abnehmen R. c und d. Die Vogelmotive lt. Zählmuster einhäkeln, den Mustersatz von Pfeil a bis Pfeil b fortl. wdh.

Erklärung der Zeichen (s. auch Seite 133):

- • = 1 Lm.   ┼ = 1 Stb.
- ┴ = 2 Stb., getrennt durch 3 Lm., in 1 Einstichstelle
- ☐ = 1 Stb. und 2 Lm.
- ☒ = 3 Stb., das 1. in das Stb. der Vor-R., das 2. und 3. Stb. um die Lm. oder in die Stb. der Vor-R.

Maschenprobe: 13 Karos = 39 M. x 13 R. messen 11 x 10 cm.

Ausführung: Über einem Anschlag aus 57 + 5 Lm. beginnen, lt. Zählmuster häkeln, mit 3 R. vor Pfeil a beginnen. Für die oben angegebene Länge 126 R. häkeln, d. h. mit 3 R. nach Pfeil b enden.

Fertigstellen: Spitze spannen, anfeuchten und trocknen lassen. Beim Spannen jede Zacke des Stufenrandes mit einer Stecknadel erfassen. Stoffzuschnitt 99 x 45 cm. Stoff an beiden Schmalseiten und an einer Längsseite mit Zickzackstich versäubern. Die Schmalseiten 1 cm nach innen umschlagen, feststeppen. An der unversäuberten Längsseite einen 2,5 cm breiten Saum steppen. Spitze an versäuberter Längskante aufsteppen.

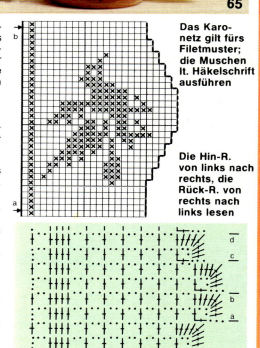

Das Karonetz gilt fürs Filetmuster; die Muschen lt. Häkelschrift ausführen

Die Hin-R. von links nach rechts, die Rück-R. von rechts nach links lesen

Gehäkeltes aus Bast

66 Einsatz für einen ovalen Korb

Oval oben: Breite 20 cm, Länge 25 cm; unten: Breite 10 cm, Länge 14 cm.
Material: Siehe roter Korbeinsatz, jedoch nur 6 Rollen gelben Micro-Bast.
Feste M. und Maschenprobe siehe 67!
Ausführung: Lt. Häkelschrift A beginnen, den Lm.-Anschlag also zu beiden Seiten überhäkeln. Die 1. Rd. ist vollständig gezeichnet, in den folg. Feste-Maschen-Rd. das Oval symmetrisch ergänzen (Doppelpfeil = Mitte). In **16. Rd.** Stb. lt. Häkelschrift ausführen = 140 Stb. **17. Rd.:** In jedes Stb. 1 f. M. **18. Rd.:** In die 1. M., dann in jede 5. M. Gruppen aus je 5 Stb. ausführen = 28 Gruppen. **19. Rd.:** Zwischen die Gruppen der 18. Rd. wieder Gruppen aus je 5 Stb. häkeln. Die **20. bis 36. Rd.** wie die 19. Rd. häkeln, ab 25. Rd. jedoch Gruppen aus je 6 Stb. **37. Rd.:** In jedes Stb. 1 f. M., zwischen die Gruppen je 2 f. M. = 224 M. In **38. bis 41. Rd.** je 224 f. M. ausführen. Danach folgen über 94 M. 8 R. f. M., 18 M. frei lassen und die nächsten 94 M. ebenfalls mit 8 R. f. M. überhäkeln (die 8 R. müssen ausreichen, um den Korbrand zu umschließen).
Anschließend lt. Häkelschrift B den Bogenrand anhäkeln; die letzte Feste-Maschen-Runde begrenzt auch die Henkeleinschnitte.
Fertigstellen: Aus 2 je 210 cm langen Fäden Kordeln drehen und in die Lochrunde einziehen. Den Einsatz in den Korb legen. Über den ausgesparten f. M. ca. 10 cm lange Fransen einknüpfen und auf der Außenseite unterhalb der Henkel verknoten. Den Einsatz mit einigen Stichen unterhalb des Korbrandes festnähen. Die Kordelenden unterhalb des Henkels auf die Außenseite ziehen und verknoten.

67 Roter Korbeinsatz, aus Kunstbast gehäkelt

Korbdurchmesser ca. 30 cm; nur für Körbe geeignet, die am oberen Rand, unter dem Wulst, ein Flechtgitter haben.
Material: Ca. 12 Rollen weinroter Kunstbast, z. B. Springer Micro-Bast; 1 INOX-Häkelnadel Nr. 2½.
Feste Maschen in Rd. mit doppeltem Faden häkeln. Die 1. f. M. jeder Rd. durch 2 Lm. ersetzen, jede Rd. mit 1 Km. schließen.
Maschenprobe: 14 M. x 15 R. = 5 x 5 cm.
Einsatz aus Ringen: Die Ringe lt. Häkelschrift um einen doppelten Fadenring, siehe Abb., häkeln. In 1. Rd. 40 f. M., in 2. Rd. 40 Stb. häkeln (Fadenring straffziehen, Fadenende ein-

Erklärung der Häkelschrift (Bg. C):

- • = 1 Lm.   ∩ = 1 Km. | = 1 f. M.
- ▲ = 1 Pikot, das sind 3 Lm. und 1 f. M. zurück in die 1. Lm.
- ᴠ ᴡ = 2 bzw. 3 f. M. in 1 Einstichstelle
- ✝ = 1 Stb.
- ⅄ = 1 Stb. in die 2.folg. M., dann 1 Stb. in die übergangene M. häkeln
- ⟰ = 7 Stb. in 1 Einstichstelle

häkeln). Den 2. und jeden folg. Ring um den vorhergehenden Ring häkeln, siehe Häkelschrift. Für den Einsatz auf der Korbinnenseite 28 Ringe häkeln, den letzten auch mit dem 1. Ring verbinden. Für den Abschluß am Außenrand 2mal je 13 Ringe ausführen.
Ausführung: In einen Fadenring 14 f. M. häkeln. In den folg. 30 Rd. gleichmäßig verteilt je 7 M. zunehmen = 224 M. in 31. Rd. **32. Rd:** ✳ 18 f. M., 6 h. Stb., 8 Stb., ab ✳ noch 6mal wdh. In **33. Rd.** f. M., in **34. Rd.** in die 1. und dann in jede 4.folg. M. 1 Musche aus 5 Stb. häkeln = 56 Muschen, das 1. Stb. der Rd. durch 3 Lm. ersetzen. In **35. bis 51. Rd.** Muschen ausführen, jeweils ins 1. Stb. der Musche. **52. Rd.:** F. M. häkeln, jedes 5.folg. Stb. übergehen = 224 M. Als Abschluß folgen noch 2 Rd. Stb.
Fertigstellen: Den Einsatz aus Ringen auf einer Seite mit 1 Rd. f. M. behäkeln, über jeden Ring 8 f. M., siehe Häkelschrift. Auf der Gegenseite über je 13 Ringe 104 f. M. häkeln, dazwischen je 1 Ring unbehäkelt lassen. Über die 2mal 104 M. je 10 R. f. M. häkeln (sie umschließen den Korbrand). Die Ringborte mit dem geschlossenen Rand auf der Innenseite mit dem Korbeinsatz mit f. M. zus.-häkeln. Die 2mal 13 Ringe ebenfalls zu beiden Seiten mit je 104 f. M. überhäkeln und an einer Seite mit den 104 M. der 10. Feste-Maschen-Reihe zus.-häkeln. Zuletzt den Außenrand lt. Häkelschrift umhäkeln. In 1. R. wechselnd 1 f. M., 3 Lm., in 2. R. um die Lm. je 4 f. M. häkeln. Es folgt 1 Rd. aus f. M., Pikots und Lm., siehe Häkelschrift, der Doppelpfeil zeigt auf den Anfang (es wird also über der 10. Feste-Maschen-Reihe angeschlungen).
Für 4 Kordeln je 7 Fäden, ca. 3 m lang, eindrehen. Je 2 Kordeln durch Ringe und Korbgitter ziehen, unterhalb des Henkels jeweils verknoten, siehe Modellbild.

66, 67

Oben: Die ineinandergreifenden Ringe sind um einen doppelten Fadenring zu beginnen – jeder Ring für sich. Nach der Feste-Maschen-Runde das Fadenende straffziehen.

68
Gehäkeltes Körbchen

Boden 17 cm ⌀

Material: Garn- und Häkelnadel siehe 69.

Ausführung: Für den Boden 12 f. M. um einen doppelten Fadenring häkeln. Die Rd. mit 1 Km. schließen, auch alle folg. Rd. In 2. bis 7. Rd. f. M. häkeln, dabei in jeder Rd. gleichmäßig 9 M. zunehmen; die Zunehmestellen versetzen (ergibt 66 M. in der 7. Rd.). Zur nächsten Rd. wenden, 66 f. M. um die M. der Vor-Rd. arbeiten, siehe 9. Rd. 69.

Wieder wenden und für die „Wand" in die Abmaschglieder der 8. Rd. 1 Rd. Stb. häkeln. Es folgen noch 2 Rd. Stb., dabei in jeder Rd. gleichmäßig verteilt je 6 Stb. zunehmen (= 78 M.). In folg. Rd. über jeweils 3 Stb. 1 Kreuzstb. häkeln. Danach 1 Rd. f. M. ausführen, zwischen die Stb. je 1 f. M., um die Lm. je 3 f. M. Zum Schluß über die 7. Rd. des Bodens (Abmaschglieder liegen außen) noch 1 Rd. f. M. häkeln, dabei 3 Fäden Garn einlegen, mit überhäkeln. Kreuzstäbchen siehe Bg. B, 69.

69 Körbchen

Boden 24 cm ⌀

Material: 2 Str. rostfarbenes Acryl-Makrameegarn „Wihedü", 1 INOX-Wollhäkelnadel Nr. 5, 1 Drahtring 240 mm ⌀ (FA-LAG-Einschlingring Art. 96362).

Ausführung: Die zwei ersten Rd. erklärt die Häkelschrift (= 32 M. in 2. Rd.). In allen folg. Rd. nur in die rückwärts liegenden Abmaschdrähte einstechen. In der 3. Rd. f. M. arbeiten, dabei gleichmäßig verteilt 8 M. zunehmen (= 40 M.), die Rd. wie alle folg. Rd. mit 1 Km. schließen. In 4. bis 6. Rd. Lm.-Stich häkeln (siehe Bg. B), dabei in jeder Rd. gleichmäßig verteilt 10 M. zunehmen. Zunehmestellen versetzen (= 70 M. in der 7. Rd.). In der 8. Rd. wieder f. M. ausführen, dabei den Drahtring einhäkeln; gleichmäßig verteilt 12 M. zunehmen (= 82 M. in der Runde).

Zur 9. Rd. wenden, 82 f. M. um die M. der Vor-Rd. häkeln, dabei unter dem Abmaschglied einstechen, in die folg. M. ausstechen (die Abmaschglieder der Vor-Rd. legen sich nach außen). Für die folg. M. immer in der Ausstichstelle der vorherigen M. einstechen. Wieder wenden und 2 Rd. f. M. arbeiten. In der 12. Rd. wechselnd 1 Stb., 1 Lm. häkeln – mit der Lm. 1 M. der Vor-Rd. übergehen. In 13. und 14. Rd. f. M. häkeln. Den Rand mit einer Rd. Krebsmaschen (= feste M. von links nach rechts) abschließen.

❀ **Alle Häkelschriften auf Bogen B**
Erklärung der Zeichen auf Seite 4

Einladung zum Picknick

Auch bei der Mahlzeit im Freien soll der „Tisch" einladend gedeckt sein. Wichtig, daß die Tischutensilien strapazierfähig sind!

68, 69

70 bis 73
Sets und Untersetzer

Material: Je 1 Str. Acryl-Makramee-Garn „Wihedü", 1 INOX-Wollhäkelnadel Nr. 4½ oder Nr. 5.

Rundes Set; ca. 28 cm ⌀
Um einen doppelten Fadenring 8mal wechselnd 1 Stb. und je 1 Lm. häkeln. mit 1 Km. zur Rd. schließen (auch alle folg. Rd.). In allen folg. Rd. abwechselnd Lm. und f. M. häkeln, siehe Häkelschrift A. Dabei stets nur ins hintere M.-Glied einstechen. Nach der 6. Rd. noch 3mal die 4. Rd. ausführen, also wechselnd 2 Lm., 1 f. M. auf die f. M. der Vor-Rd. und 2mal die 5. Rd., d. h. wechselnd 3 Lm., 1 f. M. auf die f. M. der Vor-Rd. häkeln. Nach der 11. Rd. den Pikot-Rand wie folgt anfügen: ✱ 3 Lm., 1 f. M. zurück in die 2. Lm., 1 Lm., 1 f. M. in die mittlere Lm. des folg. Lm.-Bogens der 11. Rd., ab ✱ fortl. wdh., enden mit 1 Km. in die 1. Lm. dieser Runde.

Rundes Set mit Sternmitte, ca. 27 cm ⌀
Um einen doppelten Fadenring in 1. Rd. sowie in allen folg. Rd. wechselnd lt. Häkelschrift B f. M. und Lm. häkeln, stets nur ins hintere M.-Glied einstechen. Nach der 8. Rd. 1 Rd. f. M., 1 Rd. Km. und 1 Rd. wie folgt arbeiten: ✱ 3 Lm., 1 M. der Vor-Rd. übergehen, 2 Km., ab ✱ fortl. wdh., enden mit 3 Lm., 1 Km. in die letzte Km. der Vor-Rd., 1 Km. in die 1. Lm. dieser Rd.

Rechteckiges Set, ca. 42 x 30 cm
Man braucht 88 FALAG-Weichplastikringe, 27 mm ⌀. Zunächst 1 Ring mit 10 f. M., dann in einer R. noch 10 Ringe mit je 5 f. M. umhäkeln. Als Verbindung zwischen jedem Ring 1 Lm. einfügen. In der Rück-R. wieder je 5 f. M. um die Ringe – den 1. Ring ausgenommen – und je 1 Km. um die Lm. zwischen den Ringen häkeln = 1 Streifen. Ab 2. Streifen in der Rück-R. jeweils am vorhergehenden Streifen anschlingen, und zwar mit 1 Km. nach der 3. f. M. in die 3. f. M. des Ringes im angrenzenden Streifen. Auf diese Weise insgesamt 8 Streifen miteinander verbinden. Anschließend alle 4 Seiten mit 1 Rd. Km. behäkeln.

Achteckiger Untersetzer, ca. 24 cm ⌀.
Um einen doppelten Fadenring 8 f. M. häkeln, mit 1 Km. zur Rd. schließen. In 2. und 3. Rd. nur f. M., danach wechselnd Lm. und f. M. häkeln, siehe Häkelschrift C. Auch hier in allen Rd. nur ins hintere M.-Glied einstechen. Nach der 5. Rd. alle folg. Rd. wie die 5. Rd. ausführen, d. h. über den Lm. jeweils 2 M. zunehmen. In der 13. Rd. statt 2 Lm. 3 Lm. häkeln.

Man kann statt 1. bis 3. Rd. mit 16 Stb. beginnen, in der 2. Rd. in jedes 2. Stb. je 2 f. M. häkeln = 24 M., dann wie ab 4. Rd. weiterarbeiten. Nach der 8. Feste-Maschen-Rd. noch 1 Rd. Km. (in beide Maschenglieder einstechen) und wie folgt schließen: ✱ 3 Lm., 2 M. der Vor-Rd. übergehen, 1 f. M., ab ✱ fortl. wdh., enden mit 3 Lm., 1 Km. in die 1. Lm. dieser Rd. Das hintere M.-Glied der Km. und beide M.-Glieder der f. M. (in 8. Rd.) erfassen. Evtl. Aufhänger aus Lm. anhäkeln.

70—73

135

Häkeln

74 Netztaschen

Häkelschriften A und B auf Bogen C.

Material: Je 3 Str. Wihedü Acryl-Makramee-garn, 1 INOX-Wollhäkelnadel Nr. 5.

Netz mit rundem Boden, Boden 14 cm ⌀
In 1 doppelten Fadenring in 1. Rd. 16 Stb. häkeln, mit 1 Km. zur Rd. schließen. In der 2. bis 6. Rd. f. M. ausführen, nur ins rückw. Abmaschglied einstechen. Bis zur 5. Rd. gleichmäßig verteilt je 9 f. M., in 6. Rd. 8 f. M. zunehmen = 60 f. M. in 6. Rd. Ab 7. Rd. lt. Häkel-

74

74

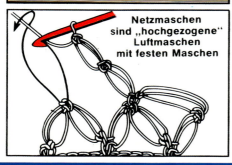

Netzmaschen sind „hochgezogene" Luftmaschen mit festen Maschen

schrift A Netzmaschen ausführen, je 2 f. M. der Vor-Rd. übergehen = 20 Mustersätze von Pfeil bis Pfeil. Die 7. und 8. Rd. fortl. wdh. Nach 14 Rd. folgt Rd. a lt. Häkelschrift. Für zwei 140 cm lange Kordeln je 1 Faden à 8 m zur Hälfte legen, in der Mitte die Anfangsschlinge ausführen, den doppelten Faden wie üblich um die Finger der linken Hand leiten, Lm. häkeln, und zwar abwechselnd den 1. und 2. Faden durch die letzte Schl. holen. Kordeln im Gegenzug durch die Lm.-Ösen der letzten Rd. einziehen. Anfang und Ende der Kordeln zus.-nähen.

Netz mit rechteckigem Boden, 35 x 40 cm
Anschlag 37 Lm. + 3 Lm. zum Wenden. Lt. Häkelschrift B in 1. Rd. den Lm.-Anschlag zu beiden Seiten mit Stb. überhäkeln. Ab 2. Rd. Netzmaschen ausführen, siehe Häkelschrift B. Nach 15 Rd. Netzmaschen = ca. 37 cm ab Stb.-Rd. folgen noch Rd. a und b lt. Häkelschrift, in Rd. b die f. M. stets in den rückwärtigen Maschendraht der Lm. häkeln. Für den Henkel über Vorder- und Rückseite jeweils an der 4. Lm.-Öse mit 1 Km. anschl., ✳ 25 cm Lm. häkeln ✳, an der 6. Lm.-Öse mit 1 Km. anschl., von ✳ bis ✳ wdh. und wieder an der 4. Lm.-Öse anschl. Beide Lm.-Ketten mit 30 f. M. überhäkeln, Fäden sorgfältig vernähen.

75 Roter Pulli

Ow. 88 und 96 cm, Größen 38 und 42.
Die Angaben für Gr. 42 stehen in Klammern, 1 Zahl allein gilt für beide Größen.

Material: 600 (650) g rotes mittelfeines Seidenglanzgarn, z. B. Schürer „JSA", Art. 2050; 1 Perl-INOX-Rundstricknadel, 80 (90) cm lang. Spielstricknadeln und 1 Häkelnadel Nr. 2½.

Bund, Ärmelbündchen, Blenden: Wechselnd 1 M. rechts, 1 M. links str., M. locker abk.

Grundmuster: Lt. Häkelschrift A in Rd., lt. Häkelschrift B in R. ausführen. Den Mustersatz über je 10, in den Ärmeln über je 6 gestrickte M. zwischen den Pfeilen wdh. Die Rd.-Übergänge sind eingetragen, jede Rd. mit 1 Km. schließen, nach jeder Rd. wenden, zum Anfang der 2., 4. und 6. Rd. mit 5 bzw. 3 Km. vorgehen, die R. mit den M. vor dem 1. Pfeil beginnen und mit den M. nach dem 2. Pfeil beenden. Nach der 6. Rd. bzw. R. die 3. bis 6. Rd. bzw. R. fortl. wiederholen.

Häkelschriftzeichen siehe Tasche 76.

Maschenprobe: 4 Mustersätze x 16 R. messen etwa 14 x 14,5 cm.

Vorder- und Rückenteil zus.-hängend in Rd. arbeiten. Auf der Rundnadel 260 (280) M. anschlagen, für den Taillenbund 48 Rd. = 11 cm str. Dann folgt das Grundmuster = 26 (28) Mustersätze pro Rd. Nach 28 Rd. = 27 cm ab Bund das Teil so zur Hälfte legen, daß der Rd.-Übergang an einer Seite liegt. Die Arbeit für die Armausschnitte teilen.
Zunächst das Rückenteil über 13 (14) Mustersätze in R. fortsetzen. Nach 14 R. = 13 cm ab Teilung für den Halsausschnitt die mittleren 3 Mustersätze unbehäkelt lassen – siehe Häkelschrift C, auf Bogen D. Die R. für Gr. 38 von rechts nach links, für Gr. 42 von links nach rechts ablesen. Dann am Innenrand über der rechten (linken) Hälfte lt. R. a bis h (k), über der linken (rechten) Hälfte lt. R. a1 bis h1 (k1) abnehmen. Anschließend das Vorderteil wie das Rückenteil beenden, den Halsausschnitt jedoch schon nach 6 R. ab Teilung beginnen.

Ärmel: Auf den Spielstricknadeln 78 M. anschlagen, auf 4 Nadeln verteilen, zur Rd. schließen, fürs Bündchen 52 Rd. = 12 cm str., dann das Grundmuster häkeln = 13 Mustersätze pro Rd. Nach 44 Rd. = 42 cm ab Bündchen für die Blende 14 Rd. = 3 cm str. – über jedem Mustersatz 14 M. auffassen.

Ausarbeiten: Teile exakt zur Hälfte auf ein feuchtes Tuch legen, Häkelpartien spannen, anfeuchten, trocknen lassen. Schulternähte schließen. Aus dem Ausschnittrand mit den Spielstricknadeln 250 M. auffassen, 14 Rd. Blende str. Ärmel einsetzen.

76 Tasche

ca. 35 x 30 cm groß

Material: Siehe roter Pulli, jedoch je 50 g Schürer „JSA", naturweiß, grün, rot, blau und gelb, 1 INOX-Wollhäkelnadel Nr. 3.

Grundmuster: Lm.-Anschlag teilbar durch 10. Lt. Häkelschrift in Rd. ausführen. Den Mustersatz zwischen den Pfeilen sowie nach der 6. Rd. die 3. bis 6. Rd. fortl. wdh. Die Rd.-Übergänge sind eingezeichnet.

M.-Probe: 3 Mustersätze x 10 R. /9 x 10 cm.

Ausführung: Mit Weiß 230 Lm. anschlagen, das Grundmuster häkeln. Nach der 1. Rd. folgen ✳ je 2 Rd. grün, rot, blau, gelb und weiß, ab ✳ fortl. wdh. Nach 30 Rd. = 30 cm ab Anschlag f. M. in Rd. häkeln, und zwar ✳ je 2 Rd. weiß, grün, rot, blau, gelb und weiß, ab ✳ 1mal wdh. – in 1. Rd. treffen je 4 f. M. über die Lm.-Bogen der Vor-Rd. Die 1. f. M. jeder Rd. durch 2 Lm. ersetzen, jede Rd. mit 1 Km. schließen. Nach 4 Rd. das Teil exakt zur Hälfte legen, für die Henkelschlitze in 5. Rd. über der vorderen und rückw. Hälfte jeweils die mittleren 40 f. M. mit je 40 Lm., ab folg. Rd. wieder mit f. M. übergehen. Nach der 20. F.-M.-Rd. Schlitze wie in 5. Rd. einhäkeln. Oberen Rand so zur Hälfte nach innen umlegen, daß die Schlitze übereinandertreffen, an der 1. Feste-Maschen-Rd. hohl annähen. Zum Schluß Schlitzränder und unteren Taschenrand jeweils mit Überwendlingsstichen verbinden. Tasche dämpfen.

Erklärung der Häkelschrift A (Bg. C):

• = 1 Lm.	⌒ = 1 Km.
↕ = 1 f. M., 1 f. M. in Pfeilrichtung um die Lm. der Vor-R.	╎ = 1 h. Stb.
╁ = 1 Stb.	╪ = 1 Dstb.	╪ = 1 4faches Stb.

= soviel f. M., h. Stb., Stb., Dstb. und 4faches Stb. – teils getrennt durch Lm. – in 1 Einstichstelle häkeln, wie Zeichen unten zus.-treffen.

Λ Λ = 2 Stb. zus. abm., die Pfeile zeigen auf die Einstichstelle.

θ θ = 2 Stb., Dstb. bzw. 4fache Stb. in 1 Einstichstelle, jeweils zus. abgem.

= 1 Netzmasche: 1 Lm. ca. 25 mm hoch ziehen und 1 f. M. in den unteren M.-Draht dieser Lm. häkeln, siehe Abb. Am Rd.-Ende stets 1 Stb. ins Stb. der Vor-Rd. häkeln, vor dem Abmaschen die Schl. hochziehen.

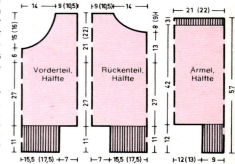

Vorderteil, Hälfte · Rückenteil, Hälfte · Ärmel, Hälfte

Auch das braucht man für die Ferien

Zu den Muschenmustern
für Pulli und Tasche
gibt's Häkelschriften,
auf Bogen C und D

Ein lustiges Häkeltrio macht sich breit

77 bis 79 – Größe je 35 x 35 cm

Man braucht für jedes Kissen 50 g naturweißes und 50 g grünes mittelstarkes Handstrickgarn (die Modelle sind aus Phildar ,,Brumes'' gehäkelt, ein synthetisches Garn mit 12% Mohair und 3% Wolle). Es wird mit einer INOX-Wollhäkelnadel Nr. 4 gearbeitet; wer sehr locker häkelt, nimmt besser Nr. 3¹/₂.
Die Kissenrückseite kann aus Jersey, Duvetine oder Cordsamt sein, man kann aber auch ein Viereck aus festen Maschen oder Stäbchen häkeln, natürlich auch glatt rechts stricken (Hinreihe rechts, Rückreihe links) – dafür benötigt man ca. 100 g Garn in Grün. An einer Seite kann ein 30 cm langer Reißverschluß verdeckt eingenäht werden.

So wird gehäkelt:
Feste Maschen (f. M.) oder Stäbchen (Stb.) in Reihen (R.) oder Runden (Rd.). Die 1. f. M. ist stets durch 2, das 1. Stb. durch 3 Luftmaschen (Lm.) zu ersetzen, jede Rd. wird mit 1 Kettmasche (Km.) geschlossen, die stets in die oberste Lm. des R.- oder Rd.-Anfanges zu häkeln ist.

Maschenprobe: Wenn Sie sicher sein wollen, daß die Kissen exakt 35 x 35 cm groß ausfallen, häkeln Sie zunächst eine Probe: 9 f. M. und 10 R. sollen 5 x 5 cm, 9 Stb. und 9 R. ca. 5 x 10 cm messen.

1. Kissen

Es werden 4 Quadrate je zur Hälfte naturweiß und grün gehäkelt. Man beginnt in der Diagonale mit 49 Lm. in Grün und häkelt in der 1. R. 1 f. M. (die 1. f. M. in die 2. Lm. ab Nadel, für die 47. f. M. je 1 Schlinge aus den beiden letzten Lm. holen und mit 1 Umschlag alle 3 Schlingen abmaschen). In den folgenden R. die 1. M. (es sind die 2 zusammen abgemaschten f. M. der Vorreihe) mit 1 Lm. übergehen und aus den letzten 2 f. M. je 1 Schlinge holen und zusammen abmaschen – an Anfang und Ende jeder R. wird also je 1 M. abgenommen. In der letzten R. aus jeder M. 1 Schlinge holen und mit 1 Umschlag abmaschen. Nun mit Weiß die Gegenseite des Lm.-Anschlages genauso überhäkeln.
Die 4 Teile exakt 17,5 x 17,5 cm groß spannen und zunächst je 2 Quadrate – rechte auf rechter Seite liegend – zusammennähen oder mit f. M. zusammenhäkeln und schließlich diese beiden Teile ebenso verbinden. Fertigstellen wie für das 2. Kissen beschrieben.

2. Kissen

Es werden f. M. und Stb. in Rd. gehäkelt. Das Ende bzw. der Anfang der Rd. verläuft in der Mitte einer Seite. Beim Wechsel der Farbe die Km. am Rd.-Ende mit der folgenden Farbe abmaschen. In den Ecken in den Feste-Maschen-Runden um die Lm. 1 f. M., 2 Lm., 1 f. M., in den Stb.-Runden 2 Stb., 2 Lm., 2 Stb. häkeln. Mit Weiß 5 Lm. mit 1 Km. zu einem Ring schließen, in diesen in der 1. Rd. 8 f. M., in der 2. Rd. 4mal wechselnd 1 f. M. und in die nächste M. für die Ecke 1 f. M., 2 Lm., 1 f. M. arbeiten. Es folgen, wie oben beschrieben, noch 5 Rd. f. M., mit Grün 6 Rd. Stb., mit Weiß 6 Rd. f. M. und mit Grün noch 4 Rd. Stb.

Das Viereck exakt 35 x 35 cm groß spannen, mit der Kissenrückseite verbinden, evtl. an einer Seite einen Reißverschluß verdeckt einnähen.

3. Kissen

Man häkelt zunächst ein Viereck in Stb.-Rd. und über jeder der 4 Seiten ein grün-weiß gestreiftes Dreieck in Stb.-Reihen an. Mit einem Ring aus 5 Lm. aus grünem Garn beginnen, in der 1. Rd. 4mal wechselnd 3 Stb., 1 Lm. ausführen. In den folgenden Rd. um die Lm. in den Ecken je 2 Stb., 2 Lm., 2 Stb. häkeln. Auf 6 Rd. Grün folgen noch 5 Rd. Weiß. Faden abschneiden und vernähen (an jeder Seite 43 M. = 24 x 24 cm). Nun folgen über jeder Seite 11 R. Stb., mit Grün beginnen und nach je 2 R. die Farbe wechseln. An Anfang und Ende jeder R. 2 Stb. abnehmen, und zwar wie folgt: Am Anfang die 1. M. der Vorreihe mit 2 Lm. übergehen, in das 2. Stb. nur 1 halbes Stb. häkeln (Lm. und halbes Stb. werden in der folgenden R. nicht überhäkelt) und am Ende der R. die letzten 3 Stb. zusammen abmaschen (von jedem Stb. nur 1 Schlinge abmaschen, dann mit je 1 Umschlag 1mal 2 und 1mal 3 Schlingen abmaschen). In der 1. R. im Lm.-Bogen einer Ecke anschlingen, mit 2 Lm. das 1. Stb. übergehen, in das 2. Stb. 1 halbes Stb. häkeln. Am Ende der 1. R. das letzte der 3 zusammen abzumaschenden Stb. um den Lm.-Bogen der Ecke häkeln. Fertigstellen siehe 2. Kissen!

Abkürzungen: M. = Masche, R. = Reihe, Lm. = Luftmasche, f. M. = feste Masche, Stb. = Stäbchen, wdh. = wiederholen.

Bezugsquellen: Fa. H. Fehr, 7601 Eckartsweier, Waldstraße 5 (Phildar-Garn)

1

78   79

Abb. 1: Mit der zweiten Farbe wird in der 1. Reihe der Anschlag des hellen Dreiecks überhäkelt. Braun statt Grün sähe auch sehr hübsch aus!

Abb. 2.: Wird ein Viereck in Runden gehäkelt, muß über den 4 Ecken zugenommen werden.

Abb. 3: Am Ende der Reihe sind 2 Stäbchen abzunehmen, d. h. 3 Stäbchen zusammen abzumaschen. Hier sind bereits 2 Stäbchen abgemascht, nun müssen noch die letzten drei Schlingen erfaßt werden.

Häkeln

Neue Spielpartner für Kissenschlachten: Zahme Kuschellöwen

So sind die Schlingen für die Löwenmähne zu häkeln: Faden 3mal um den Zeigefinger wickeln, die Schlingen von

80 Kissengröße ca. 40 cm ⌀
Häkelt man nur die Kissenoberseite, genügen 100 g dicke flauschige Wolle (z. B. Busse „Düftin"), für den Schlingenrand 50 g gleicher Qualität ombriert und 1 INOX-Wollhäkelnadel Nr. 5½; schwarze und rote Wollreste und für die Rückseite einen farblich passenden Stoffrest.
Stäbchen in Runden häkeln!
Das 1. Stb. jeder Runde durch 3 Lm. ersetzen und jede Rd. mit 1 Km. in die 3.

dieser Lm. schließen. Man beginnt mit 5 Lm., die mit 1 Km. in einen Ring zu verwandeln sind. In der 1. Rd. in diesen 14 Stb., in der 2. Rd. 28 Stb. und in der 3. Rd. nur in jede 2. M. 2 Stb. häkeln = 42 Stb. In der 4. Rd. 10 Stb. und in den 7 folgenden Rd. gleichmäßig verteilt je 12 Stb. zunehmen, immer versetzt zur vorhergehenden Rd. (denn sonst entsteht ein Zwölfeck und kein Kreis).

80

unten nach oben auffassen, Schlingen gleichmäßig lang und dann durchziehen, zuletzt alle Schlingen abmaschen.

81

Für den Schlingenrand mit 1 Km. anschlingen und in jedes Stb. 1 Schlingenmasche wie folgt häkeln: Den Faden 3mal um den Zeigefinger wickeln, die Nadel durch das Abmaschglied des Stb. stechen und die 3 Schlingen von unten nach oben auffassen. Schlingen langziehen, siehe Abb. 1. Durchziehen und dann – wie bei der f. M. üblich – mit 1 Umschlag abmaschen, siehe Abb. 2. Für die Augen aus schwarzer Wolle 2 Kreise mit ca. 4,5 cm Ø aus Feste-Maschen-Runden häkeln. Für die Schnauze 18 Lm. mit 17 f. M. überhäkeln und über die mittleren 5 M. noch Stb. und darüber über 9 Lm. 7 halbe Stb. häkeln. Wimpern und Schnurrhaare aufsticken! Den Stoff für die Kissenrückseite schmal umgebogen hinter dem Schlingenrand aufsäumen. Zum Einschieben der Kissenfüllung einen entsprechend großen Schlitz offenlassen; man kann in die Mitte der Kissenrückseite auch einen Reißverschluß verdeckt einnähen.

81 Lustige Topflappen, 19 cm Ø

Man braucht jeweils 50 g dickes Baumwollgarn (z. B. TISSA von Lang), einige Fäden Schwarz und Rot, außerdem 1 INOX-Wollhäkelnadel Nr. 5.

Man häkelt mit doppeltem Faden, und zwar feste Maschen in Runden!

Jede Rd. mit 1 Km. schließen und die 1. f. M. durch 2 Lm. ersetzen (siehe Lehrgang Seite 5).

Man beginnt mit 2 Lm. und häkelt zurück in die 1. Lm. 6 f. M.; in der 2. Rd. in jede M. 2 f. M., in 3. Rd. nur in jede 2. folgende M. 2 f. M. Bis zur 11. Rd. in die zugenommene M. der Vorrunde wiederum 2 f. M. häkeln, so daß ein Sechseck entsteht.

Dann für das Ohr mit Km. bis zur M. vor der nächsten Ecke vorgehen, in diese 3 f. M. und in die 2 folg. M. je 1 Km. häkeln. ✳ Mit 1 Lm. wenden, in die 2. Km. 1 Km., in die folg. M. je 1 f. M. – über der Mitte jedoch 3 f. M.; über dem Übergang zur 11. Rd. und in die 2. folg. M. 1 Km. Die 2 folg. R. wie ab ✳ häkeln. Mit Km. die M. der 11. Rd. bis zur nächsten Ecke übergehen, für den Aufhänger 9 Lm. häkeln und wieder mit Km. bis zur M. vor der nächsten Ecke vorgehen und das 2. Ohr wie das 1. häkeln. Nun den Außenrand umhäkeln: In jede 2. folg. M. 1 „Krebsmasche" (feste M. von links nach rechts), 1 Lm. Über den Ansatzstellen der Ohren jeweils 1 M. mehr übergehen.

Für die Augen in einen Ring aus 4 Lm. 8 f. M. häkeln und **um** diese – also wieder in den Ring einstechen – nochmals 10 f. M. ausführen. Schnurrhaare und Schnäuzchen lt. Modellbild aufsticken.

Abkürzungen: Stb. = Stäbchen, Lm. = Luftmasche, f. M. = feste Masche, Km. = Kettmasche, R. = Reihe, Rd. = Runde, Abb. = Abbildung, M. = Masche, wdh. = wiederholen.

Bezugsquellen: Fa. Busse KG, 886 Nördlingen, Postfach 1504, Fa. Lang & Cie., CH-6260 Reiden/Schweiz

Motivhäkelei hat viele Gesichter

Bezugsquellen: Fa. Gebr. Rath, 4414 Sassenberg

82 Kissenmaß 40 x 40 cm
Die Motive messen knapp 8 x 8 cm

Gebraucht werden braune, rosa und grüne Woll- oder Garnreste feiner bis mittelfeiner Qualität (lt. Original 90 g Rosa, 70 g Braun und 30 g Grün von Gebrasa „Decor-Perle" – ein perlgarnartiges Synthetikgarn) und 1 INOX-Wollhäkelnadel Nr. 3.

Abkürzungen: Lm. = Luftmasche, Km. = Kettmasche, f. M. = feste Masche, Stb. = Stäbchen, zus. = zusammen.

Und so häkelt man die „irischen" Motive:
Jede Blüte entsteht in 8 Runden, wovon die 1. mit Braun, die 2. bis 5. mit Rosa, die 6. und 7. in Grün und die 8. wieder in Braun zu häkeln sind. Jede Rd. mit 1 Km. schließen (s. Lehrgang S. 5). Beim Farbwechsel Fadenende und -anfang „einhäkeln" oder zuletzt in den M. der Rückseite vernähen.
In der **1. Runde** in einen Ring aus 4 Lm. 6 Gruppen aus je 3 zus. abgemaschten Stb. (bei der 1. Gruppe das 1. Stb. durch 2 Lm. ersetzen, jedes Stb. nur 1mal abmaschen, nach dem 3. Stb. alle auf der Nadel liegenden Schlingen auf einmal abmaschen). **2. Runde:** Um jeden Lm.-Bogen Blättchen aus 1 f. M., 1 halben Stb., 4 Stb., 1 halben Stb. und 1 f. M. häkeln. In der **3. Runde** entstehen die Lm.-Bogen für die nächste Blättchenrunde, man muß das Teil wenden und auf der Rückseite je 1 f. M. zwischen die 2 f. M. zweier Blättchen häkeln, siehe Häkelprobe. Zwischen den f. M. je 3 Lm. ausführen. Wieder wenden und in der **4. Runde** die Blättchen wie in 2. Rd. ausführen, statt 4 jedoch 6 Stb. (Abb. 2). Die **5. Runde** wieder wie die 3. Rd. auf der Rückseite häkeln, statt 3 jedoch je 4 Lm. **6. Runde:** Mit Grün ✳ in 1 f. M. 1 f. M., 3 Lm., um den Lm.-Bogen 1 f. M., 3 Lm., ab ✳ noch 5mal wiederholen (Abb. 4). Zur **7. Runde** erneut wenden und um jeden Lm.-Bogen Gruppen aus 4 Stb. häkeln, nach je 2 Gruppen 1 Lm., nach der 3. Gruppe 3 Lm. (= Ecke) einfügen. Die **8. Runde** mit Braun wie die 7. Rd. häkeln, um die 3 Lm. in den Ecken wieder 4 Stb., 3 Lm., 4 Stb. ausführen.
Alle 25 Motive exakt quadratisch spannen und dann mit Braun zusammennähen, immer nur den rückwärtigen Maschendraht der Stb. erfassen. Die Rückseite aus braunem Stoff arbeiten oder ein Viereck aus Stb. häkeln.

82

83
Decke in Filethäkelei

Zählmuster auf Bogen B; aus Garn Nr. 30 erreicht man einen Durchmesser von ca. 135 cm, 5 x 5 „Karos" messen 3 x 3 cm.

Material: 280 g MEZ Glanzhäkelgarn Nr. 30, 1 JMRA-Record-Garnhäkelnadel Nr. 1,0.

Filethäkelei: Für jedes Karo der Zählvorlage 3 Lm. anschlagen, in 1. R. das 1. Stb. in die 4. Lm. ab Nadel und für den „offenen" Filetgrund wechselnd 2 Lm., 1 Stb. häkeln – in 1. R. in jede 3. Lm. des Anschlages, in den folg. R. ins Stb. der Vor-R. Fürs Muster statt der Lm. Stb. einfügen, diese entweder um die Lm. oder in die Stb. der Vor-R. ausführen. Beim <u>Zunehmen</u> am R.-Anfang 2 Lm. und 3 Lm. fürs 1. Stb. der folg. R. häkeln, am R.-Ende 3 Stb. mit „Fußschlinge" anhäkeln: aus dem letzten Stb. 1 Schl. durchholen, diese abmaschen = Fußschlinge, erst dann wie beim Stb. üblich 2mal je 2 Schl. abm. Die nächste Fußschlinge in die vorhergehende Fußschlinge häkeln. Beim <u>Abnehmen</u> am R.-Anfang entsprechend viel Stb. mit Km. übergehen, am R.-Ende entsprechend viel Stb. unbehäkelt lassen.

Ausführung: Man beginnt in der Mitte mit einem Anschlag aus 669 Lm. (mit gesondertem Faden häkeln, damit man die Anzahl richtigstellen kann, falls man sich verzählte), dazu 3 Lm. als Ersatz fürs 1. Stb. lt. Zählmuster häkeln. Nach der 112. R. jeden der beiden Bogen für sich beenden. Die 2. Hälfte über dem Anschlag gegengleich anhäkeln, die Mittel-R. ist natürlich wegzulassen, siehe gestrichelte Linie im Zählmuster. Die Decke sorgfältig spannen, siehe auch 86. Darauf achten, daß der Filetgrund rechtwinklig aufliegt. Jede Abstufung mit einer Stecknadel erfassen.

85

Gehäkelte Spitzendecken

Die Decke mit dem eleganten Rosendessin ist in Filethäkelei ausgeführt

84 Rundes Deckchen

Häkelschrift auf Bogen C.
Erklärung der Häkelschriftzeichen auf S. 4!

Material: 35 g mittelstarkes Baumwollgarn, z. B. MEZ „Rot-Tulpe" (100% Baumwolle), 1 INOX-Wollhäkelnadel Nr. 2.

Ausführung: Das Deckchen ist in 21 Rd. lt. Häkelschrift zu arbeiten. In 1. Rd. in einen Ring aus 10 Lm. 24 Stb. häkeln. Lt. Häkelschrift weiterarbeiten. Das 1. Stb. jeder Rd. durch 3 Lm., die 1. f. M. durch 2 Lm. ersetzen. Jede Rd. mit einer Km. schließen. In 2. bis 12. Rd. den Mustersatz von Pfeil bis Pfeil 8mal wdh., ab 13. Rd. 16mal. Die 13. bis 17. Rd. wie die 8. bis 12. Rd. ausführen. In der 21. Rd. nach jedem Stb. 1 Pikot einfügen. Das fertige Deckchen exakt spannen, evtl. leicht steifen.

85 Ovales Deckchen

Größe 55 x 45 cm, Häkelschrift auf Bogen C.

Material: Siehe rundes Deckchen, jedoch 45 g Baumwollgarn „Rot-Tulpe".

Ausführung: Anschlag 16 Lm. + 3 Lm. zum Wenden. Den Lm.-Steg lt. Häkelschrift beiderseits mit Stb. überhäkeln, in die 1. und 16. Lm. treffen je 7 Stb. Die Häkelschrift zeigt ab der 3. Rd. ¼ des Deckchens, die Rd. lt. Modellbild ergänzen. Die 13. bis 21. Rd. nach der Häkelschrift 84 ausführen.

Erklärung der Häkelschriftzeichen
Allgemeine Zeichenerklärung auf Seite 4! Alle Dstb. mit „Fußschlinge" häkeln, auch die 2 zus. abgem. Dstb. Dafür die Schl., die durch die oder um die M. der Vor-Rd. geholt wurde, zunächst einzeln abm. = Fußschlinge, erst dann wie üblich paarweise abmaschen.

▲ = 1 Pikot (= 3 Lm., 1 f. M. ins Stb.)

Häkeln

83

86 Mittelgroße Decke

Größe 75 x 50 cm, Häkelschrift auf Bogen B. Aus Garn Nr. 40 gehäkelt, beträgt die Ausmessung ca. 75 x 50 cm. Verwendet man dünneres oder dickeres Garn und natürlich eine entsprechende Häkelnadel, kann die Größe verändert werden. Wer im Häkeln Erfahrung hat, kann die Decke für einen großen Tisch passend arbeiten, indem die Runden aus Lm.-Bogen und die Rd. aus den blütenförmigen Stb.-Gruppen öfter wdh. werden.

Material: Für 75 x 50 cm 70 g weißes Schürer-Glanzhäkelgarn Nr. 40, 1 JMRA-Record-Garnhäkelnadel Nr. 1,0 (wer locker häkelt, nimmt besser Nr. 0,75).

Ausführung: Man beginnt in der Mitte mit 1 Ring aus 9 Lm., um den lt. Häkelschrift in 1. Rd. 8mal wechselnd 1 Gruppe aus 3 zus. abgem. Dstb. und 7 Lm. zu häkeln sind. Bis zur 10. Rd. werden Stb.-Gruppen nur über dem 1. und 5. Lm.-Bogen ausgeführt, dazwischen liegen Bogen aus 7 Lm. und 1 f. M. um den Bogen der Vor-Rd. Der letzte Bogen jeder Rd. besteht aus 3 Lm. und 1 Dstb. Die Häkelschrift zeigt bis zur 14. Rd. reichlich die Hälfte, in 15. bis 23. Rd. etwa 1 Viertel des Modells, 24. bis 47. Rd. mustergemäß ergänzen. In 15. Rd. ist zu beachten, daß über den Längsseiten des Ovals 4mal (beiderseits der Mitte 2mal) die Lm.-Bogen wegzulassen sind (siehe Pfeile). Genauso ist in 24. und 35. Rd. abzunehmen, und zwar 7mal in 24. Rd. und 8mal in 35. Rd. In 46. Rd. werden über den Rundungen – beiderseits der Mitte – je 3mal 2 Lm.-Bogen mit 2 zus. abgemaschten Stb. zus.-gefaßt, siehe Pfeile in der Häkelschrift.

Beim Spannen jeden Lm.-Bogen mit einer Stecknadel erfassen. Die Decke mit Hoffmann's Sprühstärke leicht steifen.

86

Im Lehrgang zwei ähnliche Motive, die man genauso zusammensetzen könnte.

87 Decke in Motivhäkelei

Deckenmaß ca. 135 x 70 cm
Ein Kreis mit 8 Rondellen mißt ca. 14 cm ⌀.
Häkelschrift Bogen B. Erklärung auf Seite 57; die Rondelle sind als Kreise gezeichnet.

Material: Lt. Modellbild ca. 1150 g feines mercerisiertes Baumwollgarn (Lang „Marisa", 100% Baumwolle); INOX-Wollhäkelnadel Nr. 2.

Ausführung: Fürs 1. Motiv 8 Rondelle, für die folg. Motive am Rand je 6 Rondelle anfügen, siehe Modellbild. Die Rondelle in Rd. häkeln, jede Rd. mit 1 Km. schließen; das 1. Stb. durch 3 Lm. ersetzen, die 1. f. M. in die 1. M. der Vor-Rd. häkeln.
Für ein Rondell in einen doppelten Fadenring

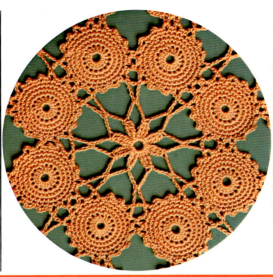

16 Stb., in 2. Rd. in jedes Stb 2 f. M., in 3. und 4. Rd. je 32 f. M. häkeln. In der 5. Rd. wechselnd 2 f. M., 3 Lm. ausführen. Das 2. und jedes folg. Rondell an 2 Lm.-Bogen des angrenzenden Rondelles anschlingen, indem statt der 2. Lm. 1 Km. in den betreffenden Lm.-Bogen des angrenzenden Motives gehäkelt wird, siehe Schema! Das 8. auch mit dem 1. Rondell verbinden. Die Rondelle für die übrigen Motive lt. Bildausschnitt bis zur gewünschten Deckengröße ergänzen. Die Pfeile in der Häkelschrift zeigen auf die Verbindungsstellen.
Die Mitte wie folgt schließen: 4 Lm. mit 1 Km. zum Ring schließen, in diesen 8mal 3 zus. abgem. 3fache Stb. häkeln, zwischen diesen 9 Lm., 1 Km. in den Lm.-Bg. eines Rondells, 3 Lm., 1 Km. in den Lm.-Bogen des folg. Rondells, 4 Lm., 1 f. M. in die 5. der 9 Lm., 4 Lm. häkeln. Zwischen den Verbindungsstellen bleiben 2 Lm.-Bogen „frei". Nach der 8. Wiederholung das Fadenende in den 3fachen Stb. sorgfältig vernähen. Die fertige Decke rechtwinkelig spannen, anfeuchten und trocknen lassen, evtl. mit Hoffmann's Stärke steifen.

Aus vielen Motiven zu häkeln

Für viele, viele Häkelstunden

88

89

Diese Ringhäkelei ist gar nicht so schwierig; im Lehrgang wird jede Phase in Wort und Bild erläutert.

88 Mitteldecke in Sechseckform

Häkelschrift auf Bogen B.
Deckenmaß ca. 80 cm ⌀ (von Ecke zu Ecke),
Motive von Blattspitze zu Blattspitze 16 cm ⌀.
Die Blattmotive sind 45 mm lang, 25 mm breit.

Material: 230 g MEZ Filethäkelgarn „Liana" Nr. 15, 1 Record-Garnhäkelnadel Nr. 1,25. Wer locker häkelt, nimmt Nadel Nr. 1,0.

Ausführung: Wie die Motive zu häkeln sind, ist im Lehrgang erklärt, s. Abb. 8a bis 11d, Seite 59/60. Es muß sehr fest gehäkelt werden, evtl. den Faden 3mal um den Zeigefinger der linken Hand leiten. Die Lücken mit Ringen schließen, nach je 10 oder 11 f. M. mit 1 Km. an einer Blattspitze anschlingen. Evtl. vor und nach der Km. 1 Lm. einfügen (der Ring muß die Lücke exakt schließen, siehe Modellbild). Die fertige Decke korrekt spannen, mit Hoffmann's Stärke leicht steifen.

89 Deckchen in Rautenform

Ca. 52 x 34 cm, Häkelschrift siehe 88!
Material: 50 g MEZ Filethäkelgarn „Liana" Nr. 15, JMRA-Record-Garnhäkelnadel 1,25.
Ausführung: Für das Deckchen lt. Abb. 9a, siehe Lehrgang – Seite 60, ausführen. Das 2. und jedes folg. Motiv an je 2 Ringen mit dem angrenzenden Motiv verbinden, siehe Modellbild. Am Außenrand die Lücken an jeder Seite mit je 3 Blättern schließen. Das Deckchen spannen und mit Hoffmann's Sprühstärke leicht steifen.

Häkeln

Spitzen-romantik für den Kaffeetisch

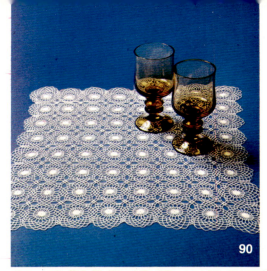

Wie groß die Decke wird, bleibt Ihrem Häkeleifer überlassen. Schließlich kann unter verschiedenen Garnstärken gewählt werden, die ebenfalls das Deckenmaß beeinflussen. Je feiner der Faden, um so filigraner der Spitzeneffekt.

90 Quadratisches Deckchen
38 x 38 cm. Motivgröße ca. 4,5 cm Ø. Auch bei diesem Spitzendeckchen ist das Ausmaß durch Anzahl der Motive und die Garnstärke zu verändern.
Material: Für 8 x 8 Motive 1 Knäuel/10 g MEZ Glanzhäkelgarn Nr. 100, 1 IMRA-Record-Garnhäkelnadel Nr. 0,6.
Ausführung: Insgesamt 64 Motive wie zur Decke beschrieben häkeln, lediglich mit dem Unterschied, daß in 3. Motivrunde statt der 2 zus. abgemaschten dreifachen Stb. einfach dreifache Stb. gehäkelt werden – ebenso bei den kleinen Spinnen, mit denen die Lücken geschlossen werden.
Auch für das Umhäkeln gelten die Angaben zur Decke, es kann also nach der Häkelschrift, Bg. B, gearbeitet werden.

91 Spitzendecke, 114 x 114 cm
Motivgröße 7 cm Ø. Die Decke ist im Ausmaß beliebig abzuändern.
Material: 180 g MEZ Glanzhäkelgarn Nr. 30, 1 IMRA-Record-Garnhäkelnadel Nr. 0,75 oder 1,00.
Ausführung: Für die angegebene Größe sind 16 x 16 = 256 Motive erforderlich. In 1 Runde aus 7 Lm. (mit 1 Km. zum Ring schließen, auch alle folgenden Rd. mit 1 Km. schließen, diese in der Regel in die oberste Wende- bzw. Übergangs-Lm. häkeln) in 1. Rd. 20 Dstb. häkeln, siehe Häkelschrift. Das 1. Dstb. der Rd. durch 4, das 1. dreifache Stb. durch 5 Lm. und die 1. f. M. durch 2 Lm. ersetzen. In der 2. Rd. lt. Häkelschrift 20mal wechselnd 1 dreifaches Stb., 3 Lm., immer nur das rückwärts liegende Abmaschglied erfassen,

siehe Abb. 1. In 3. Rd. sind 20mal 2 zus. abgemaschte dreifache Stb. (dafür jedes Stb. nur 3mal paarweise abmaschen und zum Schluß mit 1 U. alle auf der Nadel liegenden Schlingen abmaschen) mit 6 Lm. im Wechsel zu häkeln. Zum Anfang der 4. Rd. mit 3 Km. vorgehen und wechselnd 1 f. M., 8 Lm. häkeln, die f. M. um die Lm.-Bogen der Vor-Rd. Den letzten Lm.-Bogen durch 4 Lm. und 1 Dstb. ersetzen. Die 5. Rd. genauso, statt 8 aber 9 Lm. ausführen.

Ab 2. Motiv sind alle folgenden Motive auch mit dem vorhergehenden zu verbinden, siehe Pfeile in der Häkelschrift.

An diesen Verbindungsstellen wird statt der 5. von den 9 Lm. 1 Km. oder 1 f. M. um

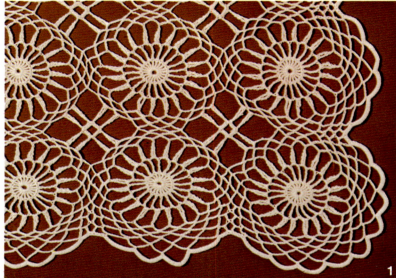

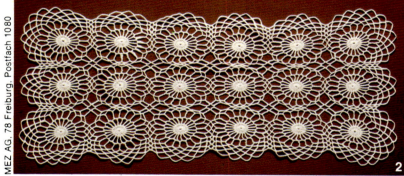

MEZ AG, 78 Freiburg, Postfach 1080

Abb. 1: Ein Ausschnitt aus einer Ecke. In der Häkelschrift, Bogen B, ist der umhäkelte Rand durch eine gestrichelte Linie abgetrennt. **Abb. 2:** Aus feinstem Garn gehäkelt, kann man auch so spannen, daß die Motive kleine Ovale bilden. **Abb. 3:** Ein Deckenmotiv, nur um ein Fünftel verkleinert. Es ist deutlich zu erkennen, daß in 2. Rd. nur in die rückwärtigen Abmaschglieder einzustechen ist.

148

den betreffenden Lm.-Bogen des vorhergehenden Motives gehäkelt. Sind 16 Motive fertig, sind die Motive der folgenden Reihe auch mit denen der 1. bzw. vorhergehenden Motivreihe zu verbinden, siehe Pfeile in der Häkelschrift. Zwischen den Verbindungsstellen liegen je 2 „freie" Lm.-Bogen. In den Ecken bleiben 12 Bogen frei und in den übrigen Motiven am Rand 7 Lm.-Bogen.

Sind auch die Motive der 16. R. angeschlossen, sind die Lücken mit kleinen Spinnen zu schließen, siehe Häkelschrift: An einem freien Lm.-Bogen anschlingen, das 1. dreifache Stb. durch 5 Lm. ersetzen, um denselben Lm.-Bogen noch 1 dreifaches Stb. häkeln, dann

noch 7mal 2 zus. abgemaschte dreifache Stb. jeweils um einen freien Lm.-Bogen häkeln. Je 3 Lm. lt. Häkelschrift einfügen. Diese 4 Lm.-Verbindungen mit f. M. überhäkeln, siehe Häkelschrift. Fadenanfang und -ende jeweils vernähen. Abschließend den Außenrand mit 3 Rd. Lm.-Bogen und 1 Rd. f. M. umhäkeln, siehe Häkelschrift (durch eine gestrichelte Linie abgetrennt). Den letzten Lm.-Bogen einer Rd. zur Hälfte jeweils durch ein dreifaches Stb. ersetzen (siehe auch 4. Rd. des Motives). Die fertige Decke sorgfältig spannen; am besten geht's auf einem Teppichfußboden (natürlich ein sauberes Tuch unterlegen). Evtl. mit Sprühstärke leicht steifen, nach dem Trocknen aus der Spannung lösen.

Erklärung zur Häkelschrift auf Bogen B.

- • = 1 Luftmasche
- | = 1 feste Masche
- ∩ = 1 Kettmasche
- ✚ = 1 Stäbchen
- ✚ = 1 Doppelstb.
- ✚ = 1 dreifaches Stäbchen (3 Umschläge aufnehmen, Schlinge durchholen und alle auf der Nadel liegenden Schlingen paarweise abmaschen)
- Λ = 2 zus. abgemaschte Stäbchen (von jedem Stäbchen nur 2 Schlingen abmaschen, dann mit 1 Umschlag alle auf der Nadel liegenden Schlingen abmaschen)
- Λ = 2 zus. abgemaschte dreifache Stb. (von jedem dreifachen Stb. 3mal 2 Schlingen abmaschen, dann mit 1 U. die restlichen 3 Schl. in einem Zug abm.)

92
Decke aus Stoff und Filethäkelei

Deckenmaß ca. 148 x 148 cm, Motive 20 x 20 cm; Spitzenbreite 13 cm, Mustersatzlänge ca. 10 cm. 2 Zählmuster, 1 Häkelschrift auf Bogen D. Allgemeine Erklärungen im Lehrgang Seite 29.

Da die umhäkelten Stoffelder genauso groß sein müssen wie die gespannten Häkelquadrate (um 5 mm größer zuschneiden), sollte man zunächst ein Motiv zur Probe häkeln und auch gleich spannen!

Maschenprobe: 8 Karos x 8 Reihen messen 5 x 5 cm.

Material: 0,70 m Zählstoff, 140 cm breit, ca. 7 Gewebefäden/1 cm (z. B. Zweigart-Art. 3770/920 ,,Davosa''); 1050 g mittelfeines Schürer Seidenglanzgarn ,,JSA'' und 1 INOX-Wollhäkelnadel Nr. 2¹/₂.

Ausführung: Aus Stoff 18 Quadrate 20,5 x 20,5 cm fadengerade zuschneiden, 5 mm breit umbiegen und mit f. M. dicht umhäkeln, 4 Fäden tief einstechen, über den

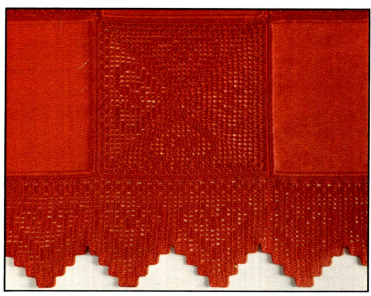

Ecken 3 f. M. in 1 Einstichpunkt (an jeder Seite sollen 64 f. M. liegen, dazu die 1 f. M. über jeder Ecke). Dann 18 Motive häkeln, lt. Häkelschrift A beginnen, die 5. bis 16. Rd. lt. Zählmuster fortsetzen. Den Rand ebenfalls mit f. M. umhäkeln, um jedes Karo 2 f. M., über den Ecken 5 f. M. (die 2. bis 4. in 1 Einstichstelle), das sind an jeder Seite 64 f. M., zusätzlich je 1 f. M. über Eck. Die Motive exakt quadratisch spannen, sie müssen genauso groß sein wie die umhäkelten Stoffquadrate. Stoff- und Häkelquadrate versetzt zus.-nähen, jeweils nur das rückwärts liegende Abmaschglied erfassen.

Für die Spitze 26 Lm. + 3 Lm. fürs 1. Stb. anschlagen. Den Mustersatz von Pfeil A bis Pfeil B 12mal häkeln, die Spitze mit den 21 R. ab Pfeil B beenden. Für die 2. bis 4. Seite die Spitze jeweils im rechten Winkel über den Karos zwischen Pfeil B und C anhäkeln. Den 4. Streifen mit den Maschen des Anschlages zusammennähen. Den Innenrand wie die Motive mit f. M. umhäkeln (vor und nach der Ecke um die Karos nur 1 f. M.). Spitze annähen, evtl. vorher spannen.

Aus Stoff und Garn

93
Decke aus Filet-häkelmotiven

Deckenmaß 128 x 128 cm, Motive 13 x 13 cm. Spitzenbreite ca. 7 cm, Mustersatzlänge 6,5 cm. Häkelschrift und Zählm. A bis C Bg. D. Im Lehrgang ist erläutert, wie man die Motive in Rd. häkeln könnte.
In dem Zählmuster 93 B haben die kurzen Doppelstriche dieselbe Bedeutung wie die schrägen Kreuzchen.

Material: 650 g Schürer Matthäkelgarn Nr. 14, 1 JMRA-Record-Garnhäkelnadel Nr. 1,75.

Maschenprobe: 5 Karos x 5 Reihen messen gespannt 4 x 4 cm.

Ausführung: Lt. Modellbild sind 25 Motive lt. Zählmuster A und 24 Motive lt. Zählmuster B auszuführen. Anschlag für jedes Motiv 48 Lm. + 3 Lm. fürs 1. Stb. Für den Gittergrund wechselnd 2 Lm., 1 Stb., fürs Muster statt der Lm. Stb. häkeln. Das 1. Stb. jeder R. durch 3 Lm. ersetzen. Im Anschluß an die letzte R. den Rand zunächst mit 1

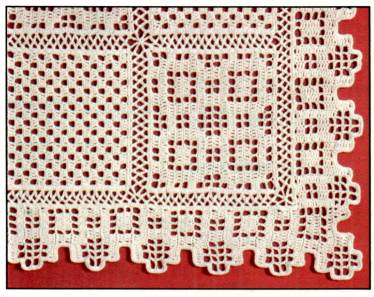

Rd. f. M. (je 3 f. M. über 1 Karo, über den Ecken 3 f. M. in 1 Einstichpunkt), dann mit Lm.-Bogen umhäkeln, siehe Häkelschrift. Das 2. und jedes folg. Motiv in dieser Rd. mit dem angrenzenden Motiv verbinden, indem statt der 3. Lm. (über Eck statt der 5. Lm.) 1 Km. um den Lm.-Bogen des angrenzenden Motivs gehäkelt wird, siehe auch Bildausschnitt. Motive exakt quadratisch spannen.

Für die Spitze 24 Lm. anschlagen + 3 Lm. fürs 1. Stb., lt. Zählmuster C den Mustersatz von Pfeil a bis Pfeil b 16mal häkeln, dann die R. ab Pfeil b häkeln. Für die 2. bis 4. Seite die Spitze über dem vorhergehenden Streifen anhäkeln, beim Doppelpfeil anschlingen, 5 Lm. + 3 Lm. fürs 1. Stb. der 1. R. Die M. der letzten R. im 4. Streifen mit den M. des Anschlages zus.-nähen.

Den Außenrand mit f. M. umhäkeln, siehe Rd. a in der Häkelschrift. Über dem Innenrand folgt auf die Feste-Maschen-Runde (siehe Rd. b) 1 Rd. aus Lm.-Bogen, wobei statt der 3. Lm. (über Eck der 5. Lm.) 1 Km. um 1 Lm.-Bogen der Deckenmitte zu häkeln ist.

...nur aus Garn

Motiv-häkelei
praktisch für alle großen Decken

94

94   Achteckige Decke in Motivhäkelei, 155 cm ⌀

Häkelschrift auf Musterbogen A.
Große Motive : 10 cm Durchmesser.
Kleine Motive : 3,5 cm Durchmesser.
Die Deckengröße kann durch die Motivzahl nach Wunsch variiert werden.
Material: 850 g (17 Knäuel) feines Baumwollgarn, z. B. ekrü MEZ Filethäkelgarn „Liana'' Nr. 5. 1 IMRA-Record-Garnhäkelnadel Nr. 1,25.

Erklärung der Zeichen:

• = 1 Lm.	▮ = 1 f. M.
∩ = 1 Km.	
† = 1 Stb.	‡ = 1 Dstb.

▲ = 1 Pikot (4 Lm., 1 f. M. zurück in die M. vor den 4 Lm.)
↑ = 1 f. M. in Pfeilrichtung (beim Verbinden der Motive zu häkeln)
↟ = 1 Stb. in Pfeilrichtung

Das 1. Stb. einer Rd. durch 3, das 1. Dstb. durch 4 und die 1. f. M. durch 1 Lm. ersetzen, siehe Häkelschrift.

Kleine Motive: Lt. Häkelschrift in 1. Rd. in einen Ring aus 10 Lm. 16 f. M., in 2. Rd. wechselnd 1 f. M. bzw. 1 Stb. mit 3 Lm. 1 f. M. übergehen = 8 Lm.-Bogen. In 3. Rd. um jeden Lm.-Bogen 5 Stb. arbeiten.

Große Motive: Wie ein kleines Motiv beginnen: in **2. Rd.** wechselnd 1 f. M., 4 Lm., in **3. Rd.** um jeden Lm.-Bogen 5 Dstb. häkeln. In **4. Rd.** die f. M. zwischen die Gruppen aus je 5 Dstb. häkeln, diese mit 10 Lm. übergehen; den 8. Bogen durch 5 Lm. und 1 Dstb. ersetzen. In **5. Rd.** jeden Bogen mit 12 f. M. umhäkeln. **6. Rd.:** In die 1. bis 3., 5. und 6., 8. und 9. sowie 11. und 12. M. je 1 f. M. (nur ins rückwärtige Abmaschglied einstechen), dazwischen je 1 Pikot einfügen, siehe Häkelschrift.
7. Rd.: Wechselnd 1 Stb., 7 Lm., 1 Stb., 9 Lm. ausführen, die Stb. in die f. M. vor und nach dem Pikot häkeln. **8. Rd.:** Die Lm.-Bogen wechselnd mit 8 und mit 10 f. M. umhäkeln.
Das 2. und jedes folg. Motiv innerhalb der letzten Rd. lt. Häkelschrift durch 1 f. M. bzw. 1 Stb. mit dem angrenzenden Motiv und den dazwischenliegenden kleinen Motiven verbinden, siehe auch Musterausschnitt!

Ausführung: Für das angegebene Deckenmaß zunächst 145 kleine und dann erst 156 große Motive ausführen und diese innerhalb der letzten Rd. mit f. M. und Stb., siehe Häkelschrift, untereinander lt. Schema (siehe links) verbinden. Am Rand die Lücken bei den kleinen Motiven (siehe Pfeile im Schema) lt. Häkelschrift schließen (der Anfang ist mit einem Doppelpfeil gekennzeichnet). Schließlich den Deckenrand noch mit 1 Rd. f. M. und Pikots lt. Häkelschrift umhäkeln. Die fertige Decke spannen.

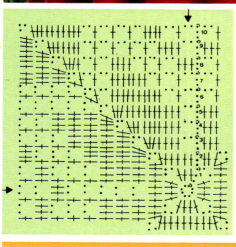

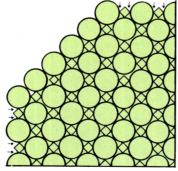

Das Schema zeigt ein Viertel der Decke. Pfeile deuten auf die Stellen, die vor dem Umhäkeln des Randes auszugleichen sind

Die Häkelschrift für ein Filetquadrat; von Pfeil bis Pfeil reicht ein Viertel.

95 Häkeldecke aus quadratischen Motiven

Deckenmaß aus 9 x 9 Motiven / 135 x 135 cm; Motivgröße 15 x 15 cm.
Die Decke kann mit oder ohne Fransen gearbeitet werden.

Material: Mittelfeines ekrü Baumwollgarn, z. B. MEZ „Rot-Tulpe", mit Fransen ca. 1050 g (21 Knäuel), ohne Fransen ca. 800 g (16 Knäuel); 1 INOX-Wollhäkelnadel Nr. 2.

Ausführung: Für die genannte Größe 81 Motive in Rd. lt. Häkelschrift S. 152 ausführen. Mit einem Ring aus 8 Lm. beginnen. Am Rundenanfang für 1 Stb. 3 Lm. häkeln, die Rd. mit 1 Km. schließen, und zwar in die 3. Lm. des Rd.-Anfanges einstechen (siehe Häkelschrift). Über den Ecken die Stb. nicht in, sondern um die Lm. der Vorrunde häkeln. In der Häkel-

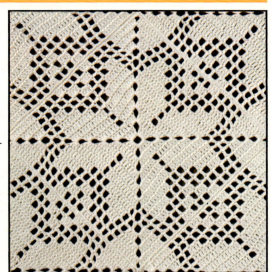

schrift sind die ersten beiden Rd. vollständig gezeichnet. Die 3. bis 10. Rd. lt. Modellbild ergänzen. Von Pfeil bis Pfeil ist jeweils ein Viertel dieser Rd. gezeichnet. Am rechten Rand der Häkelschrift sind die Rundenübergänge abzulesen.

Ausarbeiten: Die Motive exakt quadratisch spannen und an den Kanten mit Überwendlingsstichen zusammennähen, stets nur den rückwärtigen Maschendraht der Stb. bzw. der Lm. erfassen.
Für die Fransen ca. 45 cm lange Fäden schneiden. Je 4 Fäden nach je 3 Stb. bzw. in einen Lm.-Bogen einknüpfen (in die Ecken je 3 Fransen). Die Fransen noch einmal versetzt verknoten, und zwar ca. 1½ cm ab Deckenrand (siehe Modellbild). Verzichtet man auf Fransen, wird der Deckenrand mit 1 Rd. fester Maschen oder Stäbchen umhäkelt.

95

Zunächst viele Reste sammeln

Hier passen die Gelb-, Orange-, Rost- und Brauntöne zur Wohnumgebung. Die Blütenausschnitte geben vier Beispiele für harmonische Farbenspiele in moosgrüner Fassung

Die Blüten dürfen so bunt sein wie auf der Wiese. Gelbe Mitte – bei sehr grellen Farben sähe auch Braun hübsch aus – und grüne Luftmaschenfassungen schaffen harmonischen Farbausgleich; Anleitung auf Seite 155.

Es wird eine Menge Zeit gespart, wenn man die Blüten etwas größer wickelt!

In jeder Größe zu machen

Wie man's macht, ist im Lehrgang nachzulesen

96 Tagesdecke

Aus Loomblüten kann man Decken in jeder beliebigen Größe ausführen. Allgemeine Hinweise finden Sie im Lehrgang. Blüten lt. Modell 5 cm ⌀.

Häkelschrift Bg. B. Erklärung Seite 4

⋏ = 1 Gabelstb. (2 U., Schl. durchholen, 2 Schl. abm., 1 U., Schl. durchholen, alle Schl. paarweise mit je 1 U. abmaschen)

Material: Für die Decke lt. Modellbild, ca. 290 x 190 cm, benötigt man ca. 3000 g bunte Reste von mittelfeiner weicher Wolle, davon fürs Umhäkeln ca. 800 g Moosgrün (Fadenstärke etwa für Nadel Nr. 2½); 1 Loom-Gerät, rund, 1 Häkelnadel Nr. 2½.

Ausführung: Die Blüten in 4 Rd. über die Lochrunde A des Loom-Gerätes wickeln, siehe Lehrgang. Blüten mit wechselnd 1 f. M., 3 Lm. umhäkeln, Rd. mit 1 Km. schließen. Mit doppelter gelber Wolle Plattstiche auf die Blütenmitte sticken. Blüten zus.-nähen, siehe Bildausschnitte. Lücken am Deckenrand und über den Ecken lt. Häkelschrift begradigen, 6 Rd. halbe Stb. darüberhäkeln (1. Rd. siehe Häkelschrift), in der 1. Rd. um die Lm., in 2. bis 6. Rd. zwischen die h. Stb. der Vor-Rd. Über den Ecken um die Lm. stets 2 h. Stb., 1 Lm., 2 h. Stb. häkeln. Die fertige Decke zur Hälfte legen, spannen (am besten auf dem Teppichboden – ein sauberes Tuch unterlegen). Mit einem Schwamm gleichmäßig anfeuchten, nach dem Trocknen aus der Spannung lösen.

97 Margeritendecke

Das Deckenmaß ist beliebig zu verändern; ein umhäkeltes Motiv hat ungefähr 8,5 cm ⌀.

Material: Mittelfeine, weiche Wolle, z. B. „Gomitolo" von Wollservice, „Mon Amour" oder „Hit" von Schaffhauser (100% Schurwolle), und zwar ca. 700 g Grün, 400 g Weiß und 100 g Gelb; 1 INOX-Loom-Gerät, 1 INOX-Wollhäkelnadel Nr. 3 oder 3½.

Motive: Je 5 Schlingen um die C-Runde des Loom-Gerätes wickeln, mit doppelter gelber Wolle die Schlingen in der Mitte übersticken, siehe Lehrgang S. 25; auch das Umhäkeln ist dort erläutert, siehe Abb. 4 und 5, 34, 35.

Decke: Fürs genannte Deckenmaß 10 Streifen aus je 25 Blüten untereinander verbinden, zu beiden Seiten je 2 Streifen mit 23, je 1 Streifen mit 21 und 17 Motiven anfügen. Die fertige Decke spannen, siehe 96.

97

98 Kissenbezug

Motive ca. 7 cm ⌀, Kissen ca. 42 x 42 cm. Allgemeine Hinweise siehe Lehrgang!

Material: Je 100 g weiße, rote und blaue Wolle oder Synthetikgarn, 1 INOX-Loom-Gerät, rund.

Ausführung: Die Motive – je nach Fadenstärke mit 3 bis 5 Umwicklungen – lt. Abb. 33 bzw. 11 und 12 ausführen, siehe Lehrgang auf den Seiten 26 und 28. Auch den Außenrand umwickeln, und diese Einfassung mit Schlingstichen über den Schlingenbündeln festhalten. Die Mitte mit einer Kontrastfarbe abnähen. Je 4 Motive gleicher Farbe mit doppeltem Faden lt. Modellbild verbinden und die Lücken mit kleinen Blüten, die um 6 Stäbe der Rd. A zu wickeln sind, ausfüllen (Mitte in gleicher Farbe abnähen, auch den Rand umwickeln und wie vorher beschrieben mit den Schlingenbündeln verbinden). Danach das fertige Viereck spannen, gleichmäßig anfeuchten und trocknen lassen, über dem Kissen hohl aufnähen.

98

Ein Prachtstück, leichter zu häkeln, als es aussieht

99 Häkeldecke „Mille fleurs"

Einzelmotiv ca. 9 cm Durchmesser. Sie können das Ausmaß der Decke nach Belieben festlegen; Länge und Breite richten sich nach der Anzahl der Blütengruppen aus je 7 Motiven.

Für das Ausmaß lt. Modellbild – 200 × 280 cm – benötigt man – je nach Verwendungszweck – ca. 3000 g mittelstarke Wolle oder synthetisches Handstrickgarn. Soll die Decke in erster Linie wärmen, wählt man Wolle oder Wolle mit Synthetik (z. B. Schachenmayr „Nomotta Extra" **oder** „Sport-4fach" von Lana Gatto – reine Wolle). Soll sie nur „repräsentieren", ist pflegeleichtes Synthetik- oder Mischgarn geeignet, z. B. Esslinger „Fortuna" (100% Polyacryl) **oder** „europingouin" (70% Acryl, 30% Schurwolle). Sie häkeln mit einer INOX-Wollhäkelnadel Nr. 4 oder 4¹/₂ (je nachdem, ob Sie locker oder fest häkeln).

Für die Verteilung der Farben lt. Modellbild benötigen Sie ungefähr:

1	bananengelb	100 g
2	hellgelb	200 g
3	orange	50 g
4	korallenrot	50 g
5	dunkelblau	200 g
6	mittelblau	200 g
7	pflaumenblau	200 g
8	hellblau	200 g
9	eisblau	200 g
10	türkis, dunkel	200 g
11	türkis, hell	150 g
12	lila, dunkel	200 g
13	lila, hell	200 g
14	hellgrün	300 g
15	blattgrün	200 g
16	lagunenblau	450 g

Für die Mitte der „Blüten" die Farben 1 bis 4, jeweils 6 „Blütenblätter" in den Farben 5 bis 14; Motive in den Farben Hell- und Blattgrün sind zwischen den Blüten als „Blätter" einzufügen. Lagunenblau auch für Fransen.

Die Einzelmotive sind in Runden zu häkeln; jede Runde mit 1 Kettmasche „schließen" (siehe Lehrgang). Locker häkeln! Für den Anfang werden 6 Luftmaschen mit 1 Kettmasche „zum Ring geschlossen", in diesen in **1. Runde** 12 feste Maschen, in **2. Runde** in jede Masche 2 Stäbchen häkeln (das 1. Stb. durch 3 Luftmaschen ersetzen). **3. Runde:** Als Ersatz für das 1. Stäbchen 3 Luftmaschen, in die 1. Masche 1 Stäbchen, in die nächste Masche 1 Stäbchen und 1 halbes Stäbchen häkeln. * In die folgenden 4 Maschen in je 1 Einstichstelle 1 feste Masche, 1 halbes Stäbchen und 1 Stäbchen, dann 2 Stäbchen und in die 4. Masche 1 Stäbchen und 1 halbes Stäbchen häkeln. Ab * 4mal wiederholen und das 6. Blatt durch 1 feste Masche, 1 halbes Stäbchen und 1 Stäbchen ergänzen. Den Faden ca. 20 cm lang abschneiden, das Fadenende durchziehen und hängenlassen (damit später die Motive zusammennähen). Je 7 Motive zu einer Blüte verbinden (je 2 Motive an den 2 mittleren Stäbchen eines Bogens mit einigen Stichen zusammennähen, nur den rückwärtigen „Maschendraht" erfassen, Fadenende auf den Maschen auf der Rückseite sorgfältig vernähen). Dann auch die Blüten zusammennähen und mit den grünen Motiven die Lücken schließen. Am Außenrand aus je 3 Fäden, 27 cm lang, Fransen einknüpfen.

Leichter geht's nicht

100 Häkeldecke mit Zickzackstreifen
Was braucht man?

Für ein Ausmaß von 130 x 200 cm sind ca. 2000 g dicke Wolle erforderlich – z. B. Schachenmayr ,,Nomotta Actuella'': 500 g Sonnengelb, 450 g Schokoladenbraun, 350 g Orange, 200 g Rotbraun und je 300 g Dunkelrot und Beige. Man häkelt mit einer INOX-Wollhäkelnadel Nr. 4 oder 4¹/₂.

So ist das Zickzackmuster zu häkeln: In Zackentiefe in der 1. Reihe 1 Luftmasche übergehen und das Stäbchen davor und danach zusammen abmaschen, d. h. jeweils nur 1mal 2 Schlingen abmaschen, dann mit 1 Umschlag alle 3 Schlingen abmaschen. An der Zackenspitze treffen 3 Stäbchen in 1 Luftmasche, in den folgenden Reihen sind sie in das 2. der 3 Stäbchen zu häkeln. Dazwischen liegen 9 Stäbchen. Das 1. Stäbchen jeder Reihe ist durch 3 Luftmaschen zu ersetzen. Um die Größe exakt errechnen zu können, häkelt man zunächst eine **Maschenprobe,** etwas breiter als einen Mustersatz (ca. 30 Lm. anschlagen, 1 Mustersatz reicht von Pfeil bis Pfeil – siehe Häkelschrift).

Maschenprobe: Lt. Original ist 1 Mustersatz 16 cm breit und 6 Reihen sind 10 cm hoch. Die Farben wechseln nach je 7 Stäbchenreihen – siehe Modellbild.

Für die Breite von 130 cm sind 177 Luftmaschen anzuschlagen (+ 3 Luftmaschen als Ersatz für das 1. Stäbchen der 1. Reihe). Nach 17 Streifen ist eine Länge von ca. 200 cm erreicht. Den Rand mit 1 Runde dunkelroten festen Maschen umhäkeln – ebenfalls in den Spitzen 3 Maschen in einen Einstichpunkt arbeiten und in Zackentiefe die Masche übergehen, die feste Masche davor und danach zusammen abmaschen (je 1 Schlinge durchholen und 3 Schlingen zusammen abmaschen).

Bezugsquellen: Fa. Schachenmayr. 7335 Salach

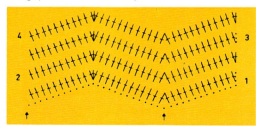

Zwischen den Pfeilen 1 Mustersatz, rechts in 1. und 3.R. die ,,Wende-Luftmaschen''.

• = 1 Luftmasche	⋀⋀ = 2 zusammen abgemaschte Stäbchen
† = 1 Stäbchen	⋔ = 3 Stäbchen in eine Masche der Vorreihe

101

Bequeme TV-Häkelei

Man braucht ca. 400 g mittelstarkes Handstrickgarn oder Wolle (z. B. Esslinger „Fortuna", 100 % Synth.) und genausoviel unzählige bunte Reste gleicher Stärke, 1 INOX-Häkelnadel Nr. 4

So werden die 120 ca. 9 x 9 cm großen Motive gehäkelt: Abkürzungen siehe Seite 4; 1 Gruppe (= G.) besteht aus 3 Stb. Jede Rd. mit 1 Km. schließen, die Km. stets mit der folgenden Farbe abmaschen, Fadenanfang und -ende einhäkeln oder sorgfältig vernähen. Die 1. und 2. Rd. verschiedenfarbig, nur die 3. Rd. immer in der Grundfarbe häkeln.

Mit 6 Lm., die mit 1 Km. zum Ring zu schließen sind, beginnen. In der **1. Rd.** 4 G., dazwischen 2 Lm., in der **2. Rd.** um die 2 Lm. jeder Ecke wieder 1 G., 2 Lm., 1 G., dann noch 1 Lm. häkeln. **3. Rd.:** Um die 2 Lm. 1 G., 2 Lm., 1 G., 1 Lm., um die eine Lm. 1 G. und 1 Lm. ausführen (Fadenende ca. 25 cm lang zum Zusammennähen der Motive abschneiden).

Zum Begradigen des Randes 16 Dreiecke in der Grundfarbe wie folgt ausführen: 7 Lm., in die 4. Lm. 2 Stb., 2 Lm. (= Ecke), 2 Stb., mit 1 Km. an der letzten Lm. anschlingen. Mit 3 Lm. wenden. **2. Rd.:** In die Km. 2 Stb., 1 Lm., um die 2 Lm. 1 G., 2 Lm., 1 G., 1 Lm., in die 3. Wende-Lm. 3 Stb. **3. R.:** Mit 3 Lm. wenden, in die Km. 2 Stb., 1 Lm., um die Lm. 1 G., 1 Lm., um die 2 Lm. 1 G., 2 Lm., 1 G., 1 Lm., um die Lm. 1 G., 1 Lm., in die 3. Wende-Lm. 1 G.

Nun 15 Quadrate mit den 16 Dreiecken verbinden, dann in versetzter Folge Motivreihen in die Lücken einfügen, jede R. 1 Motiv weniger. An den beiden Außenrändern ca. 15 cm lange Fransen einknüpfen, dafür die Fäden 32 cm lang schneiden.

Bezugsquellen: Fa. Schoeller-Eitorf, 5208 Eitorf/Sieg, Postfach 140

Hier wird man sich gern ausruhn...

Wenn Sie nur wenig
Übung im Häkeln haben, lesen Sie doch erst
den Lehrgang, dort wird
nämlich in aller Ausführlichkeit
die Ausführung der Noppen erklärt!

★★ *Beim Zusammennähen darf der Rand der Motive nicht eingehalten werden*

2

...so wird's gemacht

3

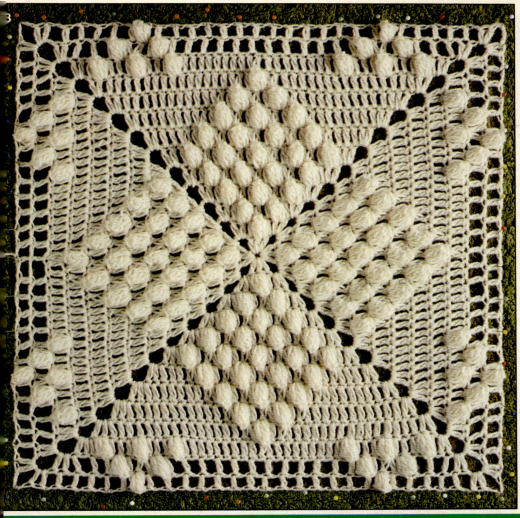

102 Tagesdecke aus Motiven

Deckenmaß (ohne Zackenabschluß) 160 x 250 cm. Motive ca. 30 x 30 cm; Häkelschrift Bg. C.

Material: Fürs genannte Ausmaß 1600 g mittelstarkes Handstrickgarn, z. B. Schachenmayr Nomotta „Cordella" (70% Acryl, 30% Wolle), 1 INOX-Wollhäkelnadel Nr. 3 oder 3½.

Ausführung: Für die Decke 40 Motive in 13 Rd. lt. Häkelschrift ausführen (nur die 1. bis 6. Rd. sind vollständig gezeichnet, die übrigen Rd. mustergemäß ergänzen). Entweder jedes Motiv für sich häkeln und zuletzt 5 x 8 Motive zus.-nähen (zwischen den Stb. um die Lm. zweier Motive je 3 Wickelstiche ausführen, siehe Abb. 1) oder in der 13. Rd. das 2. und jedes folg. Motiv mit dem angrenzenden verbinden, indem nach jedem Stb. ins betreffende Stb. im angrenzenden Motiv 1 Km. gehäkelt wird, siehe Abb. 2.
Zuletzt den Rand anhäkeln, jede Zacke für sich in 7 bzw. 8 R. (das sind die Zacken über den Verbindungsstellen) lt. Häkelschrift ausführen. Über den Ecken nur f. M. häkeln, siehe Häkelschrift.

Erklärung der Häkelschriftzeichen:

· = 1 Lm.   ┼ = 1 Stb.

▽ = 1 Noppe, siehe Lehrgang, S. 83, Abb. 8.

<u>Abb. 1</u>: Man kann die Motive einfach mit Wickelstichen zusammennähen, immer dieselben „Löcher" zweier Motive erfassen.
<u>Abb. 2</u>: Man kann sie aber auch innerhalb der letzten Rd. verbinden, indem nach jedem Stb. 1 Km. ins betreffende Stb. des angrenzenden Motives gehäkelt wird. Wie viele Lösungen es fürs Verbinden von Motiven gibt, wenn sie in Rd. gehäkelt wurden, zeigte der Lehrgang auf Seite 33.
<u>Abb. 3</u>: Häkelt man die Motive einzeln, ist es ganz korrekt, wenn man sie vor dem Zusammennähen exakt quadratisch spannt.

Dazu ein Bilder-Häkelkurs

Ein dekoratives Muster, das komplizierter aussieht, als es tatsächlich ist.

103 Bettdecke aus Borten

Lt. Original 150 x 250 cm groß, um Bortenbreite – 24 cm – und Mustersatzlänge – ca. 12 cm – beliebig zu verändern.

Material: 2500 g dickes Handstrickgarn, z.B. Gebrasa „Wintersport" (45% Schurwolle, 55% Synthetik), 1 INOX-Wollhäkelnadel Nr. 5½.

Häkelborte

1. Reihe, Abb. 1, 1a: Anschlag 25 Lm., in die 6. Lm. ab Nadel, in die 3. folg. und dann in jede Lm. 1 Stb.

2. Reihe, Abb. 2: Mit 4 Lm. wenden, 1 Stb. ins 3. Stb., 3mal 2 Lm., 1 Stb. ins 2. folg. Stb., 3 Lm., 1 Stb. und noch 3mal je 2 Lm., 1 Stb. Um den Lm.-Bogen 11 Dstb. Mit 5 Lm. wenden zur

3. Reihe, Abb. 3: In jede 2. M. einstechen, 6mal wechselnd 1 Stb., 2 Lm., zuletzt 1 f. M. in folg. Stb., 2 Lm., 1 f. M. ins nächste Stb., siehe Pfeil!

4. Reihe, Abb. 4: Wenden, um den 1. und 2. Lm.-Bogen je 2, um den 3. bis 5. je 3, um den 6. und 7. Lm.-Bogen je 2 Stb., in die Stb. ebenfalls je 1 Stb. häkeln.

5. Reihe, Abb. 5: Mit 4 Lm. wenden, ins 3. und jedes 2. folg. Stb. 1 Stb., jeweils getrennt durch Lm.: 5mal je 2, 1mal 3, 3mal je 2 und 2mal je 3 Lm. Nach dem 12. Stb. 3 Lm. und 1 f. M. in das folg. Stb. der 2. R.

6. Reihe, Abb. 6: Mit dieser R. beginnt der neue Mustersatz! Wenden, 4 Lm., 1 Dstb. in das Stb., 4 Lm., 1 f. M. ins folg. Stb. der 5. R., 3 Lm. – in der Abb. ausgeführt –, 1 f. M. ins nächste Stb.

7. Reihe, Abb. 7: Wenden, um jeden Lm.-Bogen 9 Dstb., dazwischen ins Dstb. 1 Dstb. Es folgt 1 f. M. in 1 Stb. der 2. R., 2 Lm., 1 f. M. ins folg. Stb.

8. Reihe, Abb. 8: Wenden, 10mal wechselnd 2 Lm., 1 Stb. in die 2. M., dann 2 Lm., 1 f. M. ins folg. Stb. der 6. R., 2 Lm., 1 f. M. ins folg. Stb.

9. Reihe, Abb. 9: Wenden, um jeden Lm.-Bogen 2, in jedes Stb. 1 Stb.; nach dem 32. Stb. 1 f. M. in 1 Stb. der 2. R., 2

103

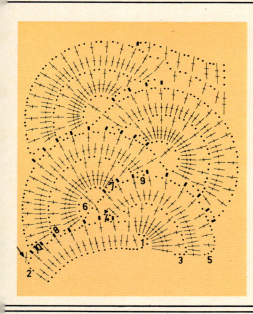

Lm., 1 f. M. ins folg. Stb. ∗∗. Zur Begra-digung des Randes folgt noch 1 Lm. und 1 Stb. ins folg. Stb. Allerdings an 2 Bor-ten nur bis ∗∗ häkeln, diese Ränder bil-den dann die Außenränder der Decke. In der Häkelschrift ist das Stb. am linken Rand mit 1 Pfeil gekennzeichnet, und die Abb. 10 zeigt den begradigten Rand nach dem Wenden zur 10. R., nachdem bereits das 1. Stb. gehäkelt ist.

10. Reihe, Abb. 10: In jedes 2. Stb. ein-stechen, 10mal wechselnd 2 Lm., 1 Stb., dann 3 Lm., 1 Stb., 3mal je 2 Lm., 1 Stb., 2mal je 3 Lm., 1 Stb., 3 Lm. und 1 f. M. in das folg. Stb. der 5. letzten R. (hier die 5. R.) häkeln. Siehe auch Abb. 5.

Die 5. bis 10. R. fortl. wiederholen! Nach der letzten Wiederholung, lt. Modell ist es die 20., ist der Rand an der Rundung zu begradigen, Abb. 11 und 12. In der letzten Muster-R. (eine 10. R.) statt des letzten Stb. 1 Dstb. und statt der f. M. 1

Stb. häkeln, dann noch 3mal 2 Lm., 1 Stb. ins folg. Stb. der 5. letzten R., 1 Dstb. in nächste Stb. Mit 4 Lm. wenden (Abb. 11), 1 Dstb. in das Stb. vor dem Dstb., 2 Lm., 1 Dstb. und 4mal wechselnd 2 Lm., 1 Stb., siehe Abb. 12.

Ausführung: Lt. Modellbild 6 Borten mit je 20 Mustersätzen häkeln, davon eine am linken, eine am rechten Rand begra-digen, siehe ∗∗ in der 9. R. Je 2 Borten mit Km. oder f. M. zusammenhäkeln, Abb. 13, 14. An den Schmalseiten belie-big lange und dicke Fransen einknüpfen, je 5 Fäden 34 cm lang. Die fertige Decke sorgfältig spannen, anfeuchten und trocknen lassen; dann erst aus der Spannung lösen (Km = Kettmasche).

Erklärung zur Häkelschrift:

•	= 1 Luftm.	▮	= 1 f. Masche
†	= 1 Stäbchen	‡	= 1 Doppelstb.

Je bunter, desto hübscher

Motivhäkeldecken kann man immer wieder abwandeln, sei's durch die Veränderung der Musterelemente, sei's durch das Spiel mit vielen Farben. Am hübschesten gelingen sie aus bunten Resten.

104 Motivhäkeldecke

Deckenmaß lt. Modellbild ca. 180 x 145 cm. Häkelschrift und Schema auf Bg. C.

Material: Insgesamt ca. 2000 g mittelstarke Wolle, z. B. AMC Pelzwolle, „Marke Bärenwolle" (100 % reine Schurwolle mit Shetlandcharakter) – von der Hauptfarbe Königsblau ca. 1200 g, außerdem Orange, Maisgelb, Beige, Silbergrau, Hellblau und Moosgrün (natürlich ist jede beliebige Farbenzusammenstellung möglich); 1 INOX-Wollhäkelnadel Nr. 3½, wer sehr locker häkelt, arbeitet besser mit Nadel Nr. 3.

Motiv: Lt. Häkelschrift in Rd. ausführen. Mit 6 Lm. beginnen, diese mit 1 Km. zum Ring schließen (auch alle folg. Rd., siehe Häkelschrift). In 1. Rd. um den Ring 6mal wechselnd 2 Stb., 1 Lm. häkeln, das 1. Stb. einer Rd. durch 3 Lm., die 1. f. M. durch 2 Lm. ersetzen (Fadenanfang einhäkeln – auch beim Farbwechsel). Das letzte Stb. jeder Seite **um** die folg. Lm., in den Feste-Maschen-Runden in den Ecken die f. M. um die Lm. der Vor-Rd. hä-

keln (man kann vor und nach diesen Rd. jeweils wenden, um Abwechslung ins Maschenbild zu bringen). Nach der letzten Rd. Faden abschneiden, vernähen.

Erklärung der Häkelschrift:
- · = 1 Luftmasche
- ⌒ = 1 Kettmasche
- ▪ = 1 feste Masche
- ┼ = 1 Stäbchen
- ╪ = 1 Dstb.

Bei den Muschen sind 8 Stb. bzw. Dstb. in eine f. M. des Motives zu häkeln.

Maschenprobe: Durchmesser ca. 13,5 cm, von Seitenmitte zu -mitte gemessen.

Ausführung: Für das genannte Deckenmaß sind 263 Motive zu häkeln, und zwar 87 mit Farbaufteilung a, 44 mit b, 66 mit c und 66 mit d. Dann mit Blau zusammenhäkeln, und zwar zunächst immer an einer Seite des Sechseckes zu Streifen verbinden, insgesamt 8 Streifen aus je 18 und 7 Streifen aus je 17 Motiven. Diese 15 Streifen lt. Schema in Zickzackreihen zur Decke zusammenfügen (die Pfeile im Schema deuten die „Zickzackrichtung" an). Abbildung 2 erklärt das Zusammenhäkeln. Beim Verbinden der Streifen über den Ecken jeweils 1 Lm. einfügen. Außenrand mit Muschen lt. Häkelschrift abschließen.

Die fertige Decke auf dem Fußboden spannen – natürlich ein sauberes Tuch unterlegen –, anfeuchten und nach dem Trocknen aus der Spannung lösen. Lt. Original wechseln die Farben wie folgt:

1. und 3. Rd.	2. und 5. Rd.
a hellblau	königsblau
b silbergrau	moosgrün
c beige	maisgelb
d beige	orange

Die 4., 6. und 7. Rd. sind in allen Motiven königsblau zu häkeln (Faden auf der Unterseite weiterführen, Km. am Rundenschluß mit der folg. Farbe ausführen).

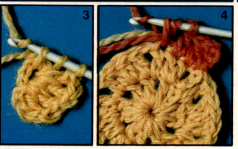

Abb. 1: Die Decke besteht aus lauter Sechsecken. Mit dem Wechsel der Farben sind die verschiedensten Effekte zu erzielen. **Abb. 2:** Zuletzt werden alle Motive mit Kettmaschen zusammengehäkelt. Vom vornliegenden Motiv nur das rückwärtige und vom darunterliegenden Motiv auch nur das rückwärts liegende Abmaschglied der Feste-Maschen-Runde erfassen. **Abb. 3, 4:** Fadenanfang und -ende einhäkeln.

104

Kennen Sie Brügger Häkelei?

Bei Brügger Häkelei denkt man zunächst an feine Spitzen. Einfache Muster können aber auch mit dicker Schnellstrickwolle gehäkelt werden. Hier sehen Sie, wie dekorativ das Resultat ausfällt!

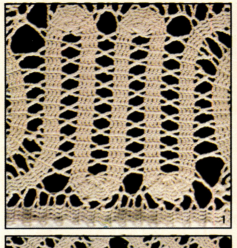

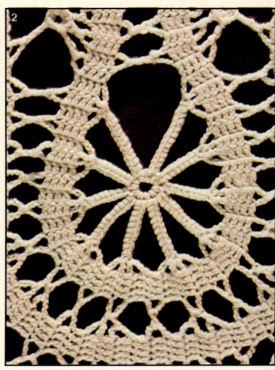

Abb. 1: An jeder Seite 2 „Haarnadelkurven" zwischen den Rundungen mit Spinne. **Abb. 2:** Die Spinne mit 10 Stegen wird zum Schluß über Lm.-Verbindungen gehäkelt. **Abb. 3:** Im Unterschied zur Spitze aus Garn sind die Ecken mehr abgerundet, daher „kürzer". Das zeigt auch die Deckenabbildung, ebenso deutlich natürlich auch die Häkelschrift auf Musterbogen B. In jedem Falle besonders fest häkeln!

105 Tagesdecke mit ca. 45 cm breiter Wollspitze

Länge und Breite der Spitze richten sich nach den Maßen der Couch. Eine „Haarnadelkurve" mehr oder weniger zwischen den mit Spinnen gefüllten Rundungen regulieren die Länge. Auch die Spitzenbreite kann verändert werden (sie richtet sich nach der Sitzhöhe der Couch), indem man in allen Bändern der 1. und 2. Rd. gleich viele Mustersätze zugibt oder – bei weniger als 45 cm Breite – einfach wegläßt, also weniger „Bändchen" häkelt.

Material: Für eine 2 m lange Couch 2,10 m Wolltongewebe, 140 cm breit, 14 Gewebefäden/5 cm (Leibfried-Art. 5083 – auch in Grün erhältlich); für die Spitze 1500 g naturweiße Schnellstrickwolle, z. B. Stahl'sche „Granda" (100% reine Schurwolle), 1 Wollhäkelnadel Nr. 5.

Ausführung: Falls Ihnen Brügger Häkelei bisher ein „spanisches Dorf" war, lesen Sie am besten im Lehrgang Seite 61–64. Im großen und ganzen ist die Spitze genauso zu häkeln wie die Rd. A und B der Spitze aus Garn, die als Musterbeispiel im Lehrgang ausführlich beschrieben ist. Abweichungen sind lediglich in den Rundungen zu beachten, siehe Schema auf Bogen B (in den nach innen liegenden Rundungen statt 4 Stb. 2 h. Stb. und 2 Stb. häkeln). Und über den Ecken ist zu berücksichtigen, daß die äußere Stäbchenspinne wegfällt; dafür sind 5 Lm.-Bogen zusammenzufassen, siehe Bildausschnitt, Abb. 3.

An den Längsseiten liegen zwischen den Ecken 4 Rundungen, an den Schmalseiten je 2 Rundungen mit großen Spinnen, siehe Modellbild.

Die fertige Spitze partieweise spannen, anfeuchten und leicht dämpfen. Dabei können geringe Maßdifferenzen ausgeglichen werden. Der Innenrand der Spitze soll außerhalb der Stb.-Bänder mit den Maßen der Liegefläche übereinstimmen.

Fertigstellen: Stoff in der Größe der Couch mit 4,5 cm Zugabe an allen Rändern fadengerade zuschneiden. Mit groß eingestelltem Zickzackstich die Schnittkanten versäubern (wer keine Zickzackmaschine hat, steppt ein Nahtband auf). Die Spitze so aufheften, daß die Stb. der Bänder mit der versäuberten Stoffkante abschließen.

Die Spitze zu beiden Seiten des Stäbchenbandes aufnähen und auch jeden auf dem Stoff aufliegenden Lm.-Bogen mit einigen Stichen festhalten.

106

Diese Spitze sieht auf den ersten Blick aus wie Brügger Häkelei, doch das täuscht. Sie wird in Runden über einem entsprechend langen Luftmaschenanschlag lt. Häkelschrift ausgeführt.

106 Deckchen, 24 und 32 cm ⌀

Spitzenbreite etwa 5,5 cm.

Material: Für die Mitte 25 x 25 cm bzw. 15 x 15 cm Schülertuch, 10 Gewebefäden/1 cm (Zweigart-Art. 1235 „Linda"), 2 Knäuel MEZ Glanzhäkelgarn Nr. 60, 1 JMRA-Record-Garnhäkelnadel Nr. 1.0.

Ausführung: Für das kleine Deckchen mit 22 Mustersätzen 308 Lm., für das größere mit 32 Mustersätzen 448 Lm. anschlagen (1 Mustersatz/14 Lm.). Die Spitze in 9 Rd. lt. Häkelschrift ausführen. Am rechten Rand derselben ist das Rd.-Ende eingezeichnet; den Mustersatz von Pfeil bis Pfeil fortl. wdh. und auf insgesamt 22 bzw. 32 Mustersätze ergänzen, siehe Modellbild. Zum Anfang der 2., 7. und 8. Rd. mit Km. vorgehen. Wie die Häkelschrift zeigt, ist das 1. Dstb. einer Rd. durch 4, das 1. Stb. durch 3 Lm. zu ersetzen und jede Rd. mit 1 Km. zu schließen. Den letzten Lm.-Bogen der 8. Rd. aus 3 Lm. und 1 Stb. arbeiten, s. Häkelschrift.

Fertigstellen: Die Spitze exakt spannen – auf die Spannunterlage je 1 Kreis mit 13 und 21 cm Durchmesser aufzeichnen. Darüber den Innenrand der Spitze aufstecken, auf gleichmäßige Abstände zwischen den Gabelstäbchen der 1. Rd.

achten. Am Rand jeden Lm.-Bogen mit einer Stecknadel erfassen. Spitze anfeuchten, leicht stärken; nach dem Trocknen aus der Spannung lösen.

Nun kann die Spitze auf den Stoff aufgeheftet und entweder mit Langettenstichen (sie umschließen den Lm.-Anschlag) oder mit der Zickzacknähmaschine angesetzt werden (zunächst eine weitläufige Zickzacknaht über den Lm.-Anschlag steppen, überstehenden Stoff abschneiden und über der 1. eine 2., sehr dichte Zickzacknaht ausführen).

▲ = 1 Pikot, das sind 4 Lm., 1 f. M. zurück in die 1. Lm.

⋔ = 3 zus. abgemaschte Dstb., d. h. jedes Dstb. nur 2mal abm., zuletzt mit 1 U. alle auf der Nadel liegenden Schl. abm.

⋏ = 1 Gabelstäbchen, d. h. 2 U., einstechen und Schl. durchholen, mit 1 U. 2 Schl. abmaschen, 1 U., einstechen und Schl. durchholen, 3mal mit je 1 U. 2 Schl. abm. Übrige Zeichen siehe Lehrgang!

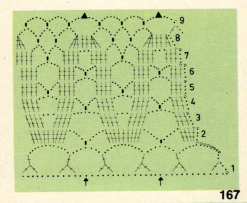

Ein Blütenmeer, auf dem Sie laufen dürfen

107 Sechseckiger Teppich aus Häkelmotiven, Durchmesser 150 cm

Eine „Blüte" mißt von Seitenmitte zu Seitenmitte ca. 21 cm. Um je eine Blüte kann das Ausmaß des Teppichs verkleinert oder vergrößert werden.

Was benötigt man?
Außer 1 INOX-Wollhäkelnadel Nr. 6 Teppichgarn oder -wolle in 7 verschiedenen Farben – z. B. „Tapis Pingouin" (synth. Teppichgarn) oder Patons-Teppichwolle (100% Wolle). Für die Farbverteilung lt. Modellbild:

250 g für 5 eisblaue Blüten,
300 g für 7 weiße Blüten,
350 g für 8 grüne und ebensoviel für 8 dunkelblaue Blüten,
400 g für 9 königsblaue Blüten, außerdem 300 g Gelb für die Mitte aller Blüten.

So wird gehäkelt:
2 Luftmaschen anschlagen und zurück in die 1. Luftmasche 7 feste Maschen häkeln! Nun wird in Spiralrunden weitergehäkelt, und nur der rückwärts liegende Maschendraht ist zu erfassen, siehe Abbildung rechts unten! In der 2. Runde in jede Masche 2 feste Maschen (= 14 Maschen) und in der 3. Runde nur in jede 2. Masche 2 feste Maschen häkeln (= 21 feste Maschen). Den Fadenanfang stets einhäkeln. Das Fadenende nur bei der gelben Mitte ca. 12 cm lang abschnei-

den, durch die folgende Masche ziehen und auf der Rückseite vernähen. Bei den Kreisen für die Blütenblätter bleibt das Fadenende etwas länger hängen, es wird – geteilt – zum Zusammennähen der Kreise verwendet.

Durchmesser eines Kreises ca. 7,5 cm; 1 Motiv wiegt knapp 6,5 g, 1 Blüte aus 7 Kreisen ca. 45 g.

Für jede Blüte häkelt man 1 gelben und 6 Kreise in einer der vorgeschlagenen Farben. Die Blütenblätter in gleichmäßigen Abständen mit einigen Stichen mit der gelben Mitte verbinden. In der Breite von 2 festen Maschen die Blätter untereinander zusammennähen, siehe Abbildung links unten!

Mit dem Zusammennähen der Blüten beginnt man in der Mitte, es werden 7 Blüten aneinandergefügt. Zu beiden Seiten folgen Reihen aus 6, 5 und 4 Blüten, immer versetzt zur vorhergehenden Reihe, siehe Modellbild!

Tip: Diesen Häkelteppich könnte man auch aus Jersey-Schrägblenden häkeln. Je nach Stoffstärke die Streifen 12 bis 15 mm breit schneiden, zusammennähen und auf Knäuel wickeln. Eine Häkelprobe anfertigen, wieder auftrennen und nachmessen, wieviel Meter für einen Kreis erforderlich sind – danach den Gesamtverbrauch errechnen.

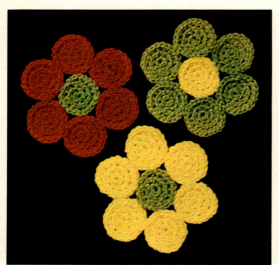

Harmoniert die blaue Farbstellung nicht mit Ihrer Einrichtung? Dann wählen Sie Farben, die mit Ihrer Wohnumgebung übereinstimmen!

107

Bezugsquellen: Fa. AFRA, 2 Hamburg 26, Postfach 260 423 (TAPIS PINGOUIN)
Fa. Seiden & Garn, 78 Freiburg, Postfach (Patons-Teppichwolle)

Häkeln

108

Alle Borten nach den Abbildungen 2 bis 4 des Lehrgangs häkeln!

108 Gardinen aus Gabelborten

Zwei Teile, je ca. 32 cm breit. Breite der Gabelborten 6 cm, mit umhäkelten Rändern 11 cm. Es kann jede beliebige Länge ausgeführt werden!

Material: 250 g mercerisiertes Baumwollgarn mittlerer Stärke, z. B. „Melior 2 x 4", 1 IMRA-Netzgabel – 60 mm breit, 1 INOX-Wollhäkelnadel Nr. 2¹/₂.

Ausführung: Gabelborten in gewünschter Länge und Anzahl häkeln (lt. Modellbild sind 3 Borten zusammengesetzt). Die Anzahl der Schlingen sollte durch 3 teilbar sein. Die Borten zu beiden Seiten wie folgt umhäkeln:
In 1. Reihe * je 3 Schlingen in 1 f. M. zusammenfassen (die Schlingen von rückwärts nach vorn auf die Nadel nehmen), 2 Lm.; ab * fortlaufend wdh. 2. Reihe: Mit 3 Lm. wenden, in die 1. f. M. 1 Stb., in jede folgende f. M. 3 Stb., in die letzte f. M. nur 2 Stb. 3. Reihe: Mit 2 Lm. wenden, 1 Stb. auf das 2. Stb., * 2 Lm., in je 3 Stb. einer Gruppe 3 zusammen abgemaschte Stb. (jedes Stb. nur 1mal abmaschen, zuletzt mit 1 Umschlag alle auf der Nadel liegenden Schlingen abmaschen). Ab * stets wdh., mit 2 zus. abgemaschten Stb. die R. beenden.

Sind alle Borten auf diese Weise umrandet, je 2 Borten wie folgt zusammenhäkeln: Zwei Borten Masche auf Masche treffend übereinanderlegen, * die Stb.-Gruppen der 3. Reihe mit je 1 f. M. zusammenfassen, dann 2 Lm. arbeiten, ab * fortlaufend wiederholen, mit 1 f. M. die R. beenden. So viele Borten miteinander verbinden, wie für die Gardinenbreite vorgesehen. Dann eine Längsseite mit Pikots behäkeln:
An der 1. f. M. anschlingen, * um die Lm. 2 f. M., 1 Pikot (3 Lm., 1 f. M. zurück in die 1. dieser 3 Lm.); ab * stets wdh. In die letzte f. M. 1 Km. häkeln. Fadenanfang einhäkeln, Fadenende vernähen.

Bänder: Lm. in gewünschter Länge anschlagen, Maschenzahl teilbar durch 3 und zusätzlich 1 Lm. In der 1. Reihe in die 4. Lm. ab Nadel 1 Stb., in jede 3. folg. Lm. 3 Stb., in die letzte Lm. nur 2 Stb. häkeln. 2. Reihe: Wie die 3. R. beim Umhäkeln der Borten ausführen und ebenso das Band mit Pikots umhäkeln.

Abb. 1: So sind die Schlingen der Borten zu umhäkeln. **Abb. 2:** Je 2 umhäkelte Borten mit f. M., die in die Abmaschglieder der zusammen abgemaschten Stb.-Gruppen zweier Borten treffen, verbinden.

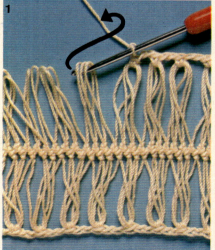

1

2

Melchior & Co., 744 Nürtingen, Postfach 269 (Melior); Joh. Moritz Rump, 599 Altena, Postfach 117 (IMRA-Plastikringe, Netzgabeln).

Häkelmaschen, die Luft und Sonne durchlassen

Aus Baumwollgarn gehäkelte Gardinen sind unverwüstlich, und nach jeder Wäsche sehen sie wieder wie funkelnagelneu aus!

109 Scheibengardinen, 95 x 55 cm
Das Ausmaß ist natürlich ohne weiteres zu verändern. Machen Sie in jedem Falle eine ca. 10 x 10 cm große Häkelprobe, ehe Sie das Maß festlegen bzw. den Lm.-Anschlag errechnen.

Material: 3 Knäuel à 50 g mercerisiertes Baumwollgarn, z. B. „Melior 2 x 4''. 20 JMRA-Plastikringe, 1 INOX-Häkelnadel Nr. 2¹⁄₂.

Grundmuster: Lm.-Anschlag teilbar durch 7. In der 1. R. 1 f. M. in die 14. Lm. ab Nadel. ✳ 7 Lm., 1 f. M. in die 7. Lm., ab ✳ stets wdh. In der 2. R. wenden mit ✳ 7 Lm., 1 f. M. in den Lm.-Bogen, 3 Lm., 1 f. M. in denselben Lm.-Bogen, ab ✳ stets wdh. Die R. endet mit 7 Lm. und 1 f. M. in den letzten Lm.-Bogen. Die 2. R. fortlaufend wiederholen.

Ausführung: 280 Lm. anschlagen und für eine Höhe von 55 cm 51 R. im Grundmuster häkeln. Am unteren Rand gleich anschließend die Ringe wie folgt anhäkeln: Mit 3 Lm. wenden, 1 f. M. in den Lm.-Bogen, ✳ 10 Lm., 30 f. M. um einen Plastikring (Anleitung siehe Lehrgang auf den Seiten 5–8), mit 1 Km. an der 1. f. M. des Ringes anschlingen, 10 Lm., 1 f. M. in den folgenden Lm.-Bogen, 5 Lm., 1 f. M. in den nächsten Lm.-Bogen und dann ab ✳ fortlaufend wdh. Soll die Gardine an einer Stange aufgehängt werden, den oberen Rand wie folgt umhäkeln: 1 f. M. in die Einstichstelle der 1. f. M. in der 1. R., ✳ 20 Lm. (die Anzahl richtet sich nach dem Umfang der Stange), 1 Lm.-Bogen übergehen, 1 f. M. in die folgende f. M., 5 f. M. in den nächsten Lm.-Bogen, 1 f. M. in die f. M. und ab ✳ wdh.

Abb. 1: An Stelle der Lm.-Schlaufen kann man auch Holzringe annähen.
Abb. 2: So werden die Plastikringe eingehäkelt (1 Km. in die 1. f. M. häkeln).

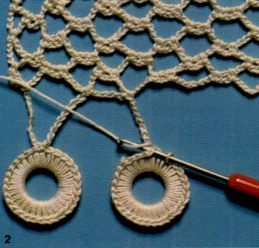

Auch die Wohnung wird neu eingekleidet

Die Abbildung unten soll Sie dazu anregen, für die Kissen solche Farben auszusuchen, die mit den bereits vorhandenen Raumtextilien am besten harmonieren!

ner INOX-Wollhäkelnadel Nr. 3 sollte sehr fest gehäkelt werden. Man kann am unteren Rand einen 30 cm lg. Reißverschluß einnähen.

Erklärung der Häkelschrift (siehe Bogen C).

· = 1 Lm. ▌ = 1 f. M. ┼ = 1 Stb.

Λ = 2 Stb. zus. abm.

Ѵ = 1 Stb., 1 Lm., 1 Stb. in 1 Einstichstelle

Ѵ = 2 Stb., 2 Lm., 2 Stb. in 1 Einstichstelle

Ѵ Ѵ = 2 bzw. 3 Stb. in 1 Einstichstelle

Kissen, schmal und breit gestreift

Man braucht je 150 g lila und rosé „Lucia".

Ausführung: Anschlag mit Lila 73 Lm. + 3 Lm. zum Wenden. Lt. Häkelschrift 3 R. Stb., dann die 4. und 5. R. rosé häkeln (= 34 Mustersätze). Es folgen je 1 R. Stb. in Lila, Rosé und Lila, 2 R. Rosé wie die 4. und 5. R., 3 R. lila Stb., 2 R. rosé Stb., 1 R. lila Stb. In der folg. R. mit Rosé wechselnd 1 Lm., 1 Stb. häkeln. In der 18. R. = Mittel-R. rosé Stb. häkeln; Muster ab hier gegengleich wdh., siehe Modellbild. Die Kissenrückseite genauso häkeln.

Ausarbeiten: Teil exakt rechtwinkelig spannen, anfeuchten und trocknen lassen. Teil zur Hälfte legen, Seitennähte mit rosé f. M. auf der Außenseite schließen – dazwischen auch den oberen Kissenrand überhäkeln. Anschließend am unteren Rand Kissen-Vorder- und Rückseite getrennt mit f. M. überhäkeln. Reißverschluß verdeckt einnähen.

Kissen mit schmalen Streifen

Je 150 g lila und pink „Lucia".

M.-Probe: 2 Mustersätze x 12 R./6 x 7,5 cm.

Ausführung: Anschlag 97 Lm. + 2 Lm. zum Wenden. Das Grundmuster lt. Häkelschrift in R. ausführen. Die R. mit den M. vor dem 1. Pfeil beginnen, den Mustersatz zwischen den Pfeilen fortl. wdh., enden mit den M. nach dem 2. Pfeil. Nach der 5. R. die 2. bis 5. R. stets wdh. Nach 112 R. = 70 cm ist das Teil beendet. Die Seitennähte mit pink f. M. schließen, s. oben.

Kissen mit breiten Streifen

Siehe Kissen mit schmalen Streifen, jedoch ✱ 2 R. rosé, 6 R. lila, 6 R. rosé, 2 R. lila, 6 R. lila häkeln, ab ✱ 3mal wdh. Nähte innen mit Überwendlingsstichen schließen.

113 Scheibengardinen

Material: 350 g mittelstarkes Baumwollgarn, z. B. Sjöberg „Everlasting" (100% reine Baumwolle); 1 INOX-Wollhäkelnadel Nr. 3, wer locker häkelt nimmt Häkelnadel Nr. 2¹/₂.

M.-Probe: 1 Mustersatz x 14 R./14 x 11,5 cm.

Ausführung: 162 Lm. + 3 Lm. zum Wenden anschlagen. Lt. Häkelschrift (Bg. D.) in R. arb. Die R. mit den M. vor dem 1. Pfeil beginnen, den Mustersatz zwischen den Pfeilen 4mal wdh. Die R. mit den M. nach dem 2. Pfeil beenden. Nach der 14. R. die 3. bis 14. R. noch 5mal wdh. Dann noch die 3. bis 8. R. anfügen und 1 R. Stb. häkeln. Das 2. Teil genauso ausführen.

Fertigstellen: Teile korrekt rechtwinkelig spannen (in kurzen gleichmäßigen Abständen mit Stecknadeln feststecken). Mit einem Schwamm gleichmäßig anfeuchten, trocknen lassen – evtl. mit Sprühstärke leicht steifen.

110 bis 112 Drei Häkelkissen 35 x 35 cm

Wenn Vorder- und Rückseite gehäkelt werden, braucht man für ein Modell ca. 300 g mittelstarkes Baumwollgarn, wir empfehlen ein äußerst strapazierfähiges Garn mit Spezialzwirnung („Lucia" von Woll-Service). Mit ei-

Ehe Sie Mittel- und Eckmotive einsetzen können, müssen Sie sie ganz exakt rechtwinklig spannen!

Häkelluxus für Tisch und Fenster

114

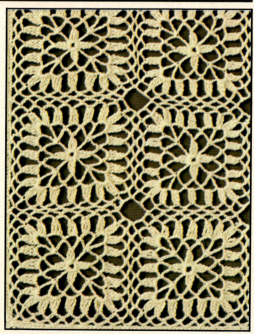

114 Decke und Servietten

Decke 140 x 140 cm, Servietten 44 x 44 cm, Häkelschrift und Schemas auf Bogen C. Im Schema fürs Mittelfeld zeigen in 2 R. Pfeile auf die Seiten der fertig gehäkelten Motive; für die Ecken sind jeweils 4 durch 2 Motive zusammenzuhäkeln.

Material: Je nach Deckenmaß Bielefelder Leinen (Art. SM 2000 von Strunkmann & Meister), für 6 Servietten ca. 0,90 m, pastellgelbes DMC-Glanzhäkelgarn Nr. 50; 1 JMRA-Record-Garnhäkelnadel Nr.0,75.

Motive, 4,5 x 4,5 cm: Lt. Häkelschrift in Rd. ausführen. Dafür 6 Lm. anschlagen und mit 1 Km. zum Ring schließen. Fadenanfang in 1. Rd. gleich mit einhäkeln. Die Dstb. der 1. Rd., die f. M. der 2. und 4. Rd. sowie die Dstb. der 3. Rd. jeweils um die Lm. der Vor-Rd. stehen am Rd.-Anfang. Die Zahlen stehen am Rd.-Anfang. Die Motive in **4. Rd.** lt. Häkelschrift und Schema verbinden: Dafür anstelle der 3. Lm. 1 f. M. um den Lm.-Bogen des angrenzenden Motives häkeln (siehe f. M. in Pfeilrichtung).

Ausführung: Für die quadratische Mitte der Decke zunächst 50 Motive einzeln häkeln (immer gleich die Fäden vernähen). Danach die übrigen 50 Motive einhäkeln, siehe Schema A. Das gleiche gilt auch für die Ecken: 4 Motive einzeln ausführen und diese durch 2 Motive miteinander verbinden (Schema B). Für die Servietten ist jeweils nur 1 Motiv erforderlich. Ränder lt. Häkelschrift, Rd. a, umhäkeln.
Alles exakt rechtwinklig spannen, anfeuchten und trocknen lassen. Nach den Maßen der gespannten Teile die betreffenden Ausschnitte auf dem Leinen markieren, d. h. Vorstiche fadengerade einziehen. Jeweils 5 mm außerhalb der Markierung 1 Gewebefaden ausziehen, an Ecken nur bis an die Kreuzungspunkte. Stoff im Mittelfeld innerhalb – an den Ecken außerhalb – dieser Fadenrinne auf 6 mm beschneiden, 3 mm breit umlegen (in Ecken bis an den Stoffbruch schräg einschneiden) und die Ränder mit f. M. dicht umhäkeln (auf 4,5 cm 35 f. M. = 1 Motiv). Danach die Häkelmotive mit überwendlichen Stichen einnähen, stets nur den rückwärts liegenden M.-Draht erfassen.
Serviettenmotive genauso einsetzen. Zum Schluß Decke und Servietten lt. Häkelschrift, Rd. b, umhäkeln, am Stoffrand (diesen zuvor schmal einrollen) nach je 2 cm 1 Pikot einfügen.

Erklärung der Häkelschrift:

- · = 1 Lm. ⌒ = 1 Km. ▮ = 1 f. M.
- ┼ = 1 Stb. ┼ = 1 Dstb. ┤ = 1 h. Stb.
- ╪ = 1 dreifaches Stb.
- ↓ = 1 f. M. in Pfeilrichtung um den Lm.-Bogen häkeln
- ▲ = 1 Pikot (bei der Gardine: 4 Lm., 1 Km. zurück in die 1. Lm., beim Gedeck: 3 Lm., 1 f. M. zurück in die 1. Lm.)
- ⍟ = 27 Lm., 1 Km. zurück ins vorhergehende Dstb.
- ᴀ ᴀ = 2 bzw. 3 Dstb. zusammen abm.
- ⋎ = 2 Dstb. in 1 Einstichstelle, getrennt durch Lm.
- ╪ = 1 fünffaches Stb. (5 U., Schl. durchholen, alle auf der Nadel liegenden Schl. bzw. U. mit je 1 U. paarweise abm.).

115 Gardine in Motivhäkelei

Motivgröße 10 x 10 cm. Das Ausmaß is[t] Motivgröße beliebig zu ändern.
Häkelschrift und Schema auf Bogen B

Material: Für 10 Motive ca. 1 Knäuel M[...] Filethäkelgarn „Liana" Nr. 10; 1 JMP[...] Record-Garnhäkelnadel Nr. 1,00.

Filethäkelgarn „Liana" ist neben Weiß u[nd] Ekru sowie 5 Pastelltönen auch in 6 krä[fti]gen Farben zu haben.

Ausführung: Motive lt. Häkelschrift in [...] Rd. arbeiten. Jede Rd. mit 1 Km. schließ[en] die 1. f. M. jeder Rd. durch 2 Lm. erset[zen.] Mit 1 Ring aus 16 Lm. beginnen, dieser [in] 1. Rd. mit 24 f. M. überhäkeln. Nur die [1.] und 2. Rd. sind vollständig gezeichnet, [die] übrigen Rd. mustergemäß ergänzen, sie[he] Bildausschnitt. Ab 2. Rd. zum Anfang [der] folg. Rd. jeweils mit Km. vorgehen, sie[he] Häkelschrift. In 7. Rd. für die Pikots [...] nach den Dstb. zu häkeln sind, 3 Lm. un[d 1] Km. zurück ins Dstb. häkeln. Zuerst [die] Hälfte aller Motive fertig häkeln. Die fe[hl]enden Motive lt. Schema in 7. Rd. mit d[en] fertigen Motiven (schraffierte Felder) [...] denjenigen Pikots anschlingen, die in d[er] Häkelschrift mit Pfeilen gekennzeich[net] sind (anstelle der 2. Lm. bzw. nach der [...] Lm. mit 1 f. M. im betreffenden Pikot d[es] fertigen Motives anschlingen – dann d[en] Pikot der 7. Rd. mit 1 bzw. 2 Lm. und 1 K[m.] fertigstellen); über den Ecken ist anste[lle] der 10. Lm. je 1 Schlinge durch die 10. L[m.] der Lm.-Ösen der 2 fertigen Motive durc[hzu]zuholen, die dann mit 1 Umschlag abz[u]maschen sind – beim folg. Motiv, das [an] dieser Ecke anzuschlingen ist, werden d[ie] Schlingen für die „Verbindungsmasch[en"] durch dieselben Lm. durchgeholt.

Den oberen Rand lt. Häkelschrift begra[di]gen: In der rechten Ecke anschlingen, s[ie]he Pfeil A in der Häkelschrift. In dies[er] Reihe gleichzeitig Schlaufen für die A[uf]hängung einhäkeln (die Anzahl der L[m.] richtet sich nach dem Durchmesser d[er] Stange, lt. Modell 27 Lm.). Die fertige G[ar]dine exakt spannen, anfeuchten u[nd] trocknen lassen, evtl. mit Hoffman[n-] Sprühstärke leicht steifen.

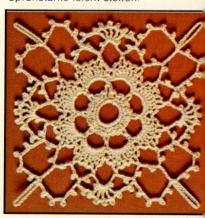

Ehe die Motivzahl festgelegt wird, sollten Sie ein Motiv häkeln und korrekt spannen. Geringe Differenzen sind evtl. durch die Nadelstärke auszugleichen

Service: Eschenbach

116

116 Vorhangspitze

in irischer Häkeltechnik

Spitzenbreite 25 cm, Länge eines Mustersatzes ca. 14 cm; Häkelschrift Bg. C.
Material: Für 140 cm Spitze 350 g MEZ Filethäkelgarn „Liana" Nr. 5, 1 JMRA-Record-Garnhäkelnadel Nr. 1,5.

Maschenprobe: 20 Dstb./50 x 10 mm.

Ausführung: Einzeln häkelt man die Blattmotive und den oberen geraden Abschluß. Blütenmotive und Stege, die die Verbindung zwischen Blattgruppen und Abschlußrand schaffen, sind innerhalb der letzten Runde mit den angrenzenden Motivteilen bzw. der Abschlußborte zu verbinden, siehe Häkelschrift. Fadenanfang einhäkeln, Fadenende sorgfältig vernähen. Die 1. M. einer R. oder Rd. durch Lm. ersetzen, die f. M. durch 2, das Stb. durch 3, das Dstb. durch 4 Luftmaschen.

Blätter: Mit dem Blatt in der Mitte beginnen, 12 Lm. anschlagen, Pfeil a in der Häkelschrift zeigt auf die 1. Lm. Mit 1 Lm. wenden, in 1. R. 12 f. M. häkeln, wenden,

zum Anfang der 2. R. mit 3 Km. vorgehen. Nach der 9. f. M. 3 f. M. in die Wende-Lm. der 1. R. häkeln = Blattmitte. Danach die Gegenseite des Anschlages bis zur 3. letzten Lm. überhäkeln. Die Arbeit lt. Häkelschrift fortsetzen. Ab 3. R. die f. M. stets nur ins rückwärts liegende Abmaschglied häkeln, das ergibt den Rippeneffekt. Das 1. und 3. Blatt genauso beginnen, jedoch statt 13 nur 9 R. häkeln und in 9. R. über 6 f. M. mit dem 2. Blatt verbinden (beim Abmaschen der f. M. die Schlinge durch die entsprechende f. Masche im Mittelblatt holen).

Gerade Abschlußborte: Für 1 Mustersatz der Spitze 56 Lm., für Anfang und Ende je 24 bzw. 25 Lm. häkeln. Es ist zweckmäßig, die Lm. mit gesondertem Faden anzuschlagen; hat man sich verzählt, sind fehlende Lm. schnell dazugehäkelt, zuviel gehäkelte Lm. aufgetrennt. In **1. R.** in jede Lm. 1 Dstb., zur **2. R.** mit 5 Lm. wenden, 8 Lm., 1 f. M. in folg. Dstb., mit 3 Lm. wenden, um die Lm. 7 Stb., das 8. Stb. in die 6. Lm. ab R.-Anfang häkeln, * mit 3 Lm. wenden, ins 2. bis 7. Stb. und in die 3. Wende-Lm. je 1 Stb., 7 Lm., 1 f. M. ins 8. folg. Dstb., mit 3

Lm. wenden, um die Lm. 7 Stb., das 8. Stb. ins letzte Stb. des vorhergehenden Stb.-Viereckes häkeln, ab * fortl. wdh. Die letzte f. M. der R. trifft ins vorletzte Dstb. Nach dem letzten Stb.-Viereck mit 5 Lm. wenden. **3. R.:** 5 Lm., 1 Km. in die 3. Wende-Lm. des Stb.-Viereckes, * 7 Lm., 1 Km. ins folg. Stb.-Viereck, ab * fortl. wdh. Auf die letzte Km. folgen 5 Lm. **4. R.:** In jede M. 1 Dstb. häkeln, s. Häkelschrift.

Verbindungsstege: Ein Anschlag aus 35 Lm. ist zu beiden Seiten lt. Häkelschrift in 1. Rd. mit f. M., in 2. Rd. mit wechselnd 2 f. M., 4 Lm. zu überhäkeln. An einem Ende ist zwischen je 2 Lm. an den Dstb. des Abschlußrandes und am gegenüberliegenden Ende in der Mitte der Blattgruppe anzuschlingen.

An beiden Schmalseiten der Spitze über den Wende-Lm. bzw. dem Rand-Dstb. 4 Km. häkeln, dazwischen Lm. lt. Häkelschrift einfügen, an der Spitze des äußeren Blattes anschlingen, und rückgehend in jede M. 1 Dstb. häkeln.

Rosetten: In Rd. häkeln, in der Häkelschrift ist die 3. bis 7. Rd. der Blüte nur schematisch eingezeichnet. Jede Rd. mit 1 Km. schließen. Zunächst die Roset-

Irische Häkelspitze

ten zwischen den Stegen, erst zuletzt diejenigen am Außenrand einhäkeln.

Mit 1 Ring aus 6 Lm. beginnen, in **1. Rd.** 10 f. M., in **2. Rd.** 5mal wechselnd 1 Stb., 5 Lm. häkeln. **3. Rd.:** In jedes Stb. 1 f. M., um jeden Lm.-Bogen 1 Blatt aus 1 h. Stb., 1 Stb., 3 Dstb., 1 Stb. und 1 h. Stb. häkeln. Zur **4. Rd.** wenden, um jedes Stb. der 2. Rd. 1 f. M., 4 Lm.; zur **5. Rd.** wenden, in jede f. M. 1 f. M., um jeden Lm.-Bogen Blätter aus je 1 f. M., h. Stb., Stb., 1½fachen Stb. (= 2 U., Schl. durchholen, 1mal 2 und 1mal 3 Schl. abm.); 3 Dstb., je einem 1½fachen Stb., Stb., h. Stb. und f.

M. häkeln. Zur **6. Rd.** wenden, um die f. M. der 4. Rd. je 1 f. M., 7 Lm., zur **7. Rd.** wenden, in jede f. M. 1 Stb., um die Lm.-Bogen Blätter aus je 1 Stb., 1½fachen Stb., 7 Dstb., 1½fachen Stb. und Stb. häkeln. Die **8. bis 10. Rd.** lt. Häkelschrift ausführen. In 8. Rd. die f. M. in die Stb. zwischen den Blättern und ins 4. der Dstb. häkeln. In der 10. Rd. lt. Häkelschr ft innerhalb der Lm.-Bogen am geraden Abschluß, an den Stegen und zwischen den Blattgruppen anschlingen, hier wie folgt: Nach 5 Lm. 1 f. M. in die Blattspitze, 10 Lm. (um diesen Lm.-Bo-

gen wird beim Häkeln der äußeren Rosette mit 1 f. M. angeschlungen), 1 f. M. in die gegenüberliegende Blattspitze, 5 Lm., dann die 10. Rd. bis zur nächsten Verbindungsstelle fortsetzen.

Bei den äußeren Rosetten ist in der Häkelschrift die 10. Rd. nur so weit eingezeichnet, wie sie für die Verbindungsstellen wichtig ist. In den übrigen Mustersätzen zwischen die 4 Stb. jeweils 1 Pikot (aus 4 Lm. und 1 f. M. zurück ins Stb. – nur das vorn liegende Abmaschglied und den darunterliegenden senkrechten M.-Draht erfassen) einfügen.

Erklärung der Häkelschriftzeichen:

· = 1 Lm.   ⌒ = 1 Km.   ❘ = 1 f. M.

♥♥ = 2 bzw. 3 f. M. in 1 Einstichstelle

❙ = 1 halbes Stb.   ▲ = 1 Pikot

✝ = 1 Stäbchen

✝ = 1 Doppelstb.

⩔ = 3 Stb. in eine Einstichstelle

Spitzenwerk
aus der Häkelnadel
Für Häkelanfänger ist die Anleitung im Lehrgang
durch viele Jllustrationen ergänzt.

117
Vorhangspitze

Spitzenbreite 31 cm. Mustersatzlänge 17 cm.
Häkelschriften Bg. C, ausführliche Angaben
und Details siehe Lehrgang, Abb. 1 bis 7.

Material: Mittelfeines mercerisiertes Baumwollcablégarn, z. B. „Melior 2 x 4", für 1,30 m
Spitze genügen 180 g; 1 JMRA-Record-Garnhäkelnadel Nr. 1,5 oder 1,75.

Ausführung: 7 große und 7 kleine Blüten einzeln häkeln, diese mit 66 kleinen Blüten durch
Pikot-Stege verbinden (immer darauf achten,
daß die Blüten mit der „rechten" Seite nach
oben liegen). Den oberen Rand in 1. R. mit Lm.,
f. M. und Dstb. begradigen. Gleich im Anschluß
daran auch die seitlichen Ränder und die Zak-
ken überhäkeln; in der Ecke in 1 Stb. der Blüte 1
Stb., 5 Lm., 1 Stb. häkeln, die R. lt. Häkelschrift
fortsetzen; den 2. Seitenrand gegengleich beenden. Über den oberen Rand in 2. bis 4. R.
Filetgrund aus wechselnd 2 Lm., 1 Stb. häkeln,
in der 5. R. ums 1. und dann um jedes 2.folg.
Filetkaro 1 Stb.-Gruppe (= 1 dreifaches Stb.

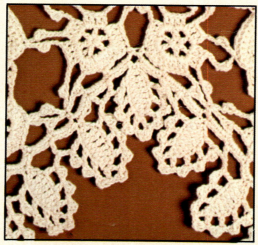

**Diesen Musterausschnitt erklärt Häkel-
schrift B Masche für Masche.**

und 2 Dstb. jeweils bis auf die letzte Schl. abm.,
dann 2mal mit 1 U. je 2 Schl. abm.) und 5 Lm. im
Wechsel häkeln. Die 6. bis 8. R. wie die 2. bis 4.
R. arbeiten. Nach der 8. R. die seitlichen Ränder
und die Lm.-Bogen über den Blüten mit f. M.
umhäkeln, nach der 2. f. M. das 1. Blatt wie folgt
einhäkeln: ✳ 10 Lm., in die 2. bis 10. Lm. ab
Nadel 1 f. M., 1 Stb., 5 Dstb., 1 Stb., 1 h. Stb.
häkeln, es folgen 8 f. M. um die Lm.-Bogen, ab
✳ fortl. wdh., siehe auch Häkelschrift (die Blätter sind nur mit Kontur gezeichnet), die Anzahl
der f. M. geht aus der Häkelschrift hervor.
Nach dem letzten Blatt den oberen Rand mit
Pikots umhäkeln: 1 f. M. ins Stb. des Filetgrun-
des, ✳ 3 Lm., 1 h. Stb. zurück in die 1. Lm., 1 f. M.
ins folg. Stb., ab ✳ stets wdh. ✳✳ Über den
Blättern in die 3., 5. und 8. Lm. je 1 Stb. –
dazwischen 1 Pikot häkeln – um die 10. Lm. 2
Stb., getrennt durch 1 Pikot, ebenso auf der
Gegenseite ins 1., 3. und 5. Dstb. je 1 Stb.,
getrennt durch 1 Pikot häkeln, es folgen 2 Lm.,
1 Stb. in 1 f. M. des Randes, 2 Lm. Ab ✳✳ stets
wdh. Spitze korrekt spannen, dabei jedes
Pikot mit einer Stecknadel erfassen. Spitze
evtl. mit Hoffmann's Sprühstärke leicht steifen.

Filigrane Häkelblüten

als zarter Schmuck

Wie aus den Blüten nach und nach die Spitze
entsteht, wird im Lehrgang erläutert.

118 Deckchen mit Blütenspitze

Durchmesser 34 cm, Spitzenbreite 7,5 cm.
Musterschema und Details siehe Lehrgang,
Abb. 15a bis 17b, Seite 80.
Schema fürs Vorzeichnen eines Kreises siehe
118 auf Musterbogen B.

Material: 25 x 25 cm pastellfarbenes Siebleinen oder Halbleinenbatist, Reste bzw. je 50 g
MEZ Filethäkelgarn „Liana" Nr. 10 in Weiß und
Pastellgrün sowie 1 JMRA-Record-Garnhäkelnadel Nr. 1,25.

Ausführung: Fürs genannte Maß für 8 Mustersätze 32 Blüten häkeln und durch je 4 Stiele
verbinden. Danach die „viertelmondförmigen" Bogen einhäkeln, siehe Schema im Lehrgang. Soll die Spitze um eine größere Stoffmitte
passen, fügt man in der Mitte des Bogens 1
oder 2 Lm. zusätzlich ein, die dann mit Stb. zu
überhäkeln sind (der Bogen wird dadurch
insgesamt etwas flacher).
Die fertige Spitze flach auflegen, evtl. von links
sorgfältig bügeln. Danach ausmessen, wie

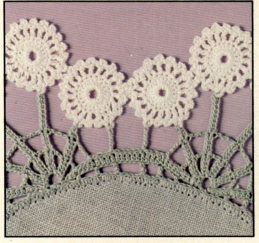

**Dieser Ausschnitt zeigt die Verbindung
zwischen 2 Mustersätzen.**

groß die Stoffmitte zugeschnitten werden muß
– lt. Modellbild mit 19 cm ⌀. Den Kreis mit einer
Fadenschlinge auf die Stoffrückseite vorzeichnen, die Linie mit kurzen Vorstichen knapp
innerhalb der Kreislinie nachziehen. Stoffrand
3 mm außerhalb der Kreislinie mit Zickzackstich versäubern, überstehenden Stoff abschneiden. Den Rand so umbügeln, daß der
Vorstich exakt an der Kante liegt, dann den
Rand in 8 gleiche Abstände aufteilen (die Viertelmarkierungen sollten fadengerade gegenüberliegen) und mit f. M. dicht umhäkeln, über
jedem Achtel 27 f. M. Dabei die Spitze „anhäkeln", nach der 4. f. M. 1 h. Stb. in die 4. M. des
Bogens, nach der 7. f. M. 1 Stb., nach der 10., 14.
und 17. f. M. je 1 Dstb., nach der 20. f. M. 1 Stb.,
nach der 23. f. M. 1 h. Stb. in die M. des Bogens
häkeln und nach der 27. f. M. mit 1 f. M. oder Km.
den Ring erfassen, der die 4 Stiele zus.-hält. In
derselben Weise auch die übrigen 7 Mustersätze anhäkeln. Nach der letzten Wiederholung
auch am 1. Ring anschlingen. Fadenende
durch die 1. f. M. der Rd. führen und vernähen.
Deckchen spannen, Spitze evtl. mit Hoffmann's Sprühstärke leicht steifen.

Motivhäkelei

Aus Garn mit Leinen-beimischung besonders effektvoll

119 Spitzendecke aus Leinengarn

Deckenmaß, 14 x 18 Motive, 135 x 170 cm, Motivgröße ca. 9,5 cm Durchmesser. Häkelschrift und Schema 119, Bogen C.

Material: Für ein Deckenmaß von 135 x 170 cm 850 g feines Leinengarn, z. B. Melchior „Melofil" (je 50% Leinen und Baumwolle), 1 INOX-Wollhäkelnadel Nr. 2½ oder 2.

Motive siehe Bogen C.

Ausführung: Insgesamt sind 252 Motive erforderlich, davon 192 fürs Mittelfeld (also können 96 einzeln gehäkelt werden) und 60 für den Rand. Wie man die Motive verbindet, kann ebenfalls vom Schema auf Bogen C abgelesen werden. Natürlich bestehen die Reihen aus 14 Motiven, und fürs genannte Deckenmaß sind 18 Motivreihen untereinander zu verbinden. Um die Größe eines Motives ist das Ausmaß beliebig zu verändern. Man kann die Decke also für jede Tischausmessung häkeln.

Tip: Häkeln Sie den Fadenanfang bei Ausführung der 2. Rd. ein und vernähen Sie das Fadenende sofort und nicht erst ganz zuletzt. Dann sind's nämlich 252 Fäden, und das ist eine sehr langweilige Angelegenheit, Ihre Geduld würde auf eine harte Probe gestellt!

119